新三板市值裂变

谢和博　鲜文剑　著

中国商业出版社

图书在版编目（CIP）数据

新三板市值裂变／谢和博，鲜文剑著．--北京：中国商业出版社，2016.8

ISBN 978-7-5044-9579-2

Ⅰ．①新… Ⅱ．①谢… ②鲜… Ⅲ．①中小企业-企业融资-研究-中国 Ⅳ．①F279.243

中国版本图书馆 CIP 数据核字（2016）第 221468 号

责任编辑：孙启泰

中国商业出版社出版发行

（100053　北京广安门内报国寺 1 号）

010-63180647　www.c-cbook.com

新华书店总店北京发行所经销

大厂回族自治县彩虹印刷有限公司

*

720×1000 毫米　1/16 开　19.75 印张　270 千字

2016 年 9 月底第 1 版　2016 年 9 月第 1 次印刷

定价：42.00 元

*　*　*　*

（如有印装质量问题可更换）

编 委 会

特别鸣谢单位：

和兴大通资本（深圳）有限公司

成都市华太盛世文化传播有限公司

深圳市浙大纵横文化传播有限公司

深圳钛阳村文化投资有限公司

深圳天下汇智控股有限公司

深圳前海一金创投有限公司

深圳前海旭鑫资产管理有限公司

中鑫汇富资本管理有限公司

深圳市纽兴资产管理有限公司

前言

所谓市值管理，即上市公司基于公司市值信号，综合运用多种科学合规的价值经营方法，达到公司价值创造最大化、价值实现最优化的战略管理行为。市值管理是推动上市公司实体经营与资本运营良性互动的重要手段。市值管理的核心是价值管理，是价值创造与股东价值实现；目标是追求可持续的上市公司市值最大化；其本质是一种长效战略管理机制。

市值管理是现代上市公司治理、运作的新理念，股市全流通后，其积极意义更加突出。中国上市公司市值管理研究中心主任施光耀说过："市值管理是衡量上市公司实力大小的一个新标杆；是考核经理层绩效好坏的一个新标杆；是决定上市公司收购与反收购能力强弱的一个新标杆；是决定上市公司融资成本高低的一个新标杆；是决定投资者财富大小的一个新标杆；是衡量一个国家资本市场乃至经济实力的一个新标杆。"

市值管理的核心，即从做市商做市、协议转让、竞价交易、定向增发、并购重组、私募股权基金投资、资产证券化、战略定位、商业模式、股权激励等 10 个方面来实现市值提升。在这方面，需要特别注意战略定位、资产质量和经营业绩的匹配关系，避免盲目追求规模导致经营质量下降和股价中枢走低，否则就可能会对市场价值产生负面影响，严重的甚至会拖累公司失去融资资格，经营问题的累积也会导致被迫退市的极端情形。

目　录 Contents

一、新三板发展的现状与趋势

新三板是中国多层次资本市场中发展速度最快、挂牌公司数量最多的一个版块。本章描述了新三板市场形成前后的状况，展示了新三板发展的重要里程碑，分析了最新的2016年上半年的新三板市场情况，概述中国多层次资本市场体系，并从实用制度方面比较分析了新三板与主板、中小板、创业板的区别。通过这些内容我们可以相信，新三板市场作为资本市场承上启下的平台，将迎来快速发展时期。

二、新三板投资收益分析

新三板市场超预期的快速发展，让众多企业和投资机构深度参与其中，部分机构还设立新三板机构主题基金，在存量投资的基础上，加大了对新三板市场的布局。从新三板投资收益上看，主要有以下几个因素：新三板是一个低估值高增长的价值洼地，新三板企业的高成长性、新三板创新层制度红利持续凸显，新三板估值方法的优势，做市前后估值对比效益明显，此外还有新三板投资机构的“大比拼”，也为投融资提供了更多便利。

三、新三板上市前资本运作模式

企业上市前资本运作的目的很简单，一是通过重组并购方式扩大企业规模，获得行业竞争优势，提高产品市场占有率；二是通过对已上市公司股权投资、股权置换等方式间接上市，当对已上市公司的控股比例达到一定的控制地位时，便举牌收购，成为正式上市公司控制人。当然，企业对接新三板、进行资本运作，首先要熟知资本运营的本质和运营模式；还要了解哪些因素会对企业资本运营战略的制定和实施产生影响。

四、企业挂牌新三板战略规划

任何一个上市公司都需要一个资本市场能够看懂的战略规划。企业挂牌新三板的资本战略规划，其中涉及到多方面的内容和问题，这对企业是一个全方位的考验。因此，企业需要了解新三板市场的功能，弄懂新三板挂牌上市所需条件，熟悉新三板挂牌上市操作流程，明确新三板挂牌企业法律问题，厘清新三板挂牌企业财务和税务问题，把握新三板企业股权融资中的非公开发行操作实务和“蓝海”掘金投资实务等。

五、新三板企业多角度认识市值管理

股价、股本、市盈率与利润是市值管理的核心要素。市值管理的最终目的是使上市公司的市值与公司的价值相一致，而且是一种长效的综合机制，不能把市值管理的眼光集中在某一单一因素上。市值管理不应该是简单机械地将市值管理名下可运用的工具等同于市值管理本身，不应该将短期的可以提振市值的做法直接等同于市值管理本身，更不应该是以市值管理为名绑架大股东进行内幕交易的伪市值管理。而应该是站在公司战略高度中长期的惠及全体股东的行为，应该是综合运用公司治理手段与资本运作工具的方法集合。

六、新三板市值裂变的十大方式

不做市值，不如不上市，挂牌新三板就是为了实现市值裂变。这里介绍新三板市值裂变的十大方式：做市商做市、协议转让、竞价交易、定向增发、并购重组、私募股权基金投资、资产证券化、市值管理中的战略定位、市值管理中的商业模式创新、市值管理下的股权激励模式。新三板上市一个更现实的意义就在于它是通向主板、创业板的绿色通道。通过这些资本运作方式，可以增加市值，为实现“转板”创造条件。

七、将转板进行到底

随着新三板的发展，转板问题已经成为相关各方比较关注的一个问题，“将转板进行到底”已经成为一种普遍的心声。证券监管机构以及新三板管理当局拟把转板制度作为促进新三板发展的一个重要举措。一些企业也是翘首以盼，甚至有企业把在新三板挂牌作为最终实现在交易所上市的一个跳板。但是从现行的政策以及部分实践来看，转板问题不是一个一蹴而就的问题，而是需要政策的更加明确和完善。

八、市值裂变的高度与广度

市值管理写入“新国九条”被赋予了新的内涵，拓展了新三板市值管理的价值高度和应用广度。对经济管理学科而言，微观层面强调的是企业具有核心能力，宏观层面强调注重分析影响市值的因素。对价值管理而言，正确理解并落实市值管理四大模块，是企业制胜资本市场的王道。“新国九条”背景下的市值管理要进行产融互动，做好产业端和资本端。同时，也要全面和正确地认识当前中国资本市场出现的市值管理困惑，走出误区。

九、新三板退出机制

“十三五”规划纲要已经明确提出“建立健全转板机制和退出机制”，再加上创新层出现后，围绕创新层将出现不同于原有新三板的进入退出规则。如转板退出、二级市场退出、并购退出，以及PE投资的几种退出方式。在改革的新思路下，新三板退出机制亟待完善和常态化，使各个层次将形成可进可退、能上能下的流动机制，从而为企业的发展提供一个公平竞争、促进创新的市场环境，实现资本资源的优化配置。

十、中国新三板市场未来发展展望

新三板市场发展在政府密切关注和各项制度中不断完善，目前已经进入了一个全新的发展阶段。基于这样一个现实，本章讨论以下几个议题：中国资本市场未来五年发展目标及新三板市场发展定位；新三板政策红利下的新三板企业布局；纳斯达克“分层”对我国新三板发展的启示；新三板为实体企业开辟五大融资途径；新三板市场当前面临的挑战；2016 年新三板资本市场五大展望；通过分层管理办法洞悉新三板未来发展。

十一、玩转市值：看大咖如何实现资本倍增

市值管理对于新三板资本市场的绝大部分企业来说，是一个新的课题，甚至不乏有些企业的市值管理还属于荒芜地带，而有些则已经驾轻就熟，获益匪浅。成功者揭掉“阿拉伯选美”那层神秘面纱的过程可称之为“市值管理”，比如阿里打造传媒帝国、鼎讯互动的股权收购新三板借壳方式，以及新三板公司市值管理之“最”——九鼎集团、天地壹号和九生堂等。

一、新三板发展的现状与趋势

新三板是中国多层次资本市场中发展速度最快、挂牌公司数量最多的一个版块。本章描述了新三板市场形成前后的状况，展示了新三板发展的重要里程碑，分析了最新的2016年上半年的新三板市场情况，概述中国多层次资本市场体系，并从实用制度方面比较分析了新三板与主板、中小板、创业板的区别。通过这些内容我们可以相信，新三板市场作为资本市场承上启下的平台，将迎来快速发展时期。

1. “新三板”的前世今生

新三板是中国目前多层次资本市场体系中发展速度最快、挂牌公司数量最多的一个资本市场。根据全国中小企业股份转让系统（新三板市场）公布的数据，至2015年末，新三板挂牌公司为5129家，总市值达2.46万亿元；至2016年4月的最后一个交易周（4月25日至29日），新三板挂牌公司总数达到6945家，总市值已突破3万亿元大关，达到30599.84亿元。新三板市场作为资本市场承上启下的平台，将迎来快速发展时期，挂牌企业数量将以较快的速度超过上市公司。

新三板如此火爆，那么到底什么是新三板？也许没有太多人说得清楚。企业和投资者要想在新三板市场获得利益，有必要了解新三板的前世今生。

●“新三板”的由来

从2001年到2013年的13年间，三板市场经历了从“老三板”到“新三板”再到现在的“全国中小企业股份转让系统”三个阶段。虽然现在的全国中小企业股份转让系统还是被称为“新三板”，但这时的新三板已经和曾经的新三板有着极大的不同。

中国证监会2001年开展了代办股份转让系统，股票来源基本是不具备上市条件的公司和从沪深股市退市的公司，后被称为“老三板”（或称“旧三板”)。由于“老三板”挂牌的股票品种少，且多数质量较低，再次转到主板上市难度也很大，故而被称为“垃圾市场”，这一印象对代办股份转让系统的定位和发展带来了十分不利的影响，正因如此，新三板应运而生。

2006年1月14日，经国务院批准，中国证监会批复同意推出了仅针对北京中关村园区非上市的高科技企业进行股份流动的市场，即当时的“新三板”，其学名非常复杂和冗长，叫做“中关村非上市股份有限公司进入证券公司代办股份转让系统进行股份转让试点”，自此，我国在探索建立多层次资本市场体系的道路上正式迈开了第一步。

2012年8月3日，证监会宣布扩大非上市股份公司股份转让试点。2012年9月7日，证监会与北京市、上海市、天津市、湖北省四地政府分别签署了新三板扩大试点合作备忘录。至此，北京中关村科技园区、上海张江高科园区、天津滨海高新科技产业开发区、武汉东湖新技术开发区等四个高新技术园区的企业均可以在新三板挂牌转让。

2013年12月14日，国务院在发布的《国务院关于全国中小企业股份转让系统有关问题的决定》中明确规定：境内符合条件的股份公司均可通过主办券商申请在全国股份转让系统挂牌，公开转让股份，进行股权融资、债权融资和资产重组等。

2013年12月27日，证监会修订和发布了7项配套规则，标志着股份转让系统试点扩大至全国的工作正式启动，不再受高新园区的地域范围限制。

至此，新的“新三板”完全形成，即“全国中小企业股份转让系统”（本书下文简称的“新三板”均指此系统）。

●新三板的作用

新三板的推出，不仅仅是支持高新技术产业的政策落实，或者是三板市场的另一次扩容试验，其更重要的意义在于，它为建立全国统一监管下的场外交易市场实现了积极的探索，并已经取得了一定的经验积累。其作用主要包括以下几个方面。如表1—1所示。

表 1—1 新三板的作用

作 用	说 明
成为企业融资的平台	新三板的存在，使得高新技术企业的融资不再局限于银行贷款和政府补助，更多的股权投资基金将会因为有了新三板的制度保障而主动投资。
提高公司治理水平	依照新三板规则，园区公司一旦准备登录新三板，就必须在专业机构的指导下先进行股权改革，明晰公司的股权结构和高层职责。同时，新三板对挂牌公司的信息披露要求比照上市公司进行设置，很好的促进了企业的规范管理和健康发展，增强了企业的发展后劲。
为价值投资提供平台	新三板的存在，使得价值投资成为可能。无论是个人还是机构投资者，投入新三板公司的资金在短期内不可能收回，即便收回，投资回报率也不会太高。因此对新三板公司的投资更适合以价值投资的方式。
通过监管降低投资风险	新三板制度的确立，使得挂牌公司的股权投融资行为被纳入交易系统，同时受到主办券商的督导和证券业协会的监管，自然比投资者单方力量更能抵御风险。
成为私募股权基金退出的新方式	股份报价转让系统的搭建，对于投资新三板挂牌公司的私募股权基金来说，成为了一种资本退出的新方式，挂牌企业也因此成为了私募股权基金的另一投资热点。
对 A 股资金面形成压力	新三板交易制度改革就等于多了一个大市场。对于 A 股来说，肯定会分流一部分资金。虽然短期挂牌的企业是通过定向增发来融资，但是随着挂牌企业越多，融资规模也就会越大，肯定会吸走市场的一部分资金。

新三板不单纯的是未来的纳斯达克，随时会成为世界最大的证券交易所，如果未来还能保持每年挂牌 1 万家的速度的话，成为世界的最大的交易所平台不再是神话。

2. 新三板发展过程中的重要里程碑

新三板从2006年年初推出到2016年挂牌企业达到7000家，已经走过10年长路，真正成为了中国多层次资本市场建设必不可少的重要力量。在过去10年的发展历程中，伴随着“全面深化改革”的基本国策，新三板有几个重要的里程碑不可不知。

●第一个里程碑：轻装上阵，快速发展

2006年1月，为进行利用资本市场支持高新技术等创新型企业的试点，中关村园区股份报价转让试点正式启动。

2012年7月，国务院同意筹建全国股份转让系统，并将试点范围扩大到上海张江、天津滨海和武汉东湖高新区，这是新三板发展过程中的起步阶段。

2013年1月16日，全国股份转让系统正式揭牌运营，对原证券公司代办股份转让系统挂牌企业全部承接。

从上可以看出，由于是轻装上阵，新三板从一开始就将市场化、法治化为导向的管理机制表现得极为充分。

●第二个里程碑：新三板扩容

新三板扩容，是在原有中关村科技园区试点的基础上，将范围扩大到其他具备条件的国家级高新技术园区；在交易制度上，将同步引入做市商制度，而首批试点做市商则将优先考虑已有代办系统主办资格且至少推荐一家公司挂牌的证券公司；在投资者资质上，符合新三板市场投资者适当性管理有关要求的个人投资者，可进入新三板市场参与报价转让交易。

2013 年 12 月 13 日，国务院发布《关于全国中小企业股份转让系统有关问题的决定》（以下简称《国务院决定》），标志着“新三板”正式扩容至全国。《国务院决定》明确指出，全国股转系统是经国务院批准，依据证券法设立的全国性证券交易场所，主要为创新型、创业型、成长型中小微企业发展服务。

据华泰证券当时的预测，如果扩容全面放开，未来 5 年内，挂牌企业数目将突破 7000 家，新三板市值超过万亿元，又一个庞大的资本平台将横空出世。事实证明了这一预测。

●第三个里程碑：主办券商制度

2013 年 2 月 2 日，中国证监会公布《全国中小企业股份转让系统有限责任公司管理暂行办法》（以下简称《暂行办法》），自公布之日起实施。《暂行办法》明确，全国股份转让系统实行主办券商制度。

2015 年 10 月，证监会发布了关于新三板制度的最新七条框架意见，主要从三个方面或者用三条思路进一步完善主办券商制度的措施：一是鼓励证券公司加大投入、完善管理。二是明确了主办券商在推荐环节、持续督导环节、交易环节的工作职责和工作要求，引导主办券商切实转换理念，创新完善业务链条。三是完善主办券商监管，建立健全主办券商激励约束机制。强化申报即披露、披露即担责的监管要求，督促主办券商归位尽责。市场化是新三板恪守的方向，作为一项重要制度创新的主办券商制度则是形成市场化遴选和约束机制的关键，有利于完善中小微金融服务。

●第四个里程碑：做市商制度

2014 年 8 月 25 日，做市商制度正式在全国中小企业股份转让系统运行，新三板一个划时代的大幕拉开。做市商是为解决新三板市场融资难的制度创新。做市商运行是新三板发展的重要里程碑。

在当时，经过一周的交易，首批42家采用做市转让方式的挂牌公司股票在一周内共成交了1223.81万股，成交额9224.56万元，分别占截至8月末全部股份转让系统挂牌公司股票成交量和成交额的3%和4%（扣除九鼎投资成交额）。其中，成交量最多的股票是万通新材，成交了255.7万股；成交额最多的是中海阳，成交了1462万元；累计涨幅最大的是行悦信息，共上涨了132.87%；累计跌幅最大的是联合永道，下跌了23.2%。虽然只是一周的运行，但是做市商的各项功能如即估值功能、增强流动性功能、稳定市场功能以及通过做市提升企业知名度的功能等都开始有所显现。

●第五个里程碑：完成顶层设计，明确市场预期

2015年11月20日，中国证监会制定并发布《关于进一步推进全国中小企业股份转让系统发展的若干意见》（以下简称《意见》）。该《意见》是今后一个时期股转系统健康发展的指导性文件，它既着力解决当前发展中的问题，提出完善措施，又为市场的后续创新发展预留了政策空间。

该《意见》有九大亮点：一是服务中小微企业的市场定位进一步明确；二是坚持独立的市场地位，研究创业板转板试点，三是实行场内分层，满足不同类型企业发展；四是大力发展做市转让，建立盘后大宗交易制度；五是进一步壮大机构投资者队伍，引入公募基金；六是实施储架发行制度，放开新增股东35人限制；七是券商需建立专门的业务体系和考核体系；八是保护投资者权益，暂不降低投资者准入门槛；九是加强事中事后监管，坚持创新与风控相匹配。

●第六个里程碑：分层制度出炉

2016年5月27日，全国股转公司正式发布施行《全国中小企业股份转让系统挂牌公司分层管理办法（试行）》，内容包括分层标准和维持标准、层级划分和调整等，未来创新层和基础层挂牌公司将采取差异化制度安排。

分析人士认为，新三板分层制度按照“多层次，分步走”的总体规划，渐进完善。未来市场由两层发展至多层的演进路线值得期待，最终有望实现新三板顶层市场与深沪交易所在交易机制上的无缝对接。

通过新三板 10 年来发展历程中的几个里程碑，我们不难看出，新三板的起步和发展得益于国家政策红利，也源自于制度创新。制度相当于“牛鼻子”，有好的制度就有好的投资人，就有好的公司、好的中介。新三板是中国资本市场最大的创新，而没有创新就没有今天的新三板。

3. 2016年上半年新三板市场总体分析

对市场的分析虽然以往的数据可为参照，但大多以最新的数据作为重中之重。分析新三板市场也不例外。据全国中小企业股份转让系统信息显示：2016年以来，新三板直接融资截至3月3日累计股票发行549次，融资总金额达264.73亿元。据来自全国中小企业股转系统的统计信息显示，2016年3月4日新三板市场总体情况如表1—2所示。

表1—2 新三板市场总体情况（2016年3月4日）

项　目	做市转让	协议转让	合　计
挂牌公司家数	1354	4524	5878
当日新增家数	3	7	10
总股本（亿股）	1062.00	2352.46	3414.46
流通股本（亿股）	522.87	682.26	1205.13
成交股票只数	758	169	927
成交金额（万元）	54097.52	19435.22	73532.74
成交数量（万股）	9960.30	2732.41	12692.71

以上信息只是2016年上半年前一阶段的数据，到了现在，2016年上半年已经跨过，那么新三板市场究竟如何？我们不妨同样通过具体数据来仔细辨析，做一个总的盘点。下面主要从指数表现、成交情况、做市商排名、市场规模、行业分布、募资、分红等方面展开阐述。

●**指数表现**

三板做市指数年初 1405.49 点，6 月 30 日报收 1144.89 点，累计下跌 18.54%；三板成分指数年初 1448.29 点，6 月 30 日报收 1214.18 点，累计下跌 16.16%。

●**成交情况**

2016 年上半年三板成交额，做市指数日均 3.51 亿元，成指日均 5.37 亿元，相比去年同期成交额做市指数日均 5.58 亿元，成指日均 3.30 亿元，有了一个耐人寻味的变化；从行业来看，市场热度始终在信息技术、文化传媒、医药生物等新兴行业。

●**做市商排名**

做市是新三板独有的制度设计，在某种程度上做市商控制着企业的流动性及估值。2016 年上半年，按照做市商日均成交额排名，榜首中泰证券日均成交 2.51 亿元；如果再把这个数据平均到每家做市股票，中泰证券做市股票 300 家，每家日均成交额仅 84 万元，而仅做市 17 家的国盛证券每家日均成交额 258 万元，在所有做市商中排名居首。做市企业家数越多，需要的综合实力越强。东方证券在两个维度的排位中均靠前，日均成交 2.19 亿元，每家日均成交额 148 万元。

●**市场规模**

2016 年上半年新增挂牌企业 2564 家，较去年同期增长 139.63%；以 2015 年年报为基准，2016 年上半年挂牌的企业营收均值 1.32 亿元，较去年同期降低 11.41%，净利润均值 803.76 万元，较去年同期降低 41.24%，总资产均值 1.67 亿元，较去年同期降低 56.28%。但是，并不能简单得出 2016 年挂牌企业的数量翻倍、质量下降的结论，一个很可能的推断是 2015 年上半年挂牌企业进入资本市场后管理规范、市场曝光率提高、企业融资途径增多，经过一年的经营，这些优势已经显现在企业增长上。

●行业分布

挂牌企业按照行业分类，挂牌家数集中在信息技术1537家，机械设备1106家，文化传媒528家，医药生物485家，电子设备437家；市值上集中在金融行业3868.71亿元，信息技术3691.59亿元，机械设备2031.71亿元，文化传媒1997.29亿元，医药生物1664.06亿元。

●募资情况

2016年上半年，1646家新三板公司完成增发，实现募集资金的挂牌企业占已挂牌公司总数21.47%，相比去年同期略有下降；增发金额723.78亿，最新价较增发价平均溢价107%，较去年同期募资溢价率降低了47.55%，在一定程度上反映了供给增加、资金需求扩大，市场估值下降。

●分红情况

2016年上半年，1516家企业针对2015年度经营成果实施了分红，多数企业采用分红与送转股相结合的方式；其中277家实施了送股，送股比例0.5，724家实施了转增，转增比例1.02，904家实施了派息，税前每股派息0.2314。由于相当一部分挂牌企业有扩大股本的需求和基础，而送转股作为权益分派的一种方式，企业并不需要支付现金，分红尤其是送转股数据对于投资的参考意义要结合企业具体情况去分析。

通过以上对2016年上半年新三板市场的数据分析，我们有理由得出这样的结论：新三板是中小企业转型升级、提高企业估值的最完美抓手，产融互动、市值管理是这个过程的灵魂和血液。比如就市值管理而言，它强调选对市场，研判周期，做好自己，与狼共舞。例如，对于年净利润1000万元左右的中小企业，最完美的市场就是新三板市场，这个周期就是越快越好；做好自己就是以产业为本，把产业的根基做大做深，与狼共舞就是面向资本市场，谈战略、谈估值、谈价格、谈对赌，共同做未来价值。政府提出了产业结构调整、供给侧改革、创业创新、一带一路、“互联网+”，就是要推动企业转型。但是，一个没有对接资本的非上市非挂牌公司，转型升级太艰难，失败率几乎90%。而对接新三板市场，公司可以通过定增、引进产业投资者、融资后再投资、收购、被收购、汇聚人才辅助转型、孵化新业务推动转型等手段实现转型升级、提高企业估值。

4. 中国目前多层次资本市场体系概述

我国资本市场从20世纪90年代开始并逐步发展完善。它由场内市场和场外市场两部分构成。其中场内市场的主板（含中小板）、创业板（俗称二板）和场外市场的全国中小企业股份转让系统（俗称新三板）、区域性股权交易市场、证券公司主导的柜台市场共同组成了我国多层次资本市场体系。如图1—1所示。

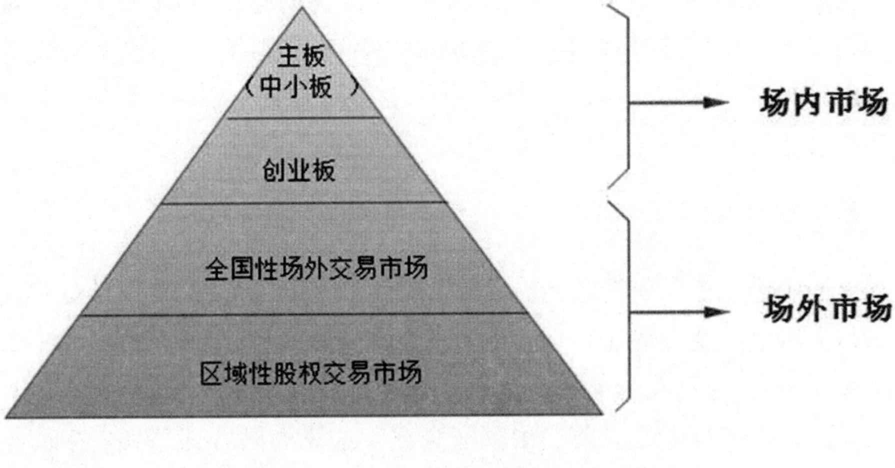

图1—1　中国多层次资本市场构架图

●主板市场

主板市场也称为一板市场，指传统意义上的证券市场（通常指股票市场），是一个国家或地区证券发行、上市及交易的主要场所。主板市场对发行人的营业期限、股本大小、盈利水平、最低市值等方面的要求标准较高，上市企业多为大型成熟企业，具有较大的资本规模以及稳定的盈利能力。

2004 年 5 月，经国务院批准，中国证监会批复同意深圳证券交易所在主板市场内设立中小企业板块。从资本市场架构上也从属于一板市场。

中国主板市场的公司在上交所和深交所两个市场上市。主板市场是资本市场中最重要的组成部分，很大程度上能够反映经济发展状况，有“国民经济晴雨表”之称。

●二板市场

二板市场又称为创业板市场，是地位次于主板市场的二级证券市场，以 NASDAQ 市场为代表，在中国特指深圳创业板。在上市门槛、监管制度、信息披露、交易者条件、投资风险等方面和主板市场有较大区别。

二板市场的目的主要是扶持中小企业，尤其是高成长性企业，为风险投资和创投企业建立正常的退出机制，为自主创新国家战略提供融资平台，为多层次的资本市场体系建设添砖加瓦。2012 年 4 月 20 日，深交所正式发布《深圳证券交易所创业板股票上市规则》，并将于 5 月 1 日起正式实施，将创业板退市制度方案内容，落实到上市规则之中。

●三板市场

全国中小企业股份转让系统，是经国务院批准设立的全国性证券交易场所，全国中小企业股份转让系统有限责任公司为其运营管理机构。2012 年 9 月 20 日，公司在国家工商总局注册成立，注册资本 30 亿元。上海证券交易所、深圳证券交易所、中国证券登记结算有限责任公司、上海期货交易所、中国金融期货交易所、郑州商品交易所、大连商品交易所为公司股东单位。

由于新三板市场的定位是“以机构投资者和高净值人士为参与主体，为中小微企业提供融资、交易、并购、发债等功能的股票交易场所”，因此，其市场生态、研究方法、博弈策略、生存逻辑等等，都和以中小散户为参与主体的沪深股票市场有着显著的区别。

●四板市场

区域性股权交易市场（下称“区域股权市场”）是为特定区域内的企业提供股权、债券的转让和融资服务的私募市场，一般以省级为单位，由省级人民政府监管。是我国多层次资本市场的重要组成部分，亦是中国多层次资本市场建设中必不可少的部分。对于促进企业特别是中小微企业股权交易和融资，鼓励科技创新和激活民间资本，加强对实体经济薄弱环节的支持，具有积极作用。

目前全国建成并初具规模的区域股权市场有：青海股权交易中心、天津股权交易所、齐鲁股权托管交易中心、上海股权托管交易中心、武汉股权托管交易中心、重庆股份转让系统、前海股权交易中心、广州股权交易中心、浙江股权交易中心、江苏股权交易中心、大连股权托管交易中心、海峡股权托管交易中心等十几家股权交易市场。

中国资本市场是伴随着经济体制改革的进程逐步发展起来的，发展思路上还存在一些深层次问题和结构性矛盾。为了促进资本市场健康发展，健全多层次资本市场体系，国务院于2014 年5 月9 日发布了《关于进一步促进资本市场健康发展的若干意见》（简称“新国九条”）。新国九条中强调，到2020 年，基本形成结构合理、功能完善、规范透明、稳健高效、开放包容的多层次资本市场体系。今后将发展多层次股票市场、规范发展债券市场、培育私募市场、推进期货市场建设。“新国九条”的发布体现了党中央、国务院对资本市场改革发展的高度重视，必将对我国资本市场的长期稳健发展产生深远影响。

5. 新三板与主板、中小板、创业板实用制度对比

从通常意义上来说，新三板是独立于沪深交易所之外的资本市场；主板指的是指沪深交易所的“主板”；而中小板、创业板是深交所的范畴。对新三板与主板、中小板、创业板进行实用制度方面的对比，能够明显地看出它们之间的区别。其实用制度包括挂牌条件、交易制度、风险警示条件、退市条件和投资主体要求五个方面。下面我们用表格和文字解读的形式一一展开。

●挂牌条件对比

在挂牌条件方面，新三板与主板、中小板、创业板各有不同。如表1—3所示。

表1—3　新三板与主板、中小板、创业板挂牌条件对比

市场制度	新三板	创业板	主板和中小板
上市主体资格	证监会核准的非上市公众公司。	股票以公开发行。	股票以公开发行。
股东数要求	可超过200人。	不少于200人。	不少于200人。
存续时间	存续满两年。	存续满三年。	存续满三年。

续表

市场制度	新三板	创业板	主板和中小板
盈利指标要求	具有持续盈利能力。	近两年连续盈利，净利累计不少于1000万元；或近一年净利不少于500万元，营收不少于5000万元，近两年营收增长率不低于30%。	近3个会计年净利润为正，累计超3000万元，净利润以扣除非经常性损失前后较低者为计算依据。
现金流要求	无	无	近3个会计年现金流累计超5000万元；或近3个会计年营收超3亿元。
净资产要求	无	最近一期末净资产不少于2000万元，且不存在未弥补亏损。	最近一期末无形资产占净资产比例不高于20%。
股本总额	无	公司股本总额不少于3000万元。	公司股本总额不少于5000万元。
其他条件	主券商推荐并持续督导。	持续督导期为上市当年剩余时间及其后3个会计年。	持续督导期为上市当年剩余时间及其后2个会计年。

从以上对比中可以看出，新三板挂牌条件非常宽松，没有财务和规模条件，要求具有持续经营能力而非盈利能力。但新三板要求主办券商推荐和终身督导制，相比主板的两年和创业板的三年，主办券商能够长期对新三板公司进行监督，促进挂牌企业提高公司治理和规范运行。

●交易制度对比

从交易制度对比中，可以看出新三板不设涨跌幅。如表 1—4 所示。

表 1—4 新三板与主板、中小板、创业板交易制度对比

交易制度	新三板	主板、中小板和创业板
大股东交易限制	在挂牌前持有的股票分 3 批解禁，每批解禁数量为其挂牌前所持股票的 1/3，解禁的时间分别为挂牌之日、挂牌期满一年和两年。主办券商为开展做市业务取得的做市初始库存股票除外。	发行人公开发行股票前已发行的股份，自发行人股票上市之日起一年内不得转让。控股股东和实际控制人应当承诺自发行人股票上市之日起 36 个月内不转让。
交易方式	可以采取协议方式、做市方式、竞价方式或其他中国证监会批准的转让方式。	证券采用竞价交易方式，大宗交易采用协议大宗交易和盘后定价大宗交易方式。
交易时间	每周一至周五上午 9 时至 11 时 30 分，下午 13 时至 15 时。	每周一至周五上午 9 时 30 分至 11 时 30 分，下午 13 时至 15 时。
涨跌幅限制	股票转让不设涨跌幅限制。	涨跌幅限制比例为 10%，ST 和 *ST 等被实施特别处理的股票价格涨跌幅限制比例为 5%。
数量限制	申报数量应当为 1000 股或其整数倍。	通过竞价交易买入股票的，申报数量应当为 100 股或其整数倍。

全国中小企业股份转让系统交易方式大幅创新，可以采用协议方式、竞价方式等。主板、中小板、创业板目前采用的是竞价交易方式，以及协议大宗交易和盘后定价大宗交易方式。

挂牌股票还可以转换转让方式，采取协议转让方式的，系统同时提供集合竞价转让安排。挂牌股票采取做市转让方式的，须有两家以上“做市商”为其提供做市报价服务，做市商应当在全国股份转让系统持续发布买卖双向报价，并在报价价位和数量范围内履行与投资者的成交义务。

新三板挂牌公司股票可以实行标准化连续交易，实行 T+1 规则。

●风险警示条件对比

从风险警示条件对比中，可以看出新三板相对宽松很多。如表 1—5 所示。

表 1—5　新三板与主板、中小板、创业板风险警示条件对比

风险警示条件	主板和中小板	创业板	新三板
连续亏损	两年。	两年，在披露其后首个半年报时。	
净资产为负	一年。	一年。	一年。
营收低于 1000 万元	一年。		
审计报告为否定或无法表示意见	一年。	一年，在披露其后首个半年报时。	一年。
未改正财务报告中重大差错	未按时改正，且公司股票已停牌两个月。	未按时改正，规定期限满后次一交易日。	
未按时发布年报和半年报的	未按时改正，且公司股票已停牌两个月。	未按时改正，规定期限满后次一交易日。	
股权分布不符合上市条件	连续 20 交易日不符合上市条件，提出解决方案获交易所同意，恢复交易当天。	连续 10 个交易日不具备上市条件的，在其后首个交易日。	
股本总额变化，不具备上市条件	一旦发生，即暂停上市（不再风险警示）	知悉股本总额发生变化不再具备上市条件时。	
宣告破产	披露相关破产受理公告后的次一交易日。		
公司解散	披露可能被解散公告后次一交易日。		

在风险警示方面，全国中小企业股份转让系统对风险警示条件较为关键的是“净资产为负”，相对于主板、中小板、创业板更为宽松，应对经济环境的变动所导致的业绩变化也更有弹性。

全国中小企业股份转让系统相对看重信息披露，对收入和盈利都没有硬性指标要求，要求做风险警示的情况是：最近一个会计年度经审计的期末净资产为负值；最近一个会计年度的财务会计报告被出具否定意见或者无法表示意见的审计报告。

●退市条件对比

从退市条件对比中，可以看出新三板新规暗藏转板的便利条件。如表1—6所示。

表1—6　新三板与主板、中小板、创业板退市条件对比

退市条件	主　板	中小板	创业板	新三板
连续亏损	四年。	同主板。	同主板。	
净资产为负	三年。	三年。	两年。	
营收低于1000万元	三年。	同主板。		
审计报告为否定意见或无法表示意见	三年。	三年。	两年半。	
因财务触及退市，未在法定期限公布年报	被暂停上市后未在法定期限披露年报。	被暂停上市后未在法定期限披露年报。		
未改正财报中的重大差错	六个月。	同主板。	同主板。	
未按时披露年报或中报	六个月。	三个月。	三个月。	两个月。
累计成交量过低	120个交易日累计成交低于500万股。	同主板。	同主板。	

续表

退市条件	主　板	中小板	创业板	新三板
收盘价低于每股面值	连续20个交易日。	同主板。	同主板。	
连续20个交易日股权分布不符合上市条件	暂停上市后六个月仍不符合的。	同主板。	同主板。	
公司股本总额发生变化不再具备上市条件的	交易所规定期限内仍不达标的。	同主板。	同主板。	
宣告破产	被法院宣告的。	同主板	同主板。	
公司解散	因故解散的。	同主板。	同主板。	公司清算注销。
受到交易所公开谴责的		36个月内3次。	36个月内3次。	
未在规定期限内补充恢复上市资料	未能在30个交易日内补充的。	同主板。	同主板。	
因财务被暂停上市后不具备恢复上市条件	因财务被暂停上市后不具备恢复上市条件的。	同主板。	同主板。	

在退市条件中，全国股份转让系统也没有对公司盈利、交易活跃度、交易股价等提出任何硬性要求，更加强调信息披露和主办券商的督导作用。

全国股份转让系统退市制度暗示了挂牌企业申请沪深交易所上市更为便利。根据股份转让系统业务规则，挂牌企业出现下列情形之一的，全国股份转让系统公司终止其股票挂牌："中国证监会核准其首次公开发行股票申请，或证券交易所同意其股票上市”。在此处表述中，向证监会申请IPO（Initial Public Offerings，首次公开募股）和向交易所申请上市采取了并列的方式，两者可选其一。

●投资主体要求对比

在投资主体要求方面，新三板的要求很高。如表1—7所示。

表1—7 新三板与主板、中小板、创业板投资主体要求对比

投资主体要求	主板、中小板和创业板	新三板
投资主体	自然人、法人、基金。	机构投资者、信托基金等理财机构、自然人。
资金限制		注册资金500万元以上的法人机构，实缴500万元以上的合伙企业；个人名下证券资产市值300万元以上的。
经验限制		个人需具备两年以上证券投资经验，或者会计、金融、财经等相关专业背景或培训。

全国中小企业股份转让系统的投资者群体相较于主板、中小板和创业板有更为严格的限制，不是一般人能够参加的。在个人投资者方面，投资者本人名下前一交易日日终证券类资产市值300万元人民币以上。证券类资产包括客户交易结算资金、股票、基金、债券、券商集合理财产品等，信用证券账户资产除外。

新三板还要求个人投资者必须具有两年以上证券投资经验，或具有会计、金融、投资、财经等相关专业背景或培训经历。

通过以上几个方面的对比，我们不难发现，创业板、中小板、主板具有的功能，新三板基本都具备。除此之外，新三板还具有准入标准低、交易方式多和退市便利的独特优势。

二、新三板投资收益分析

新三板市场超预期的快速发展，让众多企业和投资机构深度参与其中，部分机构还设立新三板机构主题基金，在存量投资的基础上，加大了对新三板市场的布局。从新三板投资收益上看，主要有以下几个因素：新三板是一个低估值高增长的价值洼地，新三板企业的高成长性、新三板创新层制度红利持续凸显，新三板估值方法的优势，做市前后估值对比效益明显，此外还有新三板投资机构的“大比拼”，也为投融资提供了更多便利。

1. 新三板：一个低估值高增长的价值洼地

随着新三板挂牌的企业的增长，实际上整个的市值非常庞大。现在整个新三板市场市值应该超过了 3 万亿元，其中金融、电信、医疗保健、消费品产业的市值相对来说是靠前一点，其他的比如说公用事业、工业的市值相对来说偏弱一点。金融中也有很多的机构的贡献，比如说九鼎投资的市值 1000 亿元以上，还有证券公司，这些实质是比较多的。虽然说现在有这么多挂牌的企业，但是新三板是一个低估值高增长的价值洼地。目前已有不少投资机构和咨询机构瞄准了新三板，比如九鼎投资。

九鼎投资公司成立于 2007 年，原来专注于 PE 投资，2008 年做了第一轮增资，当时估值 1 亿元，引进了两个股东，一个股东 2009 年就走了，另外一个股东现在还在九鼎投资。这个最后的结果是天渊之别了，一个几十亿元的身价，另一个可能就赚了一点小钱就走了。2013 年下半年九鼎投资开始新三板的挂牌准备，2014 年 4 月份就在新三板挂牌。挂牌之后九鼎做了 3 次的定增，第一次增资定增融资 35 亿元，这主要就是对九鼎投资的 LP。第二次是在 2014 年的 8 月份，现金定增 22.5 亿元，第三次增资 100 亿元。有了这些资金实力，九鼎投资就由一个简单的做 PE 投资的机构向一个综合性的资产管理机构迈进。

九鼎投资新三板挂牌，通过几次定增做了一个布局，由一个单纯的投资管理机构变成了一个综合性的金融集团，九鼎投资的市值超过了 1000 亿元。注册资本目前是 150 亿元，净资产是 250 亿元。销售收入和利润也是成倍的增长，挂牌之后2014年3.6亿元的利润，2015年收入达到了25亿元，利润是7.6亿元。

●为什么说新三板是一个低估值高增长的价值洼地

新三板2015年的市盈率是28.12，同期创业板、中小板是56和84，可以看出新三板的市盈率还是偏低。相对于估值的市盈率偏低，新三板的整体盈利能力还是比较好的，也就是说新三板的整体净资产收益率比其他的市场要好，说明新三板有很多优秀的企业可以值得做一些挖掘和投资。

但是现在新三板也存在一些问题，首先最大的问题就是流动性的问题。虽然说新三板有7000多家挂牌的公司，市值也超过3万亿元，但是这其中有大量的企业还是无市值，就是说没有交易。因为协议转让的价格是失真的，只能通过做市商的来说相对公允性强一点。像50%的企业就没有交易量，这个也反映出现在的交易还是比较冷清的。其实从另一个角度分析，新三板目前成交低迷，反而是入场最佳时机，因此流动性没解决好的新三板正好是价值洼地，不看好是因为感觉未来看不到流动性解决的一个明朗的前景，一个市场最核心的就是交易，没有交易就没有未来。

某私募人士认为，他们的公司推出的新三板投资产品周期是三年，目前该产品正在积极逢低布局。“实际上，由于前期基数低，不少新三板公司将迎来业绩高成长时期。这是目前我们看好并积极布局新三板的直接原因。”该人士指出，投资逻辑主要看重成长性，以及由此带来的较低估值。

第二个问题是新三板公司分化比较严重。有统计数据显示，前50家公司占据了34%的盈利总额，分化是比较严重的。前50家的公司有300多亿元，总的新三板的挂牌的盈利才900多亿元，就是占了34%的净利润。同时这前50家公司的交易量也有问题，占据了整个交易量的50%以上。包括纳斯达克整个交易量实际上主要还是由20%的企业贡献的，“二八定律”在新三板市场也同样存在，就是20%的企业有了80%的交易量。怎么让新三板进入20%里面，确实需要做很多的工作。

针对这个问题，有分析人士指出，首先当然是必须把业绩做好，第二就是积极地寻找一些做市商，改善你的资信，加强与投资机构的合作。新三板的分层制度已经推出，如果企业能够进入到这个创新层，就可以大大提高流动性。

第三个是区域差异比较大。北上广深的新三板的挂牌数量远远超过西部地区，这一方面反映出经济发达的城市经济的总量，包括企业数量确实比西部多。第二是企业领导者的观念问题。2013 年、2014 年动员很多企业挂牌新三板的时候，很多企业都持怀疑态度，觉得新三板有什么好处，没有好处，就不愿意去。

事实上，资本市场是先进的制度注册制让中小企业有对接资本市场的一些机会。首先是准入门槛比较低，融资制度比较灵活，整个流程的效率是比较高的，上市的综合成本也比较低。同时通过新三板挂牌之后，真正实现了融资的便利性，包括提高企业的品牌效应，然后得到一些政策的支持，完善治理结构，实现股东财富的增值，这些在很多新三板的企业中已经体现得非常淋漓尽致了。

中国的新三板市场未来会发展得更好。一个是基于中国有大量的资产需要证券化。第二是新三板的制度红利逐渐将释放，针对新三板目前存在的问题，比如说流动性的问题，分层的问题都会解决。

●新三板将和创业板、中小板“三足鼎立”

目前新三板已经成功地做到了“蓄水养鱼”，鱼都进来了，接下来就要等一些有竞争力的鱼先成长为大鱼，形成大鱼带小鱼的局面，最终达到和创业板、中小板三足鼎立的局面。

新三板是一个低估值高增长的价值洼地，尤其是在分层之后，它们会有更明确的对象去跟踪、分析和研究。如果在发展中能出现一批超预期的企业，自然会带动新三板的整个流动性。当年纳斯达克也正是有了微软等好企业后，才炒起来的。

有专家分析认为，再经过一两年或者两三年的发展，等最核心的一批具有标杆作用的企业发展起来了，大家就有可能会去新三板投资。到那时候，新三板的交易量也会上去了。事实上，从一些券商的一些研究报告来看，新三板的普遍增速、收入增速还有利润增速等方面，已经超过中小板和创业板。

2. 新三板基本投资逻辑：企业的高成长性

目前新三板挂牌的公司主要集中于高端制造业、TMT、化工原料及加工、清洁技术等新兴领域，另外还有一些主板及中小板没有的投资标的，比如以九鼎投资和中科招商为代表的创投行业、以嘉达早教为代表的教育与培训行业，这些行业均处于市场的高速成长阶段。

除“互联网＋”等新兴行业外，进口替代型的中小型高端制造企业，有望借助新三板实现“国内融资——海外收购——技术提升——国内国际市场”的传统企业升级转型路径，而在此之前，只有少数上市公司才能完成。融资与价值发现功能启动后，新三板市场已然成为中国经济转型升级过程的重要一极。

投资新三板，最根本的还是挖掘到真正有成长性的企业，把握好风险与收益的平衡。这是新三板的投资逻辑。

●成长性永远比财务数字重要

投资新三板不能静态地看新三板的估值，而是要放在中国经济转型升级的大背景之下，未来经济发展的质量会越来越高，中小企业的高技术含量成色会越来越足，这些代表未来经济发展方向的企业将成为新的蓝筹股，比如阿里巴巴、腾讯。

新三板的战略核心意义，在于它代表了资本市场和经济发展的重要一极。但这并非意味着新三板企业闭着眼就能投资，未来很多高成长企业会进入新三板，很多此前不符合A股上市条件的传统企业也会去新三板上市，泥沙俱下的环境之下这些传统企业的估值泡沫将十分明显，短期之内这些传统企业所占的比例可能还不低。

以纳斯达克为例，实际上包括3个层次的上市企业，A层是连续竞价交易的纳斯达克全球精选，占比为10%左右；B层是实行做市交易的纳斯达克全球，占比为20%至30%；C层是协议转让的纳斯达克，占比为60%到70%左右。也就是说，即便在纳斯达克市场，也有大量上市企业是僵尸企业（较流行称为“僵尸企业”，指那些无望恢复生气，但由于获得放贷者或政府的支持而免于倒闭的负债企业）。A、B、C三类中，A类企业有一定体量，所在行业发展前景较好，管理团队也比较优秀；B类企业行业发展前景较好，企业经营上优势突出，但规模较小，或者是传统企业里面体量较大，但价格比较合理；C类企业主要是A类和B类之外的企业。九泰基金产业投资部主要投资的新三板企业，是A类和B类企业，C类企业基本上不碰。

毫无疑问，新三板未来也会有不少僵尸企业，但新三板中属于优质企业的会比纳斯达克多，因为A股上市门槛相对还是比较高，积累了大量的优质小企业来上新三板。可以预想到的是，随着交易越来越活跃，财富效应彰显之后，分化也会日益明显，好的新三板企业估值将越来越高。新三板企业没有涨跌幅限制，A股市场上的僵尸企业或者质地较差的企业，以前至少还有壳价值存在，相比之下，如果投资了差的企业，新三板的投资风险比A股就要高很多。

PE投资主要是赚企业成长的钱和制度性溢价的钱，但资本市场各项制度的日趋完善会逐步取消制度性溢价，PE最终只能是赚企业成长的钱。最终消灭制度性溢价的，可能不是注册制的出台，而是新三板，因为新三板将使得股票的供求放大，资本市场的供求关系趋于平衡，制度性溢价存在的基础也就随之消失。作为一项新事物，新三板起步之初遭到爆炒是正常的，但股票的炒作不应该影响到投资人的投资决策，只是增加了投资的难度，要求专业的机构投资人增加投资的安全边际，更加注重企业的基本面投资，控制好风险。

投资新三板企业，投资人最担心的流动性，在一波接一波的爆炒之后，最终如何退出？新三板未来的交易一定会越来越活跃，连续竞价和分层交易很可能也会推出，这将极大地缓解新三板市场的流动性。投机的产生，主要是因为制度和交易机制的不完善，一旦这些制度性缺失解决，流动性问题就会逐步得到解决。

流行性其实并不重要，流动性预期才是最重要的！挖掘真正的成长股，首先是行业前景要好，其次是企业在整个行业里面竞争优势明显。比如围绕经济转型升级，提高经济质量，核心还是靠制度和技术，比如节能环保，无论是水污染治理，还是土壤修复，除了制度保障以外，技术的突破是关键。挖掘那些有核心技术，符合未来产业发展大方向的企业。企业实实在在的成长而不是“伪成长”，将是解决流动性和获取收益的不二法宝。

●新三板创新层投资初起，高成长性彰显

新三板市场已公布 2015 年年报的 6886 家企业中，105 家净利润过亿元，净利润过 2000 万元的达 1306 家。从各项经营指标来看，新三板排行前列企业丝毫不输创业板公司。考虑到沪深 A 股市场与新三板市场之间的流动性折价，此前较为受到市场追捧的“转板”套利逻辑仍然面临不确定性，而创新层有望带来的制度红利，正在强化基于新三板市场本身的投资逻辑，一批标的为创新层企业的投资产品也于近期面世。“新三板创新层才是纳斯达克，基础层则对应于粉单市场，监管层能否把创新层按计划顺利推出，是新三板投资界正在密切关注的问题。”业内人士表示。

对于新三板成长性的判断，市场分层征求意见稿的“标准二”是市场监管者的试金石：“最近两年营业收入连续增长，且复合增长率不低于 50%；最近两年平均营业收入不低于 4000 万元；股本不少于 2000 万元。”据东方财富 Choice 数据显示，截至 2016 年 5 月 4 日，符合创新层“标准二”的企业多达 430 家，占全部三板企业数量的 6.15%，可认为是三板最具成长性的企业。

某资深新三板投资者表示：“标准二的‘复合增长率不低于 50%’是

一条‘很硬’的标准，企业如果营收规模达到一定水平，基本上就很难符合这一条，比如这条标准复制到创业板上就很难符合，只有新三板存在大批这种仍处于营收爆发期的企业，某种程度上来讲，业绩熄火也并非罕见，因为这种增长速度本身就蕴含着风险，是企业发展阶段决定的。”

根据“标准二”，营收规模超过2亿元的企业高达106家，超过1亿元的有239家，其中钢银电商和中钢网营业收入高达211.9亿元和74.1亿元；从连续两年营业收入复合增长率来看，超过100%的有138家，中钢网以4835%的速度拔得头筹，坤鼎集团及明利股份亦取得符合增长超过1000%的同时取得过亿元营收的纪录。

事实上，相对严苛的成长性标准在新三板市场上并非只有少数企业可以达到。从盈利能力来看，新三板公司整体上仍极为强劲。

公布年报的6890家企业中，5732家企业盈利，占比83.13%。从归属于母公司股东的净利润来看，净利润最高的前十家新三板公司仍以金融类企业为主，如东海证券（832970）净利18.27亿元，南京证券净利14.13亿元，湘财证券净利12.12亿元，包揽了净利润前三名，非金融行业企业净利最高为恒大文化，净利6.89亿元，排名第8，华强文化（834793）净利6.54亿元，排名第9。

由于政策的相对不确定，新三板市场的“转板”套利逻辑仍有待验证，而创新层如果于5月份如期推出，一批新三板投资机构仍对三板市场内的创新层投资抱有浓厚兴趣。目前，市场上投资标的较为明确的创新层产品为久久益创新层精选50指数基金，公开资料显示，截至2016年3月2日，回测此前四个月表现，创新层50指数基金跑赢三板做市指数3.17%；2015年最后3个月，创新层50指数基金跑赢三板做市指数+6.61%。

久久益董事长吴军指出：“久久益在4月初做了一个关于新三板企业的研究报告，从已公布2015年年报的企业中，选择创业板232家和新三板营收最靠前的251家企业进行对比，发现：剔除创业板1000倍以上市盈率的企业，其平均市盈率依旧在131倍，远高于新三板企业的24倍。新三板企业在2015年的营收增长率几乎是创业板的3倍，而净利润增长率是创业板的5倍。新三板营收平均为8.9亿元，净利润为1亿元，而创业板平均为10亿元，净利润为1.3亿元。”

久久益正在采用比创新层3套指标更严格的标准筛选成分股，指数化分散投资广撒网，规避主动投资扑空风险。相较主动投资赌注单个企业，指数化投资可以分行业、主题、概念等，更全面地捕捉创新层红利。

目前，新三板市场各方仍在等待分层正式稿的落地以及正式分层的实施，截至5月4日，以上措施仍未出炉。根据市场近期流传的消息，创新层标准仍有可能在最后时刻有所调整。而对于创新层企业的“差异化服务”仍有待明确。

针对创新层消息本身的博弈已经在3月中旬开始，并在4月下旬落定，从三板做市指数来看，近期因政策面仍未明确的影响，三板做市指数出现了一定程度的回落，且全天走势下行，一反此前一个月的日内表现，成交量亦出现回落。

单单从分层消息本身来博弈新三板，已经落伍，在2016年更加复杂的政策环境下，类PE思路的长线投资将越来越成为主流选择，市场上关于“市值管理”或“投后管理”的说法，已经开始印证这一判断。创新层最后的形态及推出的顺畅与否，决定了三板未来是作为预备板为沪深市场提供后备军，抑或是走上“中国纳斯达克”的道路，现在市场已经有些躁动不安了。

●新三板投资机构如何发现具有成长性的优质企业

作为新三板投资机构，要能够发现具有成长性的优质企业。具体来说，包括3个方面：第一是看企业所在的行业，包括行业的竞争格局以及到“天花板”有多远；第二看企业的核心竞争力，是否有核心的技术，商业模式以及销售能力如何；最后还是要看企业家是不是有清晰的长期规划，是不是有领导能力，领导班子是否团结。

行业上，中小企业主营业务往往集中于某个细分行业，投资者可以先看看这个细分行业的市场规模、行业竞争情况。企业的主营产品或服务是否处于更新换代快的行业？是否面临替代性技术和模式的紧迫压力？是新兴产业还是传统行业？传统行业是否有新的增长点？新兴行业是否已经形成足够规模？企业的发展空间即市场容量，也就是该企业成长潜力的理论最大值。此外，国家产业政策也决定着企业发展的天花板高度。因此，投资机构要注重那些倾向于投资“互联网＋”、TMT、健康医疗、低碳环保等国家扶持的、代表了产业发展未来的领域，从成长性来看，这些领域也会给予更高的估值。这些企业的标准是，一是要求是国家扶持且是产业成长期的企业；二是要求盈利1000万元以上，互联网企业虽会放宽条件，但也需要有较好的现金流；三是会选择具备高精尖技术、可以快速复制的商业模式和创新的企业。

核心竞争力在企业估值中有重要作用，企业的核心能力可以表现在品牌、技术、管理、文化等很多方面，从企业类型上来细分，不同的企业所关注的创新及成长关键点不同，对于技术型企业，是否拥有持续的技术创新能力、研发人员和技术创新体系，是判断其成长性的关键。对于运营型企业，是否拥有一支完整的、执行力高的团队是关键。而无论哪种因素是关键，企业成长最终都会表现在财务等指标上，因此，千万不要被项目企业所谓的专利技术优势、名目繁多的奖状、资产规模及政府的重视程度等光环所迷惑，而最终要在核心能力和财务指标上找到成长的依据，以提升项目判断的可靠性。

领导团队是投资机构考量的一个重要方面。投资机构根据数据分析筛选行业与企业，而选企业的过程中，唯一加分的就是企业的团队。企业的创始人或带头人的管理能力，其是否具备企业家精神，以及技术性人力资源和核心创业团队人员的稳定，对企业持续成长至关重要。团队对企业提升的力量是非常大的，所有行业里面，选对了人可以把企业做到爆发，选错了人，再好的企业也做不下去。

当然，投资机构找企业，企业也想把自己的估值提高，这个是双向的过程。作为企业代表，在选择投资者的过程中，首先考虑的是资本，其次是资源。投资者给予企业资本与资源、订单，对企业来说是最大的帮助。

投资机构与新三板企业的估值与投资过程，实质上是一个博弈的过程，企业希望越高越好，而投资方希望性价比越合适越好，即越低越好，两者看起来矛盾尖锐，但两者是可以找到一个平衡点的，这个点就是企业的业绩。因为投资是要有回报的，作为企业来说，最重要的是做好企业基本面。只有数据才能说明一切的问题，只有盈利才是硬道理。企业做好自己的事，拿出真实的成长数据，这才是提升估值和价值的最好方法。

3. 新三板创新层“立杆”，三红利望尾随

当前中国经济增长方式正在逐渐由投资、出口拉动型向消费、创新型转变，宏观经济的转型将开启微观经济发展的新天地。同时，政府一系列行政改革措施的不断出台，包括“大众创新、万众创业”战略的提出，为微观经济的发展创造了新的政策环境。其中，新三板的推出，在某种程度上就是促进经济转型、鼓励企业创新、激励大众创业的资本服务平台。这一资本平台为创新企业量身定做，包括发行制度、业绩要求等指标均明显区别于A股上市公司，整个制度设计相对宽松。目前新三板上市企业已由之前的4000多家激增到7000多家，发展势头非常迅猛。

●创新层“立杆”，三红利望尾随

2016年5月27日发布的《全国中小企业股份转让系统挂牌公司分层管理办法（试行）》从盈利能力、成长性、市场认可三个维度划设创新层。

机构人士认为，创新层“标杆”立定之后，做市商扩围试点等多项制度红利有望跟进，其中前者有望盘活和推进新三板公司的进退机制，后者则有望盘活和优化新三板市场的流动交易机制。但业内同时指出，创新层制度红利的释放不会是一蹴而就，其实现也不会是一劳永逸，即便进入创新层的挂牌公司，仍然可能面临多重考验。

分层办法实质是颁发给部分优质的挂牌企业一张入场券，同时也是新三板市场历经数年发展所迎来的重要加冕时刻。让一部分公司“先富起

来”，整体的盘子才能盘活，从而向着获取更大面积财富的方向前行。

有人认为，新三板分层的意义，不弱于2013年底新三板向全国扩容，将对所有新三板市场的参与方都将带来较大改变。对投资者而言，创新层的推出将极大提高投资效率，吸引更多淘金者；对市场结构来说，将有利于新三板留住优秀企业，促进中间企业，淘汰落后企业；对券商而言，选择挂牌项目将更加谨慎，在做市方面更重视企业质量。

在多数机构看来，新三板创新层的落地仅仅是竖起了一个标杆，之后多项制度红利有望尾随而至。梳理业内判断，新三板分层之后的政策红利及相关预期将主要体现为三个方面：

一是做市商扩围试点将尽快成行。目前中国内地获得券商牌照的只有100多家，而从事新三板做市业务的券商只有85家。做市券商的垄断地位直接导致了新三板做市制度的异化，包括做市商拿票价格、拿票形式、撮合交易等，给市场正常运行带来一定风险，最终影响市场流动性。《全国中小企业股份转让系统做市商做市业务管理规定（试行）》指出：“其他机构在全国股份转让系统开展做市业务的具体规定，由全国股份转让系统公司另行制定。”这相当于早已经为做市商扩围提供了空间。推进新三板改革的储备政策不少，监管层选择在分层时间节点上开展私募基金参与新三板做市试点，意味着监管层试图改变做市商供给数量跟不上市场扩容节奏的格局。这同时意味着，做市商制度依然是监管层改善市场流动性的主要抓手。

二是公募基金入市可期。按照2015年11月证监会发布的《关于进一步推进全国中小企业股份转让系统发展的若干意见》部署，未来将引导公募基金投资新三板。然而业内对于新三板市场“先有流动性，还是先有公募基金入市”一直存在“蛋与鸡之争”。有私募人士表示，分层落地虽然不能直接指向公募基金入市，但无论从提高直接融资比重的要求来看，还是从A股注册制和战略新兴板的延缓等背景条件来看，抑或立足新三板市场本身加强对市场各参与主体的监管和规范化的趋势，增量资金进入新三板正在迎来越来越好的机会。

三是配套服务的跟进以及“再分层”。全国股转公司有关负责人称，市场分层为处于不同发展阶段和具有不同市场需求的挂牌公司提供与其相适应的资本市场平台，从而更有针对性地提出监管要求和提供差异化服务。

制度红利来袭，投资新三板要确定投资策略，紧跟政策导向，选择好新三板产品。

●四个指标告诉你如何看新三板产品

指标一：企业管理机构投研能力。

新三板企业良莠不齐，这必然要求新三板产品管理机构具备相当突出的辨别能力。投研能力的强弱对新三板产品的投资收益有着巨大的影响，这也是投资者在挑选新三板产品中最核心、最需要重点考虑的一块。目前众多机构都在研发新三板产品，且每家机构产品要素、产品特征不同，投资者在挑选产品时需要遵循新三板产品本身的固有规律。

众所周知，选择投资 A 股的公募基金最重要的是挑选基金经理，基金经理在二级市场投资中权重占比最大，他的择股水平决定了产品的收益，是整个投资的核心。和挑选投资股的公募基金不同的是，选择新三板产品首要考虑的是管理机构的实力，即产品管理人是否具备新三板投资和管理经验，他们的投资能力是否契合新三板产品的特征。而基金经理在新二板产品中的收益率权重占比没有公募高，做好新三板产品的投资，不能依靠个人的单独打斗，而要看团队的投研能力。

投资 A 股的公募基金经理所挑选的二级市场股票流动性好，企业经过证监会、券商、律师事务所的严格审核，成熟的企业居多，安全边际更高。与此对比，新三板上市门槛低，分层交易制度尚未推出，企业经营存续期满两年即可登陆新三板，这些都增加了投资能力，对于新三板投资团队来说，辨别具有投资价值的企业非常困难，稍不慎重，所投企业就会变成僵尸企业。正如美国纳斯达克市场，该市场分为纳斯达克、纳斯达克全球和纳斯达克全球精选三个层次，其中全球精选是最高层次，采取连续竞价交易，活跃度高；纳斯达克全球采用的做市交易；而最底层纳斯达克采用的则是协议交易，成交清淡。未来新三板市场也会分为 A、B、C 三层，A 层的企业是最具有投资价值的企业。此外，未来伴随着新三板分层制度的推出，市场对企业的预期也会产生偏差，企业估值随之下降，风险也会暴露。

总的来说，现在的新三板还处于从一级市场到二级市场过渡的阶段。管理新三板产品的机构同时具备二级市场和一级市场经验，会是比较好的选择。

指标二：产品投资范围。

现有的公私募推出的新三板产品范围不尽相同，主要有以下几类：一是主要投资于采用做市商机制的企业参与定增或直接买卖，对流动性的要求比较高，申购赎回都比较方便，比如财通基金利用自身积累的资源优势，在采用做市商机制的企业中精挑细选，并推出相应的产品。二是投资于采用做市商机制初期或是做市之前这个阶段的企业，由于介入时间较早，一般这类产品对流动性的要求比较低，相应的封闭期时间也更长。三是 FOF（基金中的基金）的方式，通过投资各个派系的新三板基金来分散风险，这类产品主要集中在私募产品中。

具体到新三板产品的投资范围，投资者需要搞清楚这类产品的风险和价值两个方面。现在部分新三板投资产品投资未挂牌企业，以期享有挂牌后的估值溢价。但同时会面临项目判断风险，PE 投资机构在投资未挂牌企业方面较证券投资机构具有更多经验。投资者需要考察投资团队是否具有相关 PE 投资经验与 PE 投资理念。

此外，新三板投资产品也可以投向采用做市机制的企业。一旦有券商给企业做市，就相当于券商对企业价值的认证，一定程度上提供了风险担保。不过相比之下，这类企业往往会在估值上失去优势。

上述两类投资策略都可以选择，选择未挂牌的新三板企业风险更大，收益也相对更高，选择做市商做市企业，风险和收益也会较低。

在考虑上述产品的投资范围时，还应该对产品本身的一些条款做些研究。比如，管理团队是否承诺认购其中一部分，如果出现亏损，是否有优先进行补偿之类的条款。此外还需要关注产品所投资的阶段和行业，对管理团队的过往管理业绩等也要进行详细了解。

指标三：流动性。

百万元的投资并不是小数目，新三板产品的流动性（产品期限）也是投资者需要关注的重要指标。目前市场上推出的新三板产品通常是采用"3+2"的模式，即有可能封闭5年，期间不允许投资人退出，产品的流动性较差。有些产品允许中途退出，但要收取赎回费。部分公募和私募推出的产品，也充分考虑到流动性的问题。比如之前九泰基金曾推出九泰新三板分级1号，其封闭期限只有一年半，财通基金的首批新三板产品期限2+1年，即有可能2年提前结束，在加大流动性的同时又能在一定程度上保障产品收益。私募少数派目前正在发行的少数派尊享号新三板产品，其存续期达到了20年，每半年开放一次。

由于新三板的特殊性，其一般产品具有较长的存续期，且一般属于封闭性产品。当产品存续期间较短或者允许中途赎回时，由于现金压力以及清盘压力，对流动性较低的新三板股票的冲击成本会放大，使末期回撤大幅上升。而且，券商做市商的优劣、结构化产品中券商资本金是否参与、投资标的本身的优劣都是重要的决策指标。

有业内人士表示，随着新三板交易制度的逐渐完善，流动性改善之后，新三板产品的投资期也有望缩短。

指标四：费率。

新三板的投资虽然是百万元门槛起步，产品费用也同样不能忽视。那么新三板产品有哪些费用，费率怎样？

一般有固定管理费、存管费、投顾费（或有），各项固定费用总计2%至2.5%一年，还有就是浮动分成，行业比率一般为20%，提取报酬要看双方怎么谈。

业绩报酬一般为20%，业绩基准为6%至8%。也有分段收取的情况，比如退出时投资者年化收益率低于8%的不收取；在8%至10%之间的只给与8%的收益；高于10%的则提取全部收益的20%作为业绩报酬。

此外，有些新三板产品是要收取认购费的，这种收费一般采取外扣法，如净认购金额（不含认购费）的1%，而认购费主要是覆盖销售成本。在税费方面，投资者应当扣缴注意细节，如私募契约型、资管类产品、基金子公司产品等往往不代扣代缴个人所得税。

4. A股估值方法与新三板的估值方法对比

理论上，企业价值等于其未来盈利贴现价值的估值。这只能通过上市交易给公司融资提供一个定价依据。也有一些新三板挂牌公司尚且处于概念化阶段，虽并未开展实质性生产经营活动，盈利状况不佳，但仍旧获得高估值。这一现象成为了人们关注的重点。仁会生物就是这样一只让许多投资者都看不明的股票。它的股本仅有1亿元，其主要产品为对抗2型糖尿病的生物制剂“谊生泰”，该产品仍处于研发报批的阶段，存在审批不通过的风险，但市场为其估出了70亿元的市值。

针对以仁会生物为代表的一类不同寻常的股价，业内人士各有不同看法。以香港著名财经评论员，盘古智库主要成员梁海明为代表的学者认为，许多新三板公司的天价估值都包含了投资者对其未来经营收入不切实际的幻想。在缺乏有力支撑证据的前提下，如此高估值的依据只能是“市X率”，其中X可以替换成梦、胆、傻等字眼。但是，以广东中科招商副总裁、广东沃土企业成长研究院秘书长朱为绎为代表的新三板研究专家则持有不同观点，他们认为，对于新三板股票的估值不能采取IPO思路，而可以借鉴国际成熟市场的PE和VC思维。对于新三板挂牌公司的投资是一个长期价值投资的过程，不能仅仅作为一个财务投资者，局限于其目前的状态；而应作为一名战略投资者，看到其在较长一段时间内（三年左右）的发展潜力。真正的战略投资者有能力与耐心跟企业一起成长，这样才能把企业做强作大，他投资的是企业未来的成长空间。

由于仁会生物目前有大量研发投入，但尚无具体产品，其估值可从研发支出窥探一斑。同为研发驱动型企业，A 股中的医药龙头股恒瑞医药有大量自主专利，其研发投入相当高，并因此收获众多有竞争力的新产品。2014 年恒瑞医药研发投入资金 6.5 亿元，比上年同期增长 16%，研发投入占销售收入的比重达到 8.75%。仁会生物截至 2014 年 6 月 30 日，已申请中国发明专利 15 项，获得授权 10 项，同时，已申请国外发明专利 43 项，获得授权 19 项。其 2014 年上半年开发支出 37771353.11 元，2013 年开发支出 23083773.15 元，呈递增趋势。若 2014 下半年其开发支出保持上半年规模，则按恒瑞医药研发投入占销售收入的比重算，则仁会生物预计销售收入可达 863345213.9 元。若按新三板做市交易医药股平均市销率 11.4125 计，则仁会生物预估市值高达 98 亿元。

因此，在进行保守性调整后，市场给出仁会生物 70 亿元左右的估值具有一定合理性。

●A 股估值方法

A 股估值方法即传统的估值方法，有绝对估值法与相对估值法两种。绝对的估值法分两类，一是现金流折现模型，DCF 模型十分严谨，原则上适用于任何类型的公司，但它非常复杂，需要研究员分析大量数据，并需要很多假设和前提条件。现金流估值模型的优点是用现金流取代股利，减少了人为因素的影响。但其预测的准确性主要取决于研究员对于企业未来长期经营状况和其现金流折现的预估。第二个是股利贴现模型，它的前提假设条件比现金流折现估值模型要少，但它需要企业发放稳定的股利。在这一过程中也要求研究员对企业的未来股利及其长期增长率进行较准确的预测，因而存在预测风险。相对估值模型是资本市场运用比较广泛的估值方式，主要是 P/E，P/B，P/S 等，在对一企业进行估值时，要与市场上的同类企业进行比对，确立合理价格区间。

由上可知，传统的 A 股估值多从其历史数据入手，通过分析代表其盈利能力、偿债能力、成长性等方面的指标，同时参照市场上现存同类企业定价来判断其公允价值。

相比之下，新三板企业门槛很低，只要企业持续经营就可挂牌。许多企业目前经营较差，很难获知其现金流状况，也鲜少派发股息。此外，在新三板挂牌的公司多为成立时间不久、产业模式和经营手段创新的公司，其本身的历史数据较少，不具有统计学意义上的代表性；而且其行业稀缺性决定了难以在市场上找到可比同类企业，这为其公允价值的认定带来很大难度。

股票价格形成有两种逻辑，一是针对主板的竞价交易，投资人直接根据上市公司的信息披露自主定价；第二种是对新三板场外市场的定价方式。因为新三板定位于高科技创新企业，所以有一个突出特点，即业绩波动很大。这导致了其价值不易评估，故采取专家定价方式，即做市商定价制度。对于这一点，广东中科招商副总裁、广东沃土企业成长研究院秘书长朱为绎表示赞同，他认为，公司的正确估值应为其股票做市当天的价值，因为有做市商的参与，这一价值才可被认为公允。而许多协议转让价格与公司合理价值偏离太远，并不具备估值上的参考性。

●新三板的估值方法

对于大多信息可得的新三板挂牌公司，申万将估值体系基础框架分成如下两部分：行业相对估值体系和个股估值调整体系。首先，通过行业相对估值体系确定行业相对估值区间，再通过个股估值调整体系确定具体公司的相对估值区间，最后根据三板整体的最新估值结果得到具体公司的绝对估值区间。

行业相对估值体系的指导思想是以历史交易数据测算市场估值运行区间。首先计算新三板市场及各行业历史 P/E、P/B、P/S 运行中枢及标准差，并在此基础上计算各行业相对 P/E、相对 P/B、相对 P/S 运行中枢及标准差，因相对指标能够反映市场本身的整体特征且变动区间相对平稳。

个股估值调整体系是通过公司的常规调整系数和特殊调整系数来对公司所属行业的相对估值进行调整，从而得到公司估值。常规调整系数从增长性、盈利能力和杠杆三个维度出发，分别选取最具代表性的三个因子：收入增长率（YOY）、净资产收益率（ROE）和权益乘数（D/E）作为度量。而特殊调整系数则从公司本身出发，根据公司的管理团队因素、公司治理因素、长期发展因素及其他因素等综合考虑，给出一个主观评定。

这里有一个例子：申万宏源证券在估值体系设计之初提出了两条基础设计思路，一是基于新三板自身数据及规律，二是基于A股主板数据及规律向新三板映射。通过大量实证研究决定暂不采用从主板映射新三板的设计思路。从定性方面来看，新三板市场与主板市场相对割裂。从定量方面来看，新三板市场估值水平相对稳定，而A股市场估值水平波动却较大，因此A股估值无法作为新三板估值的合理参照。

值得一提的是，面对新三板挂牌企业数量不断增加，企业家需要解决的问题，不仅仅在于是否挂牌，还要了解挂牌新三板对企业的价值何在，要了解谁能真正地帮助企业实现在新三板的利益最大化，要了解如何规划制定符合企业未来发展的上市计划。

5. 首次做市前后估值对比与做市商偏爱的公司

2014 年 6 月 5 日《全国中小企业股份转让系统做市商做市业务管理规定（试行）》出台，8 月 25 日被正式引入新三板市场。接下来，让我们先来看看做市商制度对新三板市场有哪些好处，然后再通过做市商制度实施后最初两年的统计数据予以佐证，最后分析做市商甄选企业做市的逻辑。

●新三板做市商制度利益图谱

从资本市场体系的角度出发，做市商制度的确立将改变目前以协议转让为主要渠道的股权转让方式，解决目前新三板市场存在的价格不关联、操纵市场难度较大、大股东占用资金、关联交易等种种难题，以进一步发挥新三板的市场功能，进而提高新三板交易市场的活跃程度，完善我国多层次的资本市场结构，以更好地为实体经济服务。

具体表现在三个方面：第一，做市商的双向报价、特别是多个做市商的竞争性报价，使报价尽可能接近真实价格，使交易价格具有公信力，充分发挥资本市场价格发现功能，为市场的交易活动打下稳定的基础。第二，改善资本市场的流动性，增加市场活跃度。做市商通过履行双边报价义务，不断向投资者提供股票买卖价格、接受投资者的买卖要求，充当流动性提供者，保证市场交易连续进行，从而提高市场的流动性。同时，多个做市商提供的竞争性报价及股票推介活动，能够激发普通投资者的投资兴趣，吸引更多投资者进入市场交易，增强市场的流动性。第三，做市商制度将间接地鼓励更多的中小微企业加入新三板市场的行列。从某种程度上说，新三板是IPO的补充，一部分企业可以通过新三板融资，获取资金来源。尤其适合处于发展初期的中小微企业，对其稳健成长意义重大。

新三板做市商制度对于挂牌企业的意义在于，首先，做市商制度能解决挂牌公司股票的定价问题。融资是企业挂牌的目的之一，而融资的关键是定价，定价功能的背后就是做市商制度。做市商为提高做市收益，增强投资者对做市股票的兴趣，普遍有很强的动机通过对挂牌公司的深入调查，利用其专业知识对股票进行准确的估值。不可忽略的是，当企业需要从银行获得银行贷款，或进行股权质押时，股权市场的交易价格将成为重要的参考因素。其次，维护股票价格的稳定性。在做市商制度下，做市商报价有连续性，价差幅度也有限制，做市商出于自身利益考虑，会有维护市场稳定的强烈动机。

券商能从新三板做市商制度中获得的利益是，新三板做市商制度实施之后，证券公司新三板业务收入将改变之前主要依赖“一锤子买卖”的推荐挂牌费用的模式。目前，新三板业务对证券公司的收入贡献结构中，推荐公司到股转系统挂牌带来的投行收入是主要的部分，据华融证券分析师测算，这部分大概能为券商带来150万元的收入。而从事做市业务将为券商带来持续性的经营收入，即券商通过撮合交易带来的交易收入。引入做市商制度后，通过不断报出买卖方的价格信息，引入竞价制度，券商不但可以获得交易佣金，还可以获得买卖价差。此外，直投等业务也会为券商带来收入，如券商以自有资金获取买入卖出的价差收入。不过最终收入多寡，还受制于交易量大小，这就需要各做市商不断提高自身研究能力和业务能力，提高获利水平。

新三板做市商制度对投资者的意义，首先，做市商制度实施后，普通投资者的投资渠道将增加。其次，做市商将利用专业知识对股票进行准确的估值，使股票价格更接近于真实价格，从而提升投资活动的安全性，保护投资者利益。最后，为吸引更多的投资者，做市商之间缩小报价价差等竞争策略对投资者而言是一个利好。

面对做市商制度红利，企业如何选择合适的做市商？一是券商的估值研究能力，因为不同券商对公司价值的认知能力是有差异的。二是公司的资金实力，按券商1比1的持仓量配置交易资金，做的数量越多，对资金要求也越高。三是券商的人才储备与服务水平。

新三板做市商从中可获暴利？简单而言，做市商流程包括选股、估值、定价、申报、交易等几个环节。在选股方面，券商多以规模、业绩指标为先导，规模大、业绩漂亮的企业成为券商首选。具体到量化指标，则包括：企业基本面、净利润、营业收入、市盈率、资产收益率等指标。此外，企业所处行业、团队情况、估值情况、核心竞争力及成长性情况等也需要考量。

券商在估值过程中，市盈率是其中一个重要的指标。不过，也有业内人士指出，对于新三板公司的估值，不能简单套用市盈率，这受业绩波动的影响非常大，而处于成长期的公司更是如此，必须有新的估值体系，要正确评估公司未来的成长空间。

在定价环节，挂牌企业和券商之间无疑存在利益冲突。从挂牌企业的角度来说，定价越高，获得的资金就越多；但是就券商而言，定价越高就意味着更高的风险。因此，券商需要在认真衡量各方因素后定出一个相对合理的价格。

在申报环节，根据市场规则，做市商每次提交做市申报应当同时包含买入价格与卖出价格，且相对买卖价差不得超过5%。相对买卖价差计算公式为：相对买卖价差 =（卖出价格 − 买入价格）÷卖出价格 ×100%。虽然与国际上其他市场相比，相对买卖价差并不低，但是，这也无形中对做市商定价形成了一定的约束。

在最后的交易环节，还可能出现券商持有的股票缺乏买家，甚至与做市商的预期相去甚远的情况。加上制度约束，新三板做市商对“将获暴利”的说法并不认可。

企业和券商双方都需要理性地分析对方以及自身的各方面因素，从而需要达成一致的协议，比如有业内人士指出，如果定增价格谈不拢，挂牌企业可以将股份借给券商（相当于融券），让券商付利息，最终实现双方共赢。

●据历史数据分析做市商制度前后的估值

自从新三板市场引入做市商制度，第一批做市交易的企业有43家。截止到2015年3月31日，新三板做市交易的企业增长到222家，做市商制度带来的估值和流动性吸引了大批企业进入新三板市场。

下面，我们先选取2014年8月25日至2015年3月31日新三板做市交易的222家企业中的102家做市交易企业作为样本。这个“样本”剔除了无法获取连续涨跌幅数据的企业，以及首次做市前一交易日涨幅超过1000%的企业。

102家做市交易企业首次做市交易前一交易日的平均涨幅为29.59%，首次做市交易当天的平均涨幅为74.59%，首次做市交易后一交易日的平均涨幅为0.51%。从平均涨幅数据可以看出，首次做市交易前一交易日公司的股价有明显上涨，首次做市交易当天涨幅进一步扩大，大致是前一交易日的2.5倍，在首次做市交易后一交易日，股价涨幅急剧下降。以首次做市交易当天的收盘价和2015年3月31日的收盘价为基础，计算这两个交易日之间的日均涨幅，102家企业的日均涨幅为1.74%，首次做市交易前一交易日的涨幅大约是企业做市后日均涨幅的17倍，首次做市当天涨幅大约是做市后日均涨幅的43倍，而首次做市后一交易日的涨幅仅为做市后日均涨幅的0.3倍。在企业做市交易前，市场对企业做市的预期推动企业的股价在做市前一交易日大幅上涨，做市交易之后，企业股价涨幅逐渐收窄。

从企业所属行业来看，102家企业中有56家属于制造业，首次做市交易前一交易日的涨幅达到38.64%，首次做市交易当天的涨幅为57.19%，首次做市交易后一交易日的涨幅为0.47%，制造行业首次做市交易日至2015年3月31日之间的日均涨幅为1.42%。制造行业在首次做市交易日前后的涨幅趋势和整个市场的涨幅趋势是一致的。但制造业首次做市交易前一交易日的涨幅高于整个市场的涨幅，制造业首次做市当日涨幅以及后续的涨幅都低于市场平均水平。可以看出，制造业的股价涨幅的波动更大，对企业短期估值的影响更大。

另外，在102家企业中，TMT企业有23家，首次做市前一交易日的涨幅平均为8.81%，首次做市当日的涨幅平均为124.73%，做市交易后一交易日的涨幅为1.18%，首次做市当日到2015年3月31日之间的日均涨幅为1.8%。TMT行业在做市日前后的涨幅趋势与整个市场的表现趋势有很大差别。做市交易前一交易日涨幅低于整个市场的平均水平和制造行业平均水平。首次做市当日涨幅远高于整个市场表现和制造业的平均水平。做市后日均涨幅略高于市场水平。做市前的预期对TMT行业的影响不像制造业那样明显，做市当天涨幅飙升，做市后涨幅同样呈现逐渐收窄的趋势。

制造业和TMT行业在首次做市交易日前后的涨幅波动趋势是一致的。但是制造业的涨幅波动明显小于TMT行业。从这两个行业的交易量差异来看，交易量越大的证券，做市商持有的时间越短，做市商库存股的风险就越小，做市商的报价也就更趋于稳定。新三板市场上的制造业企业可交易股份数量大约是TMT行业的3倍，做市转让股票个数是TMT行业的2.4倍。制造业的交易量要远高于TMT行业的交易量。这是制造业整体涨幅波动小于TMT行业的一个重要原因。

最后，以2015年1月1日为节点，比较分析2014年和2015年1月1日至2015年3月31日之间，企业首次做市交易日前后的涨幅表现。

对比2014年和2015年的涨幅数据可以看出，2015年首次做市交易前后三天的市场平均涨幅远远高于2014年的水平，2015年做市交易企业在做市交易后的日均涨幅也明显高于2014年做市企业的日均涨幅。这表明2015年大量资金涌入新三板市场，新三板做市企业受到追捧，这使得2015年做市企业股票的涨幅较2014年有明显提高。

●做市商甄选企业做市的逻辑

第一，行业属性影响做市，医疗保健、信息技术受青睐。

行业属性会影响企业进入新三板的门槛，如果你是一家信息技术类企业，那么券商帮你挂牌新三板的可能性要大于纺织、钢贸等传统领域的企业。截至2015年5月22日，在2457家股转系统挂牌股票中，工业占比最多，达到31.42%，772家；其次是信息技术，达到30.68%，751家，材料占比15.23%，374家。此外医疗保健、可选消费、日常消费的挂牌家数也超过了100家以上。

行业属性对挂牌到做市的影响同样显著。目前新三板挂牌企业做市转让比例大约为14%，医疗保健、信息技术的整体做市比例较高，分别达到20%和16.4%。日常消费行业与样本总体基本持平，可选消费、工业、材料挂牌做市率最低。

第二，企业注册地影响做市，北上广挂牌集中做市比例高。

新三板做市转让企业主要分布在北上广等发达地区且这些地区的新三板股票做市比例高于新三板整体平均水平。新三板挂牌的地区分布上，挂牌最多的是北京（442家），江苏（312家），广东（268家），上海（222家），此外山东、浙江、湖北等省区的挂牌数量也超过了100家。新三板挂牌数超过100只的地区中，做市率最高的依次是上海、北京、广东三地，挂牌企业做市比例分别为18.8%、14.8%和14.8%，高于全国平均水平。

第三，总资产5亿元以上、营业收入分别在1亿到5亿元的企业容易受到做市商青睐，信息技术、医疗保健可适当降低门槛。

新三板做市比例最高的总资产规模区间为5亿元以上，这部分规模最大的企业最容易得到做市商的认可，做市比例为24.69%。其次是规模次之的1亿到5亿元区间的企业，做市比例也达到了19.56%。另一方面，营业收入在1亿到5亿元区间的企业做市比例最高，为21.15%，且做市企业的营业收入也集中分布在这一区间，达到了47.57%。

分行业看，对做市企业的资产和营收规模要求存在分化：医疗保健最低，其次是信息技术，工业、材料、可选消费相对较高。

在医疗保健行业中，参与做市总资产规模标准为1亿到5亿元，总营业收入标准则在5000万到1亿元的区间。总资产规模在1亿到5亿元的区间做市占比33.33%。总营业收入主要集中在5000万到1亿元的区间做市占比30.77%。

在信息技术行业中，资产规模和营业收入在1亿元以上的企业有更大的可能性参与做市。总资产规模在 1 亿到 5 亿元这个区间内的做市转让企业占挂牌企业的 32.2%；其次是总资产在 5 亿元以上的区间，占 20%。总营业收入主要集中在 1 亿到 5 亿元的区间，占比 30.26%；其次是总营业收入在 5 亿元以上的区间，占比 26.67%。

在材料、工业、和可选消费行业中，总资产规模达到 5 亿元以上对做市商的吸引力最强，总营业收入的标准则是在 1 亿元以上，这个收入区间内的做市比例最高。

第四，净利润在 1000 万元企业对做市商有较强吸引力，信息技术、医疗保健可适当降低利润门槛至 500 万元。

从盈利能力来看，做市商选择的做市企业相对挂牌企业一般具有较好的盈利能力。主要体现在净利润和总资产净利率等指标上。具体来说，净利润在 1000 万元以上的企业的做市比例为 27.91%，而其他利润区间的做市比例都不到 15%，并且所有的做市企业中净利润超过 1000 万元的企业占比为 62.14%。

从分行业看，信息技术、医疗保健可适当降低利润门槛至 500 万元。

在信息技术行业中，净利润在 1000 万元以上的企业最容易参与做市，其做市比例高达 34.13%。其次是 500 万元到 1000 万元的区间，占比 16.91%。

在材料行业中，净利润在 1000 万元以上的企业的做市比例也显著高于其他利润区间的企业，达到了 26.79%，其他区间的做市比例均不足 10%。

在工业行业中，净利润在 1000 万元以上，总资产净利率在 10% 以上的新三板企业做市概率更大。净利润在 1000 万元以上做市企业占比 25.71%，其次是 500 万到 1000 万元的区间，占比 11.9%。

在可选消费行业中，做市商还是重点关注净利润在 1000 万元以上，总资产净利率在 10% 以上的企业。净利率在 1000 万元以上的区间的企业做市占比 28.57%，其余利润区间的做市比例都不到 10%，跟 1000 万元以上区间差距较大。

在医疗保健行业中，净利润在 1000 万元以上的区间占比 35.71%，其次是500万到1000万元的区间，占比20%。

第五，ROA>20%的企业更受欢迎，可选消费、工业的ROA为10%以上。

从盈利能力来看，做市商选择的做市企业相对挂牌企业一般具有较好的盈利能力，ROA最好在20%以上的区间，企业做市比例最高，达到25.39%。对可选消费、工业等利润率相对较低的行业，对ROA的要求可适当放宽，达到10%以上的企业对应的挂牌做市比例亦比较高。

第六，营收和净利润保持正增长的企业易受关注，但做市的概率与增速大小关系不显著。

相对而言，成长性较高的企业更容易受到做市商的关注。总营业收入同比增速在50%以上的、净利润增速在0至50%之间的企业做市比例最高。但需要注意的是，在上述两个反映企业成长性的指标中，除了正负的区间之间存在做市比例的显著差异外，正向增速扩大并不会带来挂牌做市比例的显著增加。我们判断，对于做市商而言，更多的关注中小企业成长与否和成长潜力大小（是否有行业“故事”可讲），而对企业当前实际增速关注较少。

第七，分散股权有助于提高做市成功率，第一大股东持股20%以下最受青睐。

做市商明显更青睐股东持股比例较分散的企业。第一大股东持股比例越大，做市企业占挂牌企业比例越小。在第一大股东持股比例小于20%的区间内，即第一大股东持股比例非重大影响的情况下，做市企业占挂牌企业的25.35%；在第一大股东持股比例大于80%的区间内，做市企业仅占挂牌企业的4.15%。简单地说，股权较为分散的企业管理层制约程度较高，一般内部管理系统较为规范，易受做市商青睐。

第八，企业存续时间影响做市，成立15年以上比5年以下企业做市率高近1倍。

企业存在时间越长，企业积累越多，做市概率越大。当企业存在15年以上，做市转让占挂牌数的比重为16.49%，而当企业存在5年以下，做市转让企业占比仅占8.97%。

6. 新三板投资机构大比拼，融资需要“傍大款”

从机构投资的角度看，与创业板相比，新三板估值相对较低，并且有些公司的盈利模式是主板和创业板所没有的，属于市场稀缺标的，新三板因此成为资本争相掘金之地。从2015年1月1日到2016年7月15日，约有4593家机构投资者参与了新三板挂牌企业的投资，同时市场上还存在针对新三板投资的433种资产管理计划。

新三板投资机构呈现出“大比拼”态势，据此，企业融资不妨学学“傍大款”。现在让我们来看看，搅动新三板市场的究竟都是什么类型的投资机构呢？

●新三板机构投资者三鼎甲之状元——投资公司（2757家）

在新三板市场上最大的投资群体就是投资公司，囊括创业投资等多个投资阶段，多达2757家，其中创业投资582家，从统计结果来看，投资公司偏好于少而精的投资方式，除了天星资本以57家投资数量占领榜首外，另有8家投资公司投资数量在10家以上，而2657家投资公司投资标的都在5家以内。

那么为什么投资公司会成为新三板企业的最大金主呢？三板企业上存在一大批成立时间不长，体量偏小，甚至可能还未盈利的创业公司，这些企业本就处在创业投资机构最为关注的阶段，新三板市场正好为创投机构提供了一个标的池，投资公司挑选目标企业范围更明确，信息更易搜集，还省事儿，何乐而不为呢！

●**新三板机构投资者三鼎甲之榜眼——普通企业（1350）**

由其他企业持股也是新三板上一种主要的持股方式，共有1350家企业，总共持有新三板上1743家企业的股份，其中1185家企业仅投资一家公司，7家企业投资数量在10家以上，金华莲花汽车科技有限公司投资了新三板上30家企业，众业达电气股份有限公司也投资了20家企业。

普通企业持有三板企业股份一般主要有两种形式：一是上市公司令其子公司挂牌新三板，为其子公司业务补充融资渠道，不用一味地吸母公司的血；二是三板企业之间相互交叉持股，这种情况大多是为了整合产业链上下游资源，互惠互利。

●新三板机构投资者三鼎甲之探花——资产管理公司（285）

资产管理公司也是新三板投资机构中的主力，共有285家，总共投资448家企业，资管公司的投资方式与投资公司类似，除了以下表中3家公司投资的企业数量较多，其他200多家资管公司投资企业都在10家以内，以1家居多。如表2—1所示。

表2—1　新三板机构投资者三鼎甲之探花——资产管理公司

投资机构	投资数量
中钰资本管理（北京）股份有限公司	19
中信信诚资产管理有限公司	17
东吴创新资本管理有限责任公司	12

●**基金公司类（119家）**

基金公司参与新三板投资的方式主要有两种：1. 私募基金及其资产管理计划；2. 由于公募基金不能直接投资非上市股权，故而公募基金一般通过发行资产管理计划投资新三板。

目前大约有119家基金以这两种方式参与了新三板投资，其中公募基金发行资产管理计划参与投资的有66家，共发行了1003项专项计划，其中有两家基金公司为投资大户：九泰基金及红塔红土基金，这两家企业都通过设立发行资产管理计划的形式分别投资了190、136家公司。紧随其后的是财通基金、前海开源、华夏资本，分别投资了54、41、36家企业。新三板上私募基金有大约53家，共发行132项资产管理计划，其中鑫沅资产、兴全基金分别设立20、16项，其他私募都在10项之内。

●券商（89家）

从统计结果来看，有89家券商参与了新三板投资。

券商投资新三板企业的形式主要有3种：一是直接投资；二是设立资产管理子公司；三是发行资产管理计划进行投资。

大多数券商选择了直接投资的形式，此外，有5家券商专门设立了资产管理计划子公司，并以子公司的名义进行投资，分别是国泰君安证券、广发证券、长江证券、浙商证券、光大证券。其中，浙江浙商证券资产管理有限公司投资了7家企业，占据榜首，其他4家分别投资于新三板上一家企业。另有21家券商以发行资产管理计划的形式参与了投资。

●信托机构及信托计划（21家）

有21家信托公司以直接投资或是设立发行信托计划的形式参与了新三板投资，以下是这21家信托公司及其投资的企业数量。如表2—2所示。

表2—2　新三板机构投资者——信托机构及信托计划

投资机构	投资数量
光大兴陇信托有限责任公司	2
陕西省国际信托有限责任公司	1
中航信托有限责任公司	2
紫金信托有限责任公司	2
长安国际信托股份有限责任公司	7
厦门国际信托有限责任公司	19

续表

投资机构	投资数量
中建投信托有限责任公司	16
中信信托有限责任公司	11
中国对外经济贸易信托有限责任公司	3
山东省国际信托股份有限责任公司	1
中国民生信托有限责任公司	5
上海爱建信托投资有限责任公司	3
五矿国际信托有限责任公司	4
西藏信托有限责任公司	5
华鑫国际信托有限责任公司	2
重庆国际信托有股份限责任公司	3
中粮信托有限责任公司	1
大业信托有限责任公司	2
华润深国信托有限责任公司	1
兴业国际信托有限责任公司	1

显然，与其他信托公司集中资金投资看好的少数几家企业相比，中建投信托及中信信托的投资策略十分明显，从两家信托公司投资企业的数量和每家企业所投入的资金来看，它们都偏好分散风险，以少量资本投资多家企业。

●**贷款公司、担保公司及融资租赁公司（9家）**

贷款公司、担保公司及融资租赁公司也有少部分在新三板上进行投资，数量不多，据统计，有贷款公司2家，都是苏州的小额贷款有限公司，担保公司4家，融资租赁公司3家。除了苏州市聚创科技小额贷款有限公司投资了两家企业以外，其他投资企业数量都只有1家，投资金额除比亚迪融资租赁投资同创伟业约3000万元以外，其他大多在200万至500

万元之间。如表 2—3 所示。

表 2—3　新三板机构投资者——贷款公司、担保公司及融资租赁公司

投资机构	投资数量
苏州市聚创科技小额贷款有限公司（贷款公司）	2
苏州国发科技小额贷款有限公司（担保公司）	1
北京大通乐融资担保有限责任公司（担保公司）	1
鑫融基投资担保有限公司（担保公司）	1
黄石东楚金桥担保有限公司（担保公司）	1
上海创业接力融资担保有限公司（担保公司）	1
瑞盈信融（深圳）融资租贷有限公司（融资租赁）	1
丰源汇鑫租贷有限公司（融资租赁）	1
深圳比亚迪国际融资租赁有限公司（融资租赁）	1

●保险机构（4 家）

参与新三板投资的保险机构并不多，仅有 4 家，投资范围也比较局限。分别是泰康人寿保险有限公司、百年人寿保险有限公司、民生人寿保险有限公司、北京中卫保险经纪有限公司。其中泰康人寿及百年人寿都主要持有同创伟业（私募基金）的股份，而民生人寿和北京中卫保险经纪有限公司则都投资于制药行业。

●金融控股集团（4 家）

有 4 家金融控股集团直接投资于新三板企业，分别是云南维和控股有限公司、中银国际控股有限公司、深圳市威廉金融控股有限公司、上海中海投金融控股集团有限公司，这 4 家集团均只投资于 1 家企业，而其中，显然云南维和控股所投资的维和药业是其子公司。

●其他

除了以上类型较为集中的投资机构，新二板上还有一些其他形式的持股方式，包括银行持股、政府持股、企业员工持股等。

其实，新三板上的投资机构种类虽多，但是主要的投资机构无非也就是投资公司、普通企业、券商、基金、资管公司这五大类。若是能“傍大款”、抱紧这“五条大腿”，融资并不难！

三、新三板上市前资本运作模式

企业上市前资本运作的目的很简单，一是通过重组并购方式扩大企业规模，获得行业竞争优势，提高产品市场占有率；二是通过对已上市公司股权投资、股权置换等方式间接上市，当对已上市公司的控股比例达到一定的控制地位时，便举牌收购，成为正式上市公司控制人。当然，企业对接新三板、进行资本运作，首先要熟知资本运营的本质和运营模式；还要了解哪些因素会对企业资本运营战略的制定和实施产生影响。

1. 资本运营的本质特征与运营模式

资本运营也叫资本运作，它是以资本最大限度增值为目的，对资本及其运动所进行的运筹和经营活动。资本运营有两层意思：第一，资本运营是市场经济条件下社会配置资源的一种重要方式，它通过资本层次以上的资源流动来优化社会的资源配置结构。第二，从微观上讲，资本运营是利用市场法规，通过资本本身的技巧性运作，实现资本增值、效益增长的一种运营方式。企业对接新三板、进行资本运作，首先要熟知资本运营的本质特征和运营模式。

●资本运营的本质特征

资本运营的本质是什么？如果考虑一下资本运营行为的特点，你会发现资本运营做的事情其实就是“资金的贸易”！

商业领域中有一种很常见的商业行为叫做贸易。它是把在一个地方价格低的东西弄到价格高的地方去卖。比如，铁矿石在A地每吨1万元，拉到B地去卖，则可以用每吨2万元的价格卖掉，从而获利。为什么这种情况会发生呢？原因是铁矿石在A地比较多或者没人要，所以就便宜，在B地则相反。所以，这种把便宜的东西拿到贵的地方卖的商业行为——贸易，其本质就是对同种商品进行价值最大化的过程。

由此看来，作为资金的贸易的资本运营，其本质含义就是资金价值最大化的过程！也就是说，原来“资金”这种东西在不同的地方、不同的时期、针对不同的对象，它的价值是完全不一样的！

具体来说，如果一个机构（如企业、银行、保险等）有很多剩余的钱，自己又不用，在通货膨胀的情况下，这些钱仅仅会不断贬值。这时候，对这家机构来讲“资金”的价值就小。而另一个机构如果急需一笔钱去进行一种能够增值的行为，比如开挖一个金矿，只要能够找到钱，金矿一开挖，就能够不断通过卖黄金获利。对于这家机构来说，“资金”的价值就大。

综上所述，资本的本质特征就是要增值。就是把资金从价值小的地方转移到价值大的地方获利，即“资本最大限度增值”。

●资本运营的运营模式

资本必须投入到某一经营领域之中或投入到多个经营领域之中，即投入到某一产业或多个产业之中，才能发挥资本的功能，才能有效利用资本的使用价值；同时，资本必须同其他生产要素相互结合，优化配置，才能发挥资本的使用价值，才能创造价值。从这个内涵上来说，我们可以把企业的资本运营分为资本扩张与资本收缩两种运营模式。

资本扩张是指在现有的资本结构下，通过内部积累，追加投资，吸纳外部资源即兼并和收购等方式，使企业实现资本规模的扩大。扩张的本质是资本关系的调整，实现资源的再配置、生产要素的重新组合。

根据产权流动的不同轨道，可以将资本扩张分为3种类型。如表3—1所示。

表3—1　资本扩张的类型及其代表案例

类　型	含　义	代表案例
横向型资本扩张	是指属于同一产业或者部门的双方进行交易，它们的产品和功能具有相似性，通过交易可以扩大自身的规模，减少竞争对手，同时还能优化产业结构，增强企业的市场竞争力。	青岛啤酒集团的扩张是横向型资本扩张的典型。青岛啤酒自1994年起，就开始实施收购计划，在以后的6年期间，共斥资4亿元，兼并了西安、平度、鸡山、马鞍山、上海、广东等26家啤酒企业，至2014年，共斥资6.6亿元，收购资产达12.3亿元。不仅减少了竞争对手，扩大自身的规模，同时又增强了自身的市场竞争力，并激励了国有企业的发展。

续表

类　型	含　义	代表案例
纵向型资本扩张	纵向型资本扩张是指交易的双方处于不同的部门或者不同的行业，但它们之间有投入产出关系，同时交易扩大规模。企业在实施资本的纵向扩张时，自身必须有能力控制关键的投入产出关系，从而增强企业对整个渠道的掌控力。	格林柯尔集团的扩张是纵向型资本扩张的典型。作为全球第三大无氟制冷剂供应商，位于制冷行业链的上游，收购下游的冰箱企业能够扩大其自身的规模，又能充分展示其制冷技术的优点。2002 年，格林柯尔集团收购了科龙公司，随后又收购了美菱等四家企业。通过收购，格林柯尔集团掌控了制冷产业链的上下游，至 2009 年，格林柯尔已拥有 900 万台的冰箱产能，位居世界第二、亚洲第一。格林柯尔集团通过资本的纵向扩张，增强了自身的市场竞争力。
混合型资本扩张	是指没有直接投入产出关系的两个或者两个以上的企业之间进行的交易方式。混合型资本扩张的方式适应了市场竞争的多元化趋势，通过跨界整合，以提高企业的抗风险能力和市场竞争力。	美的集团的扩张方式是混合型资本扩张的典型。2003 年 8 月，美的收购了云南客车，同年 10 月，又收购了湖南三湘客车，开始布局汽车行业。随后又收购了安徽天润集团，进军化工市场。此后，美的进入了全方位、多元化发展的战略阶段，以家电制造业为基础，以内部重构和外部兼并收购为手段，充分利用现有的资源进行产业结构调整和规模扩张，实现资本的混合扩张。最终，美的发展成一个集多产品、跨行业、掌控多个领域核心竞争力于一体的大型国际性综合制造企业。

收缩性资本运营是指企业把自己拥有的一部分资产、子公司、内部某一部门或分支机构转移到公司之外，从而缩小公司的规模。它是对公司总

规模或主营业务范围而进行的重组，其根本目的是为了追求企业价值最大以及提高企业的运行效率。收缩性资本运营通常是放弃规模小且贡献小的业务，放弃与公司核心业务没有协同或很少协同的业务，宗旨是支持核心业务的发展。当一部分业务被收缩掉后。原来支持这部分业务的资源就相应转移到剩余的重点发展的业务，使母公司可以集中力量开发核心业务，有利于主流核心业务的发展。

收缩性资本运营是扩张性资本运营的逆操作，其主要有 3 种类型。如表 3—2 所示。

表 3—2　资本收缩的类型及其代表案例

类　型	含　义	代表案例
资产剥离	是指把企业所属的一部分不适合企业发展战略目标的资产出售给第三方，这些资产可以是固定资产、流动资产，也可以是整个子公司或分公司。资产剥离主要适用于以下几种情况：不良资产的存在恶化了公司财务状况；某些资产明显干扰了其他业务组合的运行；行业竞争激烈，公司急需收缩产业战线。	中国人寿在上市之前，就进行了大量的资产剥离。2003 年 8 月，原中国人寿保险公司一分为三：中国人寿保险（集团）公司、中国人寿保险股份有限公司和中国人寿资产管理公司。超过 6000 万张的 1999 年以前的旧保单全部被拨归母公司——中国人寿保险（集团）公司，而 2000 万张左右 1999 年以后签订的保单，则以注资的形式被纳入新成立的股份公司。通过资产剥离，母公司——中国人寿保险（集团）公司承担了 1700 多亿元的利差损失，但这为中国人寿保险股份有限公司于 2003 年 12 月在美国和香港两地同时上市铺平了道路。

续表

类型	含义	代表案例
公司分立	是指公司将其拥有的某一子公司的全部股份，按比例分配给母公司的股东，从而在法律和组织上将子公司的经营从母公司的经营中分离出去。通过这种资本运营方式，形成一个与母公司有着相同股东和股权结构的新公司。在分立过程中，不存在股权和控制权向第三方转移的情况，母公司的价值实际上没有改变，但子公司却有机会单独面对市场，有了自己的独立的价值判断。公司分立通常可分为标准式分立、换股式分立和解散式分立。	某公司由4个股东共同投资成立，注册资本为800万元，每个股东出资200万元。公司由总部A和分公司B组成。A净资产为1000万元，评估价1200万元；B净资产为400万元，评估价600万元。总公司决定将B公司分立出去，成立C公司，并将资产全部转换成C公司股份，4位股东每人25%。经过财务及法律的相关处理后，顺利完成了公司分立。
分拆上市	是指一个母公司通过将其在子公司中所拥有的股份，按比例分配给现有母公司的股东，从而在法律上和组织上将子公司的经营从母公司的经营中分离出去。分拆上市有广义和狭义之分，广义的分拆包括已上市公司或者未上市公司将部分业务从母公司独立出来单独上市；狭义的分拆指的是已上市公司将其部分业务或者某个子公司独立出来，另行公开招股上市。分拆上市后，原母公司的股东虽然在持股比例和绝对持股数量上没有任何变化，但是可以按照持股比例享有被投资企业的净利润分成。而且最为重要的是，子公司分拆上市成功后，母公司将获得超额的投资收益。	2000年，联想集团实施战略调整，对其核心业务进行拆分，分别成立新的“联想集团”和“神州数码”。2001年6月1日，神州数码股票在香港上市。神州数码从联想中分拆出来具有一箭双雕的作用。分拆不但解决了事业部层次上的激励机制问题，而且由于神州数码独立上市。联想集团、神州数码的股权结构大大改变，公司层次上的激励机制也得到了进一步的解决。

续表

类　型	含　义	代表案例
股　份回购	是指股份有限公司通过一定途径购买本公司发行在外的股份，适时、合理地进行股本收缩的内部资产重组行为。通过股份回购，股份有限公司达到缩小股本规模或改变资本结构的目的。股份公司进行股份回购，一般基于以下原因：一是保持公司的控制权；二是提高股票市价，改善公司形象；三是提高股票内在价值；四是保证公司高级管理人员认股制度的实施；五是改善公司资本结构。股份回购与股份扩张一样，都是股份公司在公司发展的不同阶段和不同环境下采取的经营战略。因此，股份回购取决于股份公司对自身经营环境的判断。一般来说，一个处于成熟或衰退期的、已超过一定的规模经营要求的公司，可以选择股份回购的方式收缩经营战线或转移投资重点，开辟新的利润增长点。	1999年，申能股份有限公司以协议回购方式向国有法人股股东申能（集团）有限公司回购并注销股份10亿股国有法人股，占总股本的37.98%，共计动用资金25.1亿元。国有法人股股东控股比例由原来的80.25%下降到68.16%，公司的法人治理结构和决策机制得到进一步完善。回购完成后，公司的业绩提高，到2000年，每股收益达到了0.933元。这为申能股份的长远发展奠定良好的基础，并进一步提升了其在上市公司中的绩优股地位。

对资本运营的本质及基本运营模式的理解，不仅可为我们提供一种新的经营方式，而且提供了一种全新的现代经营理念。

2. 影响企业资本运营战略的主要因素

上市公司的最终目标是使股东的资本或权益尽可能地升值。要达到这一目的，就必须把资本运营放到战略的高度，制定一套行之有效的资本运营策略，而制定资本运营策略就必须分析其影响因素。

●影响企业资本运营战略的主要因素

影响企业资本运营战略的主要因素有：企业生命周期；国家产业结构和产业政策；行业市场状况；行业内企业的竞争；潜在加入者的威胁。

一是企业生命周期。是指企业从出现到完全退出社会经济活动所经历的时间。企业的生命发展周期主要包括 4 个发展阶段：幼稚期，成长期，成熟期，衰退期。不同生命周期里对资本运营的需要是不相同的。如表 3—3 所示。

表 3—3　企业生命周期与资本运营策略

时　期	企业不同时期的资本运营策略
幼稚期	资本运营的目的主要是融资，且资金来源一般来自业主投资，或民间亲友借款，也需要从商业银行以举债方式筹措少量资金。另外租赁融资也是一种重要方式，分为经营租赁和融资租赁。

续表

时　期	企业不同时期的资本运营策略
成长期	企业的生产经营已具有一定规模，产品逐渐打开市场并占有一定地位，技术日臻成熟，利润、销售额快速增长，并开始多元化经营。其融资方式应逐渐转向直接融资方式，即通过发行债券和股票的方式来融资。企业的投资和资产运营可以选择并购、直接股权投资、合资、联营等方式等，通过资本的运营，企业的规模和价值会得到倍增，但是，该时期，企业一定要选择稳健的投资策略，否则可能遭致灭顶之灾。
成熟期	企业可采用下列 3 种方式融资：一是股权置换，即以自己的股票作为现金支付给目标公司股东来收购目标公司。二是杠杆收购，即通过增加买方企业的财务杠杆去完成并购交易行为。它是买方企业通过举债来获得目标公司的产权，并从目标公司未来产生的现金流量中偿还债务的方式。三是买壳上市。此时企业的投资方式可以选择并购、集团化经营和全球化的资本扩张。但是选择资本扩张时，原则应该是整合后相关产业或企业可以互为支持，发挥协同效应，取得规模效应，控制生产成本，垂直水平整合，使交易成本内部化，分散企业经营风险。
衰退期	企业应以回收资金为主，进行股票回购、清盘或寻求并购。在资金严重不足的情况下，企业通过管理改革和产权变革，引入新的投资者，优化资产结构，调整经营战略，有可能实现蜕变。

二是国家产业结构和产业政策。随着我国城市化和工业化进程的加快，第一、第二产业的比重在逐渐降低，第三产业的比重将不断提高，从以劳动密集型产业为主转向以资金、技术密集型产业为主，特别是计算机网络、通讯、生物等行业近几年的发展必将带动技术密集型产业的大发展。同时我国几年来大力倡导的汽车工业、基础设施相关行业、电子业等也会大有可为。

三是行业市场状况。了解市场供需状况及变化特点，可以为企业通过兼并、收购等资本运营方式进入新行业提供参考。

四是潜在加入者的威胁。同行业内企业的竞争一样，同竞争对手的竞争策略很可能威胁到企业本身。而且，当一个行业的业内竞争过于激烈，其利润率必将大幅下降，不宜进入；相反新型的行业，垄断程度相对较高，利润率也高，应适时进入。以长虹和海尔两家的资本运营战略为例。当彩电行业和冰箱产业的发展趋缓的时候，长虹选择了竞争白热化的 VCD 行业，而海尔则选择了尚未发展成型的小家电产业及 IT 行业，结果迥然不同，长虹 VCD 销声匿迹而海尔小家电和家用电脑则遍布全国。

●资本运营战略的制定

资本运营战略是实施资本运营战略管理的基础和首要环节，也是企业从事资本运营活动的先决条件。总的来讲，制定资本运营战略包括以下 3 个方面的内容：

一是资本运营战略前景预测的重点。战略执行的结果、战略执行过程中可能遇到的意外情况、战略执行的费用等。

二是资本运营战略制定的依据。首先是研究战略时机。制定资本运营战略，必须选择合适的时机，只有在适当的时机推出的战略，才能真正起到全局性、总体性的指导作用，发挥资本运营战略应有的功能。反之，如果时机不成熟，企业就匆忙推出新的战略，则必然要遭到失败。其次是战略态势分析。资本运营战略态势是指在企业资本运营战略中，企业的内部条件与外部环境相互对比所形成的一种趋势架构。它也说明了企业在对待环境变化过程中所应采取行动的姿态。最后是战略执行前景预测。在制定资本运营战略时，企业也必须事先预测战略执行的前景。通过对战略执行前景的预测，企业可以更加合理地规划战略执行预算，提高资本使用的效果，避免太大的资本损失和浪费。

三是资本运营战略制定的程序。制定资本运营战略的过程大致可分为以下几个阶段：第一，对企业的战略条件进行分析。战略条件的分析包括企业外部环境的分析和企业内部条件的分析。外部环境分析主要包括国家总体经济状况分析、国家经济政策尤其是货币金融政策、投资政策、产业政策的分析，以及行业分析。企业内部条件分析主要是分析企业资源的优势与劣势，以认清企业自身的实力。第二，确定战略目标。资本运营战略的目标是实现资本收益的最大化。围绕这个目标，确定企业的产业目标、产品目标、技术目标和市场目标等。第三，制定战略方案。根据战略目标的要求，拟定多个方案，在整体优化的基础上，选择能够保证实现战略目标的方案。第四，实施、修正战略。将战略方案具体化，建立实现战略的组织结构，确保实现战略所必需的活动能有效地进行。同时还要根据外部环境的变化，对企业战略进行修正，以保证战略的正确性。

3. 新三板挂牌前的企业并购重组

市值管理有两条途径，一条是自然的成长，但上市公司靠自然的成长得到市值的增加是比较缓慢的，更重要的还是第二条即通过并购重组来完成。所以，并购重组被看成是新三板市值管理的核心手段和核心机制。事实上，并购是做大市值的必经之路。梳理世界千亿美元市值公司成长史，可以发现，大多数巨头都是通过资本市场运作，不断进行并购重组，最终实现了公司非线性成长。例如，IBM、通用电气、思科、诺华等千亿美元企业均是通过连续并购而迅速崛起。

并购重组，就是公司通过收买其他企业部分或全部的股份，取得对这家企业控制权，并对企业进行重新整合的产权交易行为。随着我国多层次资本市场体系的形成，通往资本市场的“华山路”已非一条单行道。通过被新三板上市公司并购或兼并，已经成为了实现资产证券化、抢滩登陆资本市场的一条新兴通衢。

在过去的几年时间里，A 股上市公司开始紧盯新三板优质企业，伺机而动，将新三板视作并购的标的池。2014 年共有 10 家新三板企业成为上市公司收购标的，涉及金额逾百亿元。进入 2015 年，新三板已经发生了 216 起被并购重组事件，289 起主动出击并购事件。至 2016 年 4 月 26 日，股转公司共出现 578 个关于资产重组的公告，总交易金额 216. 62 亿元。仅仅 4 个月不到的时间，已经超过 2015 年全年的并购规模。按照这一趋势，2016 年新三板重组案例将上升到 1700 多个，尽管在交易总量上还无法和

A 股市场相比，但在数量上，2016 年新三板市场的并购数有望超过主板市场。2016 年新三板迎来一个“猪也能飞”的并购重组大风口。

放眼 2016 年的新三板市场，各种并购技巧比比皆是。有的是现金收购，有的是发行股份方式，有的是现金加定增，有的是换股吸收合并，等等不一而足。而并购之后产生的财富效应比主板有过之而无不及。以英雄互娱为例，其在完成重组后，股价从 2016 年的 3 月 22 日最低 1.33 元暴涨到 4 月 22 日的 160 元，仅仅一个月时间翻了 120 倍。如果当初投资 10 万元，一个月后就是 1200 万元，简直是天方夜谭。另一个例子是，深圳市子午康成信息科技有限公司借壳波智高远，其旗下的三态速递的净资产为 543.39 万元，估值却高达 5.65 亿元。翻云覆雨之间，资产增值 5.5998 亿元，翻了 103 倍。如此高增长的财富效应，也难怪整个新三板挂牌企业前赴后继参与并购重组。

如果说 2015 年是新三板并购重组的元年，那么 2016 年就是新三板并购重组的爆发年，也是国内整个多层次资本市场并购重组的主战场。

●新三板并购重组火爆的原因

一般来说，企业的并购目的有二：一是可以加快产业链横向或纵向整合；二是由于缺乏行业积累和相关核心人才，公司要进入新的行业或新的领域往往需要很大的成本，且具有较大的不确定性和风险，如果公司可以直接通过收购在新业务或新领域方面有很强的竞争力的公司，就能较为快速和低风险地实现跨界转型或者储备新业务。

新三板的上市企业可以满足以上两个主要的并购目的。其原因如下：

第一，新三板市场有一个重要特点就是新兴行业公司数量多，覆盖的企业及业务类型非常丰富。而且多数新三板的公司普遍具有自己的核心技术和优势资产，或是具有独特创新的模式。这恰好满足了并购方的并购意图。

第二，相对宽松的制度环境为新三板企业参与并购重组创造了软环境。近年来在新三板市场，并购重组制度趋于完善，政策则倾向于支持和鼓励新三板企业的并购重组。包括引入做市商制度和可能的竞价交易制度，颁布《非上市公众公司收购管理办法》《非上市公众公司重大资产重组管理办法》《并购重组私募债券试点办法》等。前两个办法对非上市公众公司的并购行为在自愿要约价格、支付方式及履约保证能力方面给予了适当的放宽，增加了自主性及操作的灵活性，同时也丰富了支付手段，放开了“优先股”及“可转债”等支付方式。这使得新三板与主板、创业板比较，并购重组制度具有很强的便利性，释放出了明确的政策信号——鼓励新三板公司使用多种融资工具，通过并购重组做大做强。随着新三板的制度不断完善，政策红利不断释放，新三板公司的吸引力有望大大加强，并购重组的火会越烧越旺。

第三，对于上市公司来讲，新三板如同过滤器。能够挂牌上新三板公司的大多具有较高的信息披露要求和财务透明度，这就像一张大网，筛选出了财务指标良好、具有投资价值和增值潜力的公司。因为上市公司的运作和经营对比没有上市的公司来讲要更加规范和透明，也就是说，企业在挂牌之前和挂牌之后是不同的。新三板市场的门槛虽然不是特别高，但在挂牌的过程中，经过券商、会计师、律师等中介机构的规范，公司开始进行规范化的管理和经营，之前不规范的问题得到了解决。这将大大有利于上市公司降低并购风险和并购成本。

第四，部分新三板公司有创投背景，创投通过推动并购重组退出，实现曲线上市。新三板公司被上市公司并购成为投资机构退出的新途径，投资机构推动相关收购方案实施的动力极强。2014 年 9 个新三板公司被上市公司并购的案例中，有一半以上新三板公司具有创投背景。比如九鼎集团在借壳挂牌新三板后，开始了一系列的疯狂的资本运作，九鼎集团以人民币 414959. 2 万元受让中江集团 100% 的股权，而中江集团持有中江地产 72. 37% 的股份，九鼎集团将借此间接获得中江地产的控制权。而中江地产是在我国 A 股上市公司，其主营业务是房地产开发和投资旅游项目。此次收购成为新三板企业收购 A 股上市公司的代表作，在无法登陆 A 股市场后，新三板的一些企业也将目光投向 A 股的猎物，通过并购 A 股上市公司，借道登陆。

●新三板并购重组五大类型

市场普遍认为，新三板企业并购重组主要有4个目的：扩大业务规模、多元化经营、实现整体业务挂牌和解决同业竞争。但从并购类型分析，新三板企业并购重组主要有5大类：上市公司收购新三板企业；新三板企业收购上市公司；挂牌公司并购挂牌企业；有限公司收购新三板企业实现挂牌；新三板企业进行的产业并购。

对于第一种类型，新三板在线研究中心发现，由于A股市场的定价和融资功能更为健全，特别是流动性优势，加之转板限制，新三板企业投怀送抱A股公司的案例明显增多。仅仅2016年1月份，上市公司收购新三板企业就有十多起。比如，上市公司金一文化收购一恒贞51%股权；日海通讯拟以发行股份的方式收购建通测绘100%股权并募集配套资金；海翔药业收购日兴生物18.18%股权，成为第二大股东；首创股份收购开创环保19.03%股权，成为第三大股东；等等。

2016年2月份，更多的A股上市公司参与到并购新三板企业队伍中。如盾安环境收购精雷电器52.68%股权；中来股份收购博玺电气19.13%股权；等等。而新三板企业反向收购A股公司，除了之前九鼎集团收购中江地产，中科招商举牌上市公司之外，和君商学在去年顺利收购了汇冠股份。近期信中利也已经接近完成控股上市公司深圳惠程。此外，体育之窗拟通过控股子公司亮智控股收购香港上市公司联众国际28.76%股份，总价13.8亿港元。

对于新三板企业之间的并购，大都是出于财务投资以及上下游产业协同的目的。如天松医疗收购爱普医疗43.35%股权，成为后者第二大股东。银橙传媒收购卡司通16%的股权。

有限公司并购重组挂牌公司，大多数的目的是实现曲线借壳。典型的如英雄互娱“借壳”塞尔瑟斯，子午康成“借壳”波智高远。近期涉及此类重组的还有，莲花汽车科技收购东安液压53.38%股权；上海然信收购电信易通74.69%股权；大丰电器将以其持有的南孚电池60%的股权认购亚锦科技拟发行的26.4亿元的股份等等。

第五种类型的新三板企业进行的产业并购，数量就更加庞杂。如云天软件收购中建网络100%股权；申石软件收购掌众信息100%的股权；百合网拟收购世纪佳缘；君实生物收购众合医药100%股权；以及九恒星收购中网支付100%股权等等。

值得一提的是，2016年以来，新三板并购重组的主角已经从九鼎集团等金融机构，变为亚锦科技等非金融新三板挂牌公司。截至目前，公告交易金额最高的是亚锦科技，其被非上市非挂牌公司大丰电器以26.4亿元收购。业内人士认为，由于PE类挂牌公司（即私募股权投资的挂牌公司）融资受到限制，上述并购趋势在2016年将进一步明显。同时上市公司并购新三板企业的趋势也会进一步加强。事实上，政策上的便利，以及新三板挂牌企业数量上的优势，使得新三板成为资本市场并购重组的项目池。

4. 股权投资模式与新三板良机

股权投资，是指投资方通过购买被投资方的股票，或以货币资金、无形资产和其他实物资产直接投资于被投资方，从而拥有被投资方的股权，成为被投资方的股东，以获得较大的经济利益，并按所持股份比例享有权益并承担相应责任与风险。

新三板企业从“生意”变成有限责任公司，再股改上新三板做一轮股权融资，然后再 IPO，把原来一步跨越的过程变成了一步一步的去走。这就给了大家一个可以参与企业成长的股权投资机会。随着新三板分层制度的推出，未来如果创新层放开公募基金、社保资金以及保险资金的做市资格，将会开启新三板股权投资的大时代。

●新三板和股权投资

新三板中企业总市值排行第一的九鼎投资，2014 年 4 月在新三板挂牌后，立即定向增发融资 35 亿元。2014 年 6 月第二次定增融资 22.5 亿元。2015 年第三次融资 100 亿元，到 11 月 2 日宣布完成募资，市值突破 1000 亿元大关，成为新三板里面唯一一家市值过千亿元的巨无霸公司。而第三次融资的 100 亿元，只面向 19 个机构和 3 个自然人募集，也就是说平均每个机构要出资将近 5 亿元才能直接参与股权投资到九鼎。一年多的时间，九鼎的总市值翻了 10 多倍，意味着去年第一次定增融资时的投资者，其股份价值已经翻了 10 多倍。九鼎在这一年多的时间里，成立了一家公募基金，可以向广大普通大众募集更多资金了。还控股了上市公司中江地产，成为了大股东。还出资百亿元收购了香港富通保险。

也许有人会有问：随便买一家公司的股权都能赚钱吗？如果这个公司倒闭了怎么办？

首先，不是任何一家小公司都可以随随便便在新三板挂牌的。其次，股权交易领域的投资将是一片全新的蓝海，资产证券化的大幕已悄然拉开，也是投资者充分享受政策红利的最佳时间窗口。最后，投资新三板，我们做的是股权交易，对于所有投资者来说，最关心的无疑是退出机制，只有合理的退出机制，投资者才可能把账面资产转化为现金收益。举个例子，南京银行在十年前也发行了原始股票，每股面值 1 元钱，有一个股民买了，但是在企业还没上市前就以 18 元钱退出了。看上去这位股民的收益很高，实际上他是被大的机构吃掉了。上市之后，通过增发，拆分，最高翻了几十倍之多。企业的原始股权是可以交易掉的。就像房产一样是有产权证的。甚至还可以把股权拿到银行里面去做抵押。因为这是属于你的个人固定资产的一部分。

这就是资本市场的魅力。这就是股权投资最终的追求！

●为什么要投资新三板原始股权

投资新三板原始股权，有以下几点理由：

一是投资门槛降低，个人和机构都有机会参与股权一级市场的投资。中国的股民只能参与股票二级市场的投资，股权投资原本只是属于机构投资者才能参与的领域，因为股权投资至少是上千万元资金才能投资的。在国家政策引导下，大力发展多层次资本市场，新三板市场降低了投资者参与的门槛，投资者有几十万元就有机会参与企业原始股权投资。

二是回报潜力大。在证监会把上市由审核制向注册制的转变，大力发展多层次资本市场，投资者在投资了原始股权之后，股权投资作为企业股东除每年享有企业的一个 8% 至 15% 的保本股息分红收益外，公司转板上市、兼并收购、协议转让、做市商等多种方式退出，在 2 年至 3 年的时间就有机会获取几倍的溢价收益，回报潜力非常大。

三是投资方式安全。投资者作为公司的优先股股东，除每年优先享有企业的一个8%至15%的保本股息分红收益，该分红比例在投资合同中明确标出。在约定的时间内，所投企业没有上新三板的话，在约定的时间点，比如3年后，公司大股东必须在投资者本人意愿的前提下强制性的原价回购优先股东的股权，并付以每年约定的股息分红，这条对赌协议极大地保障了投资者的权益。还有就是风险可控。在严格审计后，企业所增资的额度远远小于企业净资产的总值，一般增资额不到净资产的50%，安全系数非常高。万一企业经营不善破产了，投资者有权向法院冻结它的资产，用它的净资产偿还股东。同时公司大股东对优先股东有无限连带责任，在合同中标明。

四是投资周期短。一般的风投或私募股权投资，退出时间是5年至10年，而新三板股权投资，可以通过多个不同层次的资本市场去挂牌上市退出，或者兼并收购或溢价转让等方式退出，一般1年至2年就有机会溢价退出，最长3年，就一定可以退出。

五是利国利民利人利己的投资。投资者直接参与到企业股权的投资中，解决了中国中小企业融资难融资贵的问题，企业走上资产证券化的道路，等于装上了企业快速发展的发动机，企业实实在在地发展壮大了，迅速地实现中国经济的转型，为国家创收，为企业创收，为民创造就业。同时投资者也实现了自我的投资价值。

●新三板原始股权投资的4种方式

提到买股票，部分投资者都对1992年时买“认购证”记忆犹新，当时认购证一本30元是一个月工资的1/3，不是一个小数目，一开始买的人并不多，申购率可以高达80%以上，而新股上市后1元的原始股，上市后通常都可以涨到20－30元，更有100元1股的豫园商城，涨到了1万元1股。如果错过了买“原始股”的机会，也不要感到可惜，每个时代都会有每个时代的“认购证”，这一次有可能是新三板。下面讲讲新三板原始股权投资的4种方式。

一是低门槛时的原始股。新三板未来的目标是“中国的纳斯达克”，在这个市场上市的企业都是属于“两高”（高科技、高成长性）“六新”

（新经济、新服务、新能源、新农业、新材料、新商业模式）的小企业，所以上市门槛不高，只要满足存续两个会计年度、业务明确、治理规范有持续经营能力等少数几个条件就可以。门槛低的好处是股价往往较低，几乎就是“原始股”的级别，就可以享受企业到高成长的成果。

二是新三板基金较安全。除了投资新三板私募基金，还可以投资公募基金、信托、券商发行的新三板理财产品。目前投资此类产品的门槛也较高，要求100万元以上，不过相对自己开户投资，风险相对就要小一些；另外，新三板基金通常都有两到4年的锁定期，流动性也差一些。但是对于一些对股市投资了解较少的投资者来说，基金项目有基金管理人来代为进行投资管理，是一种比较稳妥的投资方式。目前公募基金还没有推出新三板基金，如果今后有此类产品，100万元的门槛有望相应地降低到10万至20万元。

三是增发增资享低价。股票定向增发往往都是折价的，所以参与新三板股票上市后的定向增发，也能够买到便宜股票。投资者很熟悉的原“公募基金一哥”王亚伟，就曾经以个人名义参与了和君商学的定增，出资1000万元认购了和君商学10万股。当然投资者不用和一哥比实力。现在有许多私募基金先向公众进行募集，然后再来参与新三板的定向增发，这样一来，投资者就可以10万至20万元左右的资金，借道私募基金、风险投资基金来参与新三板的定向增发，不仅可以获得一定折扣，定增股票上市后还没有锁定期。还有一种比定增更加接近于“原始股”的，就是参与新三板企业上市前的增资扩股，相对于上市后的定增，它是基于券商对于拟上市企业估值给出的一个溢价，价格就更接近“原始股”了。

四是依托机构购买原始股需慎重。如果企业已经开始准备上新三板，它的原始股一般不会再对外进行发售，只会针对内部高管、核心员工等发售，另外会对风投、私募或者特定对象来融资。既然个人投资者很难买到新三板企业的原始股，更多地要依托机构，就要选择从事这方面业务时间长、业务量多的机构，这样才更有保障。在这方面，需要看承销商资质，看企业经营情况，看企业负债情况，看预测股利，看溢价比例。总而言之，风险与收益是成正比的，新三板原始股权投资目前已经存在不少骗局，投资者需要谨慎对待。

5. 股权置换模式与新三板机会

股权置换，其目的通常在于引入战略投资者或合作伙伴，通常不涉及控股权的变更；其结果是实现公司控股股东与战略伙伴之间的交叉持股，以建立利益关联。

●股权置换的 3 种方式

关于股权置换的方式，实践中有 3 种方式，即股权置换、股权置换 + 现金或资产。下面以两个公司（A 公司为非上市股份有限公司，B 公司为非上市股份有限公司）之间发生股权置换为例，对以上 3 种方式的优缺点及流程进行简单说明。

一是股权之间置换。它是指公司 A 与公司 B 之间发生的股权置换，不涉及资产、现金的支付。操作方式如下：公司 A 增发新股，公司 B 的股东公司 C 以其对公司 B 的股权对公司 A 投资，取得公司 A 增发的新股，而公司 A 取得公司 B 相应的股权。股权之间置换不需要支付任何现金，从而有效降低了财务上的风险。通常发生在有优势互补需要的企业之间进行。但这种方式需要注意，如作为投资的公司 B 股权价值远大于公司 A 在股权置换之前的所有者权益，容易造成公司 A 中非货币资产投资比例低于 30% 的风险。

股权之间置换的流程如下：第一，公司 A 召开股东大会，决议增发新股。第二，公司 B 召开股东大会，对股东公司 C 将其持有公司 B 的股权转让给公司A作出决议，或者直接由公司B其他股东放弃优先购买权，同意公司C将其持有的公司B股权转让给公司A。第三，公司C或公司A聘请中介机构对公司C持有的公司B股权进行资产评估。第四，公司A与公司C签署股权转让协议。公司A聘请中介机构对公司B股权进行验资。第五，公司A办理工商变更登记，向公司C颁发股东出资证明，并将公司C纳入股东名册。与此同时，公司B办理变更登记，向公司A颁发股东出资证明，并将公司A纳入股东名册。

二是股权+资产式置换。它是指公司A与公司B之间发生的股权置换，但同时以资产作为股权支付的部分对价。操作方式如下：公司A增发新股，公司B的股东公司C以其对公司B的股权对公司A投资，取得公司A增发的新股，而公司A取得公司B相应的股权，同时公司B也以其优质资产对公司A投资，取得公司A增发的新股，公司A相应取得公司B的优质资产。优点在于不用支付现金即可获得优质资产，扩大企业规模。这种方式通常用于一方存在优质资产的情况下，而这部分优质资产可以迅速提高另一方的生产能力和规模，而且具有不支付现金的风险，降低了财务风险。但这种方式需要注意，如作为投资的公司B股权价值及公司B的优质资产远大于公司A在股权置换之前的所有者权益，容易造成公司A中非货币资产投资比例低于30%的风险。

股权+资产置换的流程如下：第一，公司A召开股东大会，决议增发新股。第二，公司B召开股东大会，对股东公司C将其持有公司B的股权转让给公司A作出决议，或者直接由公司B其他股东放弃优先购买权，同意公司C将其持有的公司B股权转让给公司A。同时股东B根据章程规定召开股东大会或董事会，对公司B以其优质资产向公司A投资事宜作出决议。第三，公司C或公司A聘请中介机构对公司C持有的公司B股权进行资产评估。公司B或公司A聘请中介机构对公司B投资的优质资产进行资产评估。第四，公司A与公司C签署股权转让协议。同时公司A与公司B签署增资协议。第五，公司A聘请中介机构对公司B股权及公司B的优质资产进行验资。公司A办理工商变更登记，向公司C及公司B颁发股东出资证明，并将公司C及公司B纳入股东名册。与此同时，公司B办理工商变更登记，向公司 A 颁发股东出资证明，并将公司 A 纳入股东名册。

三是股权 + 现金式置换。它是指除相互置换股权外，还要支付一定数额的现金才能完成置换。操作方式如下：公司 A 增发新股，公司 B 的股东公司 C 以其对公司 B 的股权对公司 A 投资，取得公司 A 增发的新股，而公司 A 取得公司 B 相应的股权，但同时公司 B 以现金向公司 A 投资，取得公司 A 增发的部分新股，成为公司 A 的股东。

股权 + 现金式置换的流程如下：第一，公司 A 召开股东大会，决议增发新股。第二，公司 B 召开股东大会，对股东公司 C 将其持有公司 B 的股权转让给公司 A 作出决议，或者直接由公司 B 其他股东放弃优先购买权，同意公司 C 将其持有的公司 B 股权转让给公司 A。同时公司 B 根据章程规定召开股东大会或董事会，对公司 B 以现金向公司 A 投资事宜作出决议。第三，公司 C 或公司 A 聘请中介机构对公司 C 持有的公司 B 股权进行资产评估。第四，公司 A 与公司 C 签署股权转让协议，且公司 A 与公司 B 签署增资协议。第五，公司 A 聘请中介机构对公司 B 股权进行验资。公司 A 办理工商变更登记，向公司 C 及公司 B 颁发股东出资证明，并将公司 C 纳入股东名册。与此同时，公司 B 办理变更登记，向公司 A 颁发股东出资证明，并将公司 A 纳入股东名册。

值得注意的是，以上几种股权置换方式中，如公司 C 购买的股权不低于公司 A 全部股权的 75%，且公司 C 在该股权收购发生时的股权支付金额不低于其交易支付总额的 85%，可以选择按以下规定处理：其一，被收购企业的股东取得收购企业股权的计税基础，以被收购股权的原有计税基础确定。其二，收购企业取得被收购企业股权的计税基础，以被收购股权的原有计税基础确定。其三，收购企业、被收购企业的原有各项资产和负债的计税基础和其他相关所得税事项保持不变。

●新三板开启股权置换想象

在新三板市场，PE 机构的业务范畴得到了有效拓宽和延伸，PE 机构可以直接发行股权投资基金产品。尤其是机构参与推荐挂牌及做市放开之后，PE 将可能摒弃传统的 IPO 之后就直接退出的做法。甚至并不一定需要从投资企业快速退出，通过对投资企业的培育，与投资人共享企业成长带来的溢价。

作为首家挂牌新三板的 PE（私募股权投资）机构，九鼎投资一再刷新市场对 PE 机构的认知。2014 年 2 月，九鼎投资实施定增，将 131 个旗下基金 LP 所持有基金份额权益转换为持有挂牌公司的股份权益。“管理公司股权置换 LP 基金份额”模式的创新点在于，一方面原基金 LP 可将手中持有难评估的基金份额转化为相对标准化的母公司股份，并分享“多支基金 LP 份额及管理费”打包收益；另一方面九鼎投资高管及部分旗下基金 LP 可以用更加便捷方式通过股份减持退出获利，极大改善退出流动性。未来，九鼎投资可将并购基金及其他业务纳入挂牌上市资产范围内，给予投资者开展综合资产配置的投资机会。

近一年来，九鼎投资先后控股九泰基金、参股瑞泉基金涉足公募基金，成立海外 GP 涉足境外资产管理，设立晨星成长计划开展个人风险投资业务，收购九州证券开展证券业务，收购金佰仕开展第三方支付业务，设立九信金融开展互联网金融 P2P 业务，收购中江集团间接持有上市公司中江地产 72.37% 股份。这一系列资本运作，凸显了 PE 机构挂牌新三板后，搭建大资管金融控股平台的野心。

新三板这片蓝海对 PE 行业的运作模式产生了巨大影响，用业内人士的话说，“新三板是新 PE 模式的塑造者，是 PE 的拯救者”。不仅丰富了 PE 的投资和退出方式，PE 机构自身挂牌新三板成为其借力发展壮大的机会。

6. 新三板市场债权转股权政策解读

债权转股权，简称“债转股”，是指债权人以其依法享有的对在中国境内设立的有限责任公司或者股份有限公司的债权，转为公司股权，增加公司注册资本的行为。

债权转股权可以解决国企由于投资体制缺陷造成的资本金匮乏、负债率过高的“先天不足”，适合中国国情；对并购方而言，也是变被动为主动的一种方式。比如在新三板市场上，多个机构以债权换股权的资本运作完成了退出，几成一道独特风景。先是九鼎投资贡献智慧顺带成为1375亿元新三板第一市值公司，紧随其后单祥双老板依样画瓢成就个人173亿元新三板首富的梦想。再往后，成立不足4年的天星资本有意弯道超车……

●债权转股权的涵义

国家工商总局发布的于2012年1月1日起实施的《公司债权转股权登记管理办法》（以下简称《办法》）第二条规定，债权转股权的涵义为：“本办法所称债权转股权，是指债权人以其依法享有的对在中国境内设立的有限责任公司或者股份有限公司（以下统称公司）的债权，转为公司股权，增加公司注册资本的行为。”

公司制企业债转股有3种情形：第一，不改变公司的注册资本，只发生股东的变更。这种情况只能在公司股东不能清偿债务的情况下，将其持有的公司股权转让给债权人，从而折抵债务，这种转让可能在股东之间，也可能在股东与股东以外。简明一点的意思，就是股东将其股权转让的收入，冲抵债务。第二，增加公司注册资本。即增加股东或股东股权，也就是债权人对公司（债务人）所享有的合法债权转变为对公司的投资，从而增加公司的注册资本。例如甲公司拥有对A公司的债权100万元，A公司注册资本为100万元，A公司股东为乙公司。现甲公司经与乙公司协商，将债权100万元增加A公司注册资本100万元。则债转股后，A公司注册资本为200万元，甲和乙均为A公司股东。第三，企业改制时的债权出资。债务人为非公司企业法人时，利用其转制为公司的机会，债权人作为出资人，将债权作为拟设公司的投资，待公司成立后取得相应股权。

《办法》中的债转股指的仅是第二种情形，债转股属于增资，且不适用于债权人以其拥有的第三方的债权对被投资公司进行投资；且债转股不适用于公司设立，只适用于公司设立之后的增资，因为在被投资公司设立之前，由于此类债权没有相应的法律主体不可能存在，因此债权转股权不适用于公司设立。不仅规定可以对有限责任公司的债权进行债转股，而且对股份有限公司的债权也可以债转股。因此，上市公司的债转股在工商局层面也具有可行性。但由于上市公司的增资除了资本公积、留存收益转增资本外，均需要证监会严格的审核程序。

●可以转为股权的债权类型

根据《公司法》中对非货币性资产出资的条件要求为可评估和可转让，《办法》第三条对可转为股权的债权进行了限定，仅为3种：

一是合同之债：“公司经营中债权人与公司之间产生的合同之债转为公司股权，债权人已经履行债权所对应的合同义务，且不违反法律、行政法规、国务院决定或者公司章程的禁止性规定。”可转为股权的合同之债须满足两个条件：一为债权人已经履行债权所对应的合同义务；二为不违反法律、行政法规、国务院决定或者公司章程的禁止性规定。

二是人民法院生效裁判确认的债权：“人民法院生效裁判确认的债权转为公司股权。”非合同之债，如果经法院的裁定文书或判决文书的确认，也可以转为股权。

三是和解协议确定的债权：“公司破产重整或者和解期间，列入经人民法院批准的重整计划或者裁定认可的和解协议的债权。”

上述规定主要考虑了三方面因素：第一，债权种类很多，包括合同之债、侵权行为之债、不当得利之债、无因管理之债等，除了经营活动中产生的合同之债外，其他种类债权难以确定数额和公允价值。第二，为避免违反法律、行政法规和国务院决定的上位法规定，同时尊重公司自治权利的行使，《办法》排除了违反法律、行政法规、国务院决定或者公司章程规定禁止作为出资种类的债权。第三，公司正常经营中的合同一般为双务合同，双方的债权债务关系是对应的，在履行债务前每一方当事人既是债权人又是债务人，因此，只有当一方履行完主要合同义务后，才能用于债权转股权。因此，《办法》规定，公司债权转股权的，债权人应当已经履行债权所对应的合同义务。

《办法》第四条还规定了多人之债的处理方式：“用以转为股权的债权有两个以上债权人的，债权人对债权应当已经作出分割。”也就是说，在作出债转股的决议之前，债权人必须先把债权分割清楚，以免引起不必要的纠纷。《办法》第五条明确规定了法律、行政法规或者国务院决定规定债权转股权须经批准的，应当依法经过批准。

此外，《办法》还规定了债转股应履行的程序，包括债转股的评估、债转股债权的验资程序、债转股的工商登记变更程序及手续。

7. 实施合资控股，重在股权分配

合资控股式又称注资入股，即由并购方和目标企业各自出资组建一个新的法人单位。目标企业以资产、土地及人员等出资，并购方以技术、资金、管理等出资，占控股地位。目标企业原有的债务仍由目标企业承担，以新建企业分红偿还。这种方式严格说来属于合资，但实质上出资者收购了目标企业的控股权，应该属于企业并购的一种特殊形式。

合资控股式的优点是，第一，以少量资金控制多量资本，节约了控制成本；第二，目标公司为国有企业时，让当地的原有股东享有一定的权益，同时合资企业仍向当地企业缴纳税收，有助于获得当地政府的支持，从而突破区域限制等不利因素；第三，将目标企业的经营性资产剥离出来与优势企业合资，规避了目标企业历史债务的积累以及隐性负债、潜亏等财务陷阱。不足之处在于，此种只收购资产而不收购企业的操作容易招来非议；同时如果目标企业身处异地，资产重组容易受到“条块分割”的阻碍。

●合资控股如何进行股权分配

合资控股如何进行股权分配是个绕不过去的问题，尤其是对创业企业来说，这个问题必须妥善解决。有专家建议把股权首先分成两个类别，即资金股权部分和经营管理股权部分。先把这两个部分的股权分别确定清楚，不按人的角度分配，而是按这两个类别的角度分配。

资金股权的确定需要区分投资者的类型，一般来说个人投资得看投资人的个人特性了，机构投资则更多有一套价值评估的系统。投资者为什么要投我们的团队，最重要的一般都是看重人，其次才是项目。因此，我们也应该首先从人的角度来对待投资资金占的股份比例的问题。比如一个投资者的控制欲特别重，很可能你就不要去和他奢谈控股了，而不如把精力转到如何通过扩大盘子让团队的收益增大；如果投资者是特别豪爽的，或许你可以获得控股权。总的一句话，更多的还是尊重投资人的看法。如果真的觉得不合适，就说明你选择的投资人错了，这时应该变的是你，而不是他。

经营股权部分总的比例定好了之后，就可以考虑每个人在团队中担任的职责和能力来评估了。这个方面可能有争持的地方，建议设立一些简单的虚拟股权绩效评价系统。就是说在创业过程中让股东的股权随着个人绩效的变化有一定调整幅度的激励制度。这个制度是中立的，因此经营股权的分配比例也是按照职责、岗位来分的，而不是按照人来分的。如果你觉得还应该考虑创意角度的股份，那把这个方面单列。让最开始提出这个创意的人获得一定的股权回报。

对待股权分配最基本的就是没有必要不好意思细谈，股权不谈好，在创业过程必然会发生各种问题。让股权不按照人来分，而是按照客观的资金、职责、岗位、创意等角度来分，能尽量避免随意的拍脑袋分配方式带来的问题。

●股权分配实操要领

股权一般都是按照出资比例来分配的，每股的股权都是相同的，所以在公司建立初期绝对不能出现股东权利相同的情况，因为如果两人权利相同，在两人意见不一致的情况下就没有人能下最终决策。如果是两个股东，股权分配最好是51%和49%。至于两人在公司里担任什么角色、付出多少劳动，都以工资的形式发放。两人入股只决定其在公司里的决策权大小和最终年底分红的多少。

在实务中，股权分配需要把握以下要领：

一是要有投资团队。一般情况下，传统产业的投资人对企业的干涉会很多，产生纠纷的几率也很大，所以事前定好规则非常重要。如果希望能够控股，靠一个人是肯定不行的，在和投资人谈判之前，先组建好自己的团队，这个团队必须具备运营这个项目的能力。这是个前提，如果没有自己的团队，即使是让你控股，你也会很快被边缘化。

二是做好项目估值。怎样谈股份，这个需要你对项目进行一个估值。基本的公式是：如果你需要筹资1000万元，而双方都认为项目价值1亿，你就要给出公司股份的10%。在这里，建议做一个一定营业额范围内的股份分配，你既然想到创业，就应该想到第一年的营业额大概为多少，尤其是传统行业，对营业额的估计相对比较容易。即使是对方要求控股，你在没有团队的情况下也可以答应，这样就可以集中精力做好自己擅长的事情。但是可以在协议上要求，如果营业额达到多少时，可以要求回购股份到控股的份额。这样，投资人会认为很保险，比较容易接受。

三是确定退出的方式。如果运营成功，就是上市（IPO）、并购退出(并购退出是指通过其他企业兼并或收购风险企业从而使风险资本退出。由于股票上市及股票升值需要一定的时间，或者风险企业难以达到首次公开上市的标准，许多风险资本家就会采用股权转让的方式退出投资）。如果运营失败，就是清算退出。

8. 实施杠杆收购，必须控制风险

杠杆收购，是指公司或个人利用自己的资产作为债务抵押，收购另一家公司的策略。总体上我们可以把杠杆收购视为收购兼并的一种特殊情况。杠杆收购有 3 个基本点：第一，它一般来说是以财务投资人为投资人的交易结构。杠杆收购很少是战略投资人，主要是私募股权投资赚钱的模式。第二，它是控股性的交易、并购，虽然不要求 100%，但也要 50% 以上，如果没有 50% 以上，也会利用其他结构手段实现实际控制。第三，采用借钱或者债务融资的方式完成交易是一个不可或缺的手段。

作为收购兼并的一种特殊形式，杠杆收购必须强化风险意识，采取有力措施做好风险控制。在这之中，有 3 个要点需要把握好：债务偿还能力、交易投后管理和交易退出机制。

●杠杆收购必须考虑到债务的偿还能力

采用杠杆收购这种大量举债的收购方式，必须要有足够的信心偿还债务和利息。因为利息支出可在税前所得扣除，因此可减少税负，所以企业的实际价值比账面价值要高很多。杠杆收购的目标企业大都是具有较高而且稳定的现金流产生能力，或者是通过出售或关停目标公司部分不盈利业务和经过整顿后可以大大降低成本，提高利润空间的企业。因为杠杆收购需要通过借债完成，因此目标企业本身的负债比率必须较低。

杠杆收购一般都兼有 MBO（管理层收购）或 MBI（管理层换购）的

操作，也就是要组建一个可能包括目标企业内部管理层和引进管理层在内的新管理层。一方面很多 MBO、MBI 和 IBO（杠杆收购）都是用杠杆收购的方式完成的；另一方面杠杆收购往往也有管理团队的参与（LMBO），这种 LMBO 与一般的 MBO 的区别在于管理团队只占很小一部分股份，而支持交易的机构投资者要占绝大部分股份。杠杆收购完成后，通常会以各种方式使管理人员的持股比例达到20%至30%，这样将大大提高管理人员的经营积极性，加快现金回流和偿还巨额债务。

杠杆收购也可以是一家有潜力、有管理能力的中小型公司，在投资公司的帮助下收购一家陷入困境的大公司或上市公司。这种操作的结果是原来的收购主体公司变成被收购公司的子公司，而同时收购主体公司获得被收购公司的绝对控股权。

在一家小公司兼并一家大公司的情况下，往往是被兼并公司的业务或形象在新的合并公司中占主要地位。小公司可以借助杠杆收购而迅速扩大生产规模或获得已经建立的市场渠道和品牌，被收购的大公司则借助小公司带来的新的管理机制或新技术以获得新生。有很多企业重组的实例是通过这种方式引入新的管理机制和资金，从而达到高速增长或扭亏为盈的目的。从事这类交易的投资公司都是专注于重组或扭亏企业的投资行家，因此它们有能力从事复杂的交易，应付头疼的管理问题。

●杠杆收购交易投后管理

私募股权投资越来越重视投后管理这一方面。这里面的增长有两个核心要素，一是收入的增长，二是利润水平的增长。这两个要素可以是同一个方向，收入和利润水平同时增长，有时候也可能是牺牲收入增长，换取利润的增长。比如贝恩资本收购国美，当时做的第一件事情就是把很多门店关掉，这是牺牲收入换取利润的一个手段。

杠杆收购交易投后管理需要做到以下几点：

第一，要在尽职调查上做足功课。基本上做完尽职调查，企业哪里存在问题，该怎么解决，以及哪里有提升潜力都要有很好的了解。这也是我认为PE 尽职调查比 VC 尽职调查等要更仔细的地方。我觉得尽职调查不仅要看到问题，更重要看到这个企业哪里有提升潜力，这两者是同等重要的。做金融纯粹是保守，也只是达到一个基本要求。

第二，完善公司治理。一个很好的董事会运作机制，在董事会中有PE帮代表，还有资深行业外部代表，对企业管理非常有用。以笔者个人经验来看，做投资人不可能对日常每件事都知道得很仔细，有个很好的董事会机制，可以通过它来驾驭管理层，可以让你在日常工作中省心很多。

第三，设计有效管理层激励方案。这如果设计得好，管理层会有一个自我激励的方式，不用你督促他，他就会把工作做好。

第四，实现财务管控的精细化。成本控制的重要性不在话下，但尽管这样，通过精细化管理，成本还有很多可以压缩的地方。私募股权投资对营运资金有更好的管理手段，压缩存货周期、压缩应收账款期、拖长应付账款，这些都是很好的方法。在财务管控方面，私募股权投资能够针对财务情况制定一套很好的营运核心指标，把它总结在一两页的纸上，每月或每个季度开会，只要看这一两页纸，就会对这个企业的核心情况一目了然。

第五，对标分析。这是私募股权投资喜欢用的一个工具。把企业的经营情况和行业水平、竞争企业的水平进行对比分析，然后发现问题，这也是很实用的。

总体来说，杠杆收购交易投后管理既是一个体力活和也是一个精细活。随着融资规模的降低，应该对营运提升格外重视。

●杠杆收购交易的退出机制

杠杆收购交易退出的机制，也就是并购交易怎么实现退出、实现收益。在这方面，可以参考以下4种推出方式：

第一，IPO（首次公开募股）是国内采用最多的方式，要考虑选择上市地点以及上市窗口，在资本市场何时上市，所以有些因素是不能控的。但对于大型并购，要退出还是需要IPO。比如英国的IPO市场非常活跃，所有很多欧洲的并购通过英国的IPO市场已经实现了退出。

第二，出售给战略买家。这种模式在欧美的并购基金里占比更高，基本达到60%到70%。因为这个市场喜欢大吃小，私募股权投收购一个中型资产，然后卖给一个大的资产，这个大的资产无论对估值还是风险，容忍度都会高很多。简单的赚钱模式就是私募股权投资以20%到22%的年化收益率卖给战略投资人，而战略投资人对年化收益率的要求只有10%甚至5%，所以很简单就实现了价值增值。很多战略投资人出于战略考虑，对年化收益率可能更不关心。所以就投资的纪律性而言PE投资人远远高于战略投资人。

这种战略买家也不光是大吃小，同等规模企业之间的合并也是可以设计的。比如KKR退出英国联合博姿公司。联合博姿公司太大了，没有一个战略买家能够买得下，最终是和美国大型药妆企业Walgreen（美国最大的连锁药店运营商）换股实现退出的。这里面体现了并购交易很好的思维，有很好的专业素养来配合才能实现。

第三，退出渠道。因为欧美的私募股权投资基金很多，项目标的很不好找，所以项目经常在PE之间倒手，买了三五年赚点钱卖给下一个基金这也很常见。

第四，资本重组化后的分红，这是一个重要的退出手段。在IPO不成熟、没有战略买家，也没有其他买家的情况下，通过三年的运行，企业的财务杠杆已经明显降低（每年都会产生现金流）。在这种情况下，借助债务市场进行债务融资，把融到的钱用类似分红的手段分配给股东，这样PE不用退出股权，也能把投入的本金收回来，一旦收回本金，剩下的都是额外的收益了。现实中，很多民营企业也有提前抽钱的情况，只是没有专业名词的包装罢了。

总之，杠杆收购作为一种全新的并购方式，其优势和风险同样的明显。虽然它能够在资金的筹集、每股收益的提高、激励制度的运用以及扩大经营规模方面给予企业巨大的帮助，尤其是收购资金筹集模式的变革，很好地克服了传统方式下现金头寸不足的瓶颈，但同时伴随着的财务风险和经营风险，也随时有可能使并购后企业面临资不抵债，甚至是破产的风险。因此，仅就目前来看，并不是所有的国企都适合采取杠杆收购的方式进行并购。

9. 战略联盟的特点与联盟的形式

战略联盟是现代企业竞争的产物，它是指由两个或两个以上有着对等实力的企业，为达到共同拥有市场、共同使用资源等战略目标，通过各种契约而结成的优势相长、风险共担、要素双向或多向流动的松散型网络组织。有的观点认为战略联盟为巨型跨国公司采用，其实不仅限于跨国公司，作为一种企业经营战略，它同样适用于小规模经营的企业。当然，由于产品的特点、行业的性质、竞争的程度、企业的目标和自身优势等因素的差异，企业间采取的战略联盟形式自然也呈现出多样性。如联合技术开发、合作生产与后勤供应、分销协议、合资经营等。

2015 年 8 月 29 日，为推动更多企业成功登陆新三板，由素有“儒商”之称的学习型商会——广东省江苏商会发起，国泰集团承办，联合银河证券、兴业银行、中科招商、广证恒生证券研究所有限公司、北京大成（广州）律师事务所、大信会计师事务所、广东温迪数字传播股份有限公司、广州财汛通商业数字传播有限公司举办的“新机遇强联合——借力新三板，助推企业融资腾飞”论坛在国泰集团华南区总部举行。同时，与会成员签署成立国内首个“企业上市战略联盟”，旨在为新三板企业提供挂牌、融资、咨询、法务、财会、传播、交流等一条龙服务平台，构建新三板企业服务“生态圈”，帮助企业实现跨越式发展。

新三板挂牌、拟上新三板的企业数量正日益增长，紧随其后的挂牌、融资、咨询、法务、会计、传播、交流等多元化需求也更加强烈，新三板企业服务领域的市场容量正越来越大，亟须有相关的高效专业的服务商去满足数量庞大的处于不同发展阶段的新三板企业的多元化需求。然而，正所谓“尺有所短寸有所长”，单个服务商只能解决其专业领域的客户需求，对其他领域的问题却是门外汉，不能系统性的一站式地解决新三板企业面临的所有多元需求。如券商公司擅长挂牌做市，却做不了投融传播；律师事务所能解决法务问题，却对财会问题无能为力。而新三板企业的需求往往是多元的，可能同时需要面临挂牌、融资、传播等各种需求。这时，就需要一个专业化、系统性的一条龙服务平台为不同的新三板企业提供多元化需求的整体解决方案。于是，“企业上市战略联盟”的成立在市场需求下也就应时而生。

业内人士指出，“企业上市战略联盟”的“平台化思维”告别了以往单个新三板企业服务商单打独斗的局面，成为维系新三板客户与各个联盟成员沟通的有效纽带，强强联合可实现行业优势资源的跨界互补，构建起新三板企业服务领域的“生态圈”、“朋友圈”，充分利用“圈内”资源可一站式解决不同类型新三板企业的全方位、多元化、个性化需求，为新三板企业提供从挂牌、融资、咨询、法务、财会、传播到交流的一条龙服务，解决其在上市融资腾飞过程中的各种“痛点”。

●战略联盟的特点

当前，网络或组织已成为企业组织发展的一种趋势，战略联盟正是具备网络组织的特点：

一是边界模糊。战略联盟并不像传统的企业具有明确的层级和边界；而是一种你中有我，我中有你的局面。

二是关系松散。战略联盟主要是契约式联结起来的，因此合作各方之间的关系十分松散，兼具了市场机制与行政管理的特点，合作各方主要通过协商的方式解决各种问题。

三是机动灵活。战略联盟组建过程也十分简单，无需大量附加投资。而且合作者之间关系十分松散，战略联盟存在时间不长，解散十分方便；所以战略联盟还适应变化的环境时可迅速将其解散。

三是动作高效。合作各方将核心资源加入到联盟中来，联盟的各方面都是一流的；在这种条件下，联盟可以高效动作，完成一些企业很难完成的任务。

●战略联盟的形式

战略联盟的一般有以下几种形式：

一是合资。由两家或两家以上的企业共同出资、共担风险、共享收益而形成企业；是当前发展中国家尤其是亚非等地普遍的形式。合作各方将各自的优势资源投入到合资企业中，从而使其发挥单独一家企业所不能发挥的效益。

二是研发协议。为了某种新产品或新技术，合作各方签定一个联发协议；汇集各方的优势，大大提高了成功的可能性，加快了开发速度，各方共担开发费用，降低了各方开发费用与风险。在产品联盟合作关系中，短期的经济利益是最大的出发点。产品联盟可以帮助公司抓住时机，保护自身，还可以通过与世界其他伙伴合作，快速、大量地卖掉产品，收回投资。

三是定牌生产。如果一方有知名品牌但生产力不足，而另一方有剩余生产能力；则另一方可以为对方定牌生产。一方可充分利用闲置生产能力，谋取一定利益；对于拥有品牌的一方，还可以降低投资或购并所生产的风险。

四是特许经营。通过特许的方式组成战略联盟，其中一方具有重要无形资产，可以与其他各方签署特许协议，允许其使用自身品牌、专利或专用技术，从而形成一种战略联盟。拥有方不仅可获取收益，并可利用规模优势加强无形资产的维护，受许可方当然利于扩大销售、谋取收益。

五是相互持股。合作各方为加强相互联系而持有对方一定数量的股份；这种战略联盟中各方的关系相对更加紧密，而双方的人员、资产无须全并。

六是知识联盟。以学习和创造知识作为联盟的中心目标，它是企业发展核心能力的重要途径；知识联盟有助于一个公司学习另一个公司的专业能力；有助于两个公司的专业能力优势互补，创造新的交叉知识。与产业联盟相比，知识联盟具有以下3个特征：第一，联盟各方合作更紧密。两个公司要学习、创造和加强专业能力，每个公司的员工必须在一起紧密合作。第二，知识联盟的参与者的范围更为广泛。企业与经销商、供应商、大学实验室都可以形成知识联盟。第三，知识联盟可以形成强大的战略潜能。知识联盟可以帮助一个公司扩展和改善它的基本能力，有助于从战略上更新核心能力或创建新的核心能力。

此外，在资本运营的实际操作中，除采用上面阐述的几种形式或其组合外，还可借鉴国外上市公司资产重组的经验，大胆探索各种有效的运作方法，进一步加大资本运营的广度和深度。当然，组建战略联盟一定要慎重选择合作伙伴，并建立合理的组织关系；合作各方要加强沟通。

四、企业挂牌新三板战略规划

任何一个上市公司都需要一个资本市场能够看懂的战略规划。企业挂牌新三板的资本战略规划，其中涉及到多方面的内容和问题，这对企业是一个全方位的考验。因此，企业需要了解新三板市场的功能，弄懂新三板挂牌上市所需条件，熟悉新三板挂牌上市操作流程，明确新三板挂牌企业法律问题，厘清新三板挂牌企业财务和税务问题，把握新三板企业股权融资中的非公开发行操作实务和“蓝海”掘金投资实务等。

1. 新三板八大功能帮助企业实现全方位提升

新三板具有八大项功能，帮助企业实现全方位的提升：通过定向发行高效便捷地进行股权和债券融资；通过改制辅导和持续督导，提高企业规范治理水平；规范度和透明度提升，银行主动授信；价值发现，股权估值大大提升；提供股份公开转让平台，提高权益流动性；提升企业形象和认知度，利于市场拓展；实施股权激励，汇集优秀人才；借助资本市场发展壮大，从做加法到做乘法。下面，我们来逐一解析。

●功能之一：通过定向发行高效便捷地进行股权和债券融资

一方面，企业可以通过挂牌新三板实现直接融资，同时，在符合监管部门和交易所的要求后，可以申请转板；另一方面，企业在间接融资方面也能获得更多便利，如能从银行获得更高的授信额度，股权质押贷款更容易，办理中小企业私募债融资也更便捷。

新三板的融资制度采取小额快速按需融资制度。企业融资可以实现小额发行豁免、储架发行、挂牌时即可定向发行融资。小额发行豁免是指公司向特定对象发行股票后股东累计不超过200人的，或者在12个月内发行股票累计融资额低于净资产20%的，豁免向证监会核准。储架发行是一次核准，分期发行。自核准之日起3个月内首期发行，首期发行股份应当不少于总数量的50%；剩余股份在12个月内发行完毕；超过有效期未发行的，需重新经证监会核准后方可发行。

除了定向发行以外，债务融资也是新三板挂牌公司解决融资问题的重要途径。例如挂牌公司“蓝天环保”是在挂牌同时完成了定向发行和中小企业私募债发行的公司，充分体现了新三板企业融资手段和操作的多样性和灵活性。此外，股权质押贷款也是挂牌公司可以利用的另外一种债权融资方式，已有数据挂牌公司采用了此种方式为公司融得发展资金，并且在不存在股权纠纷和其他争议的前提下，不会影响公司正常的挂牌。

未来，挂牌公司可以根据其发展阶段和财务结构选用或组合使用定向增发、优先股、私募债、可转债甚至股权质押回购等多种融资工具无需辅导、无需排队、流程简单、速度快。

●功能之二：通过改制辅导和持续督导，提高企业规范治理水平

企业要挂牌必须符合股转系统的一套要求，因此准备挂牌的企业会由主办券商帮忙把公司里里外外梳理一遍，所有的法律关系、资产关系，都要请证券公司、会计师事务所、律师事务所理清楚。本来为有限公司的，还要经过股改变为股份公司，根据《公司法》的要求设立董事会、监事会等等。原先治理混乱的小公司可以借此机会规范治理，有过偷税漏税经历的公司也可借机洗心革面。所谓“打扫干净屋子再请客”，经过这样一套洗礼，企业也就算踏入了资本市场的门，今后若想 IPO 也更容易些。

专业机构的参与，有助于科技企业转变重技术、轻管理的管理理念、治理结构、规范意识滞后的治理模式，要求企业健全股东会、董事会、监事会，形成制衡机制。

●功能之三：规范度和透明度提升，银行主动授信

挂牌公司股权估值显著提升，公司透明度和规范度大大提高，商业银行对公司的认知度和重视度都明显提高，更容易以较低利率获得商业银行贷款。

在股权质押贷款方面，股份价值得以体现，通过股权质押获得贷款。在银行授信方面，规范度和透明度提升，银行主动授信；而在更低贷款利率方面则可享受以基准利率贷款，不再上浮。

●功能之四：价值发现，股权估值大大提升

提供价格发现是新三板最核心的功能。要知道，与传统企业不同，高科技中小企业既没有值钱的厂房设备，又拿不出好看的财务报表，很难估值。而企业登陆新三板后，估值一般都会得到提升，新三板公司的被并购对价往往明显高于同行业非挂牌公司。

挂牌公司获得了流动性溢价，估值水平较挂牌前会有明显提升。同时，更容易受到风投、PE 等股权投资机构的关注，进一步提升估值。挂牌后，股权的估值基准也从每股净资产变为未来现金流折现，一项重大创新或是重大合同都将对股价产生立竿见影的影响，这就使得公司股权的估值水平和真实性都大大提升。

●功能之五：提供股份公开转让平台，提高权益流动性

股转系统为公司股份提供一个公开转让的平台，流通变现的平台，使得公司股权得以以较低成本真正自由流通。

股权流动一方面给公司带来了流动性溢价；一方面为公司老股东、离职高管以及创投、风投和 PE 等机构提供了退出渠道，同时也为看好公司发展的外部投资者提供了进入的渠道。

●功能之六：提升企业形象和认知度，利于市场拓展

挂牌公司是在全国性场外市场公开转让的证监会统一监管的非上市公众公司，能提升企业形象和认知度，新三板挂牌的公司品牌知名度大为提升、国内外市场影响力不断拓展、投资者关注度大幅提升。在进行市场拓展、取得客户信任、提高公众认知及获取政府支持方面都更为容易，有利于企业实现持续快速发展。

●功能之七：实施股权激励，汇集优秀人才

新三板挂牌企业大多具有这样的特点：一是技术依赖性高，拥有一系列专利技术，专有技术人才以及管理人员是企业的发展核心；二是企业市场化程度高，掌握市场资源的营销管理人员成为市场争夺的焦点。采取股权激励，吸引员工入股，使得核心团队对公司未来充满信心，人员稳定，业绩稳定增长。

●功能之八：借助资本市场发展壮大，从做加法到做乘法

借助股转系统这一平台，挂牌公司可以通过定向增发、换股、发债等多种方式实现横向、纵向或者跨行业的加速度扩张。

当然，要想包揽上述好处，企业也是需要付出一定代价的。上新三板，并非人人都适合。

2. 全面解析企业新三板上市所需的条件

《全国中小企业股份转让系统业务规则（试行)》规定，股份有限公司申请在全国股份转让系统挂牌，不受股东所有制的限制，不限于高新技术企业，应当符合以下 6 项挂牌条件：依法设立且存续满两年；业务明确，具有持续经营能力；公司治理机制健全，合法规范经营；股权明晰，股票发行和转让行为合法合规；主办券商推荐并持续督导；全国股份转让系统公司要求的其他条件。满足这 6 项条件，均可申请挂牌，并且允许股权未行权的公司进行挂牌。下面对上述条件中的要件进行解析。

●依法设立且存续满两年

依法设立，是指公司依据《公司法》等法律、法规及规章的规定向公司登记机关申请登记，并已取得《企业法人营业执照》。申报挂牌时，要依法存续，经过年检程序。一是公司设立的主体、程序合法、合规。二是公司股东的出资合法、合规，出资方式及比例应符合《公司法》相关规定。

存续满两年，是指存续两个完整的会计年度，即 1 月 1 日起至 12 月 31 日止。有限责任公司按原账面净资产值折股整体变更为股份有限公司的，存续时间可以从有限责任公司成立之日起计算。整体变更不应改变历史成本计价原则，不应根据资产评估结果进行账务调整，应以改制基准日经审计的净资产额为依据折合为股份有限公司股本。申报财务报表最近一期截止日不得早于改制基准日。

存续满两年是指存续期满两个会计年度。比如企业是2015年4月份成立，那么2015年就不算，因为是年中成立的，不算完整的会计年度报表，所以要从2016年开始算，2018年才可以上市。所谓的会计年度不是2张年报，比如成立时间是2013年的1月2号（不是1月1号），那么2013年就不能算一个完整的会计年度。特别注意的是，有很多企业会存在改制，从有限责任公司到股份制有限公司改制，这时候会遇到这个问题。

某自然人2013年依次取得A公司和B公司控股权，其中A公司设立于2003年，但截至2013年6月末公司几乎无实际经营，而B公司成立于2010年，经营业绩较好。该自然人拟选取A公司或B公司作为主体申请挂牌，但截至2013年6月末B公司设立未满两个会计年度，于是以A公司为拟挂牌主体。在具体操作中，由A公司收购B公司全部股权进行控股合并，并将A和B解释为一开始就由该自然人实际控制（即股份代持），将A公司作为拟挂牌主体，以2013年6月30日为基准日进行股改，并将A和B作为同一控制下的企业，在编制合并报表时进行追溯调整。在本案例中，B设立不满两个会计年度，但急于申请挂牌，找了一个壳公司对其进行收购，并解释为股份代持和同一控制，但终因证据不充分、刻意规避“依法设立且存续满两年”的条件而遭劝退。

特别提示：若以评估值进行调账，则业绩不能连续计算，只能从改制基准日起算两个完整的会计年度。

●业务明确，具有持续经营能力

关于本条，原来的《证券公司代办股份转让系统中关村科技园区非上市股份有限公司股份报价转让试点办法（暂行）》（已废止）中规定是主营业务突出，主营业务突出与业务明确来比，应该说老的规则对公司提出了更高的要求，但在股转系统新挂牌规则的修订过程中，把此标准相对降低了。

业务明确，是指公司能够明确、具体地阐述其经营的业务、产品或服务、用途及其商业模式等信息。公司可同时经营一种或多种业务，每种业务应具有相应的关键资源要素，该要素组成应具有投入、处理和产出能力，能够与商业合同、收入或成本费用等相匹配。公司业务如需主管部门审批，应取得相应的资质、许可或特许经营权等。公司业务须遵守法律、行政法规和规章的规定，符合国家产业政策以及环保、质量、安全等要求。

持续经营能力，是指公司基于报告期内的生产经营状况，在可预见的将来，有能力按照既定目标持续经营下去。公司业务在报告期内应有持续的营运记录，不应仅存在偶发性交易或事项。营运记录包括现金流量、营业收入、交易客户、研发费用支出等。如企业只有偶发性交易事项则不适合挂牌。收入确认是审核重点。公司应按照《企业会计准则》的规定编制并披露报告期内的财务报表，公司不存在《中国注册会计师审计准则第1324号——持续经营》中列举的影响其持续经营能力的相关事项，并由具有证券期货相关业务资格的会计师事务所出具标准无保留意见的审计报告。公司不存在依据《公司法》第一百八十一条规定解散的情形，或法院依法受理重整、和解或者破产申请。

●公司治理机制健全，合法规范经营

公司治理机制健全，是指公司按规定建立股东大会、董事会、监事会和高级管理层（以下简称“三会一层”）组成的公司治理架构，制定相应的公司治理制度，并能证明有效运行，保护股东权益。

合法合规经营，是指公司及其控股股东、实际控制人、董事、监事、高级管理人员须依法开展经营活动，经营行为合法、合规，不存在重大违法违规行为。

对于IPO的企业来讲，同业竞争是红线，不能碰；关联交易是黄线，要规范。新三板挂牌的企业当然不能像上市公司一样严苛的要求，但公司和控股股东、实际控制人之间尽量不要有同业竞争。如果有相同或相竞争的业务，就要剥离、要停止、要规范。另外，显失公平的关联交易要尽量规范和避免。但对于同业竞争和显失公平的关联交易的界定，新三板的尺度要比IPO企业放得更宽，同业竞争不搞一刀切，分具体情况，尽量整改或提出整改措施，如实在难以解决的就如实披露，并在后续持续督导过程中关注。

●股权明晰，股票发行和转让行为合法合规

股权明晰，是指公司的股权结构清晰，权属分明，真实确定，合法合规，股东特别是控股股东、实际控制人及其关联股东或实际支配的股东持有公司的股份不存在权属争议或潜在纠纷。具体来说，公司的股东之间或者股东与非股东之间不存在股权纠纷包括股东权纠纷、股权转让纠纷；申请挂牌前存在国有股权转让的情形，应遵守国资管理规定；申请挂牌前外商投资企业的股权转让应遵守商务部门的规定；股票发行和转让合法合规，是指公司的股票发行和转让依法履行必要内部决议、外部审批（如有）程序，股票转让须符合限售的规定。

股票发行和转让合法合规，是指公司的股票发行和转让依法履行必要内部决议、外部审批（如有）程序，股票转让须符合限售的规定。公司股票发行和转让行为合法合规，不存在下列情形：最近36个月内未经法定机关核准，擅自公开或者变相公开发行过证券；违法行为虽然发生在36个月前，目前仍处于持续状态，但《非上市公众公司监督管理办法》实施前形成的股东超200人的股份有限公司经中国证监会确认的除外。公司股票限售安排应符合《公司法》和《全国中小企业股份转让系统业务规则(试行)》的有关规定：在区域股权市场及其他交易市场进行权益转让的公司，申请股票在全国股份转让系统挂牌前的发行和转让等行为应合法合规；公司的控股子公司或纳入合并报表的其他企业的发行和转让行为需符合本指引的规定。

●主办券商推荐并持续督导

新的挂牌规则将中介机构的作用提到一个非常高的位置上，包括，若一定期限内无主办券商为挂牌公司续督导，则将会做出终止挂牌的处理：公司须经主办券商推荐，双方签署了《推荐挂牌并持续督导协议》；主办券商应完成尽职调查和内核程序，对公司是否符合挂牌条件发表独立意见，并出具推荐报告。

主办券商内核机构根据项目小组的申请召开内核会议。每次会议须七名以上内核机构成员出席，其中律师、注册会计师和行业专家至少各一名。内核会议应对是否同意推荐申请挂牌公司股票挂牌进行表决。表决应采取记名投票方式，每人一票，三分之二以上赞成且指定注册会计师、律师和行业专家均为赞成票为通过。主办券商应根据内核意见，决定是否向全国股份转让系统公司推荐申请挂牌公司股票挂牌。决定推荐的，应出具推荐报告。

主办券商制度的核心安排，就是主办券商不仅要负责推荐企业挂牌，而且要在推荐企业挂牌后，从促进企业的发展与成长，提升企业内在价值出发，为企业提供持续的督导与服务。因此，应该提升持续督导工作指引的法律层级，制定持续督导效果的行业评价机制，尽快出台新三板转板的绿色通道制度。只有这样，才能推动新三板市场的健康发展。

第六条的“全国股份转让系统公司要求的其他条件”，这一条没有明确具体条件，看申请时有特别情况就特别要求。一句话解析就是：主管部门随时保留一票否决权。

3. 新三板挂牌的4个阶段及操作要点

公司从决定进入新三板到最终成功挂牌，中间需要经过一系列的环节，可以分为4个阶段：第一阶段，为决策改制阶段，企业下定决心挂牌新三板，并改制为股份公司；第二阶段，为材料制作阶段，各中介机构制作挂牌申请文件；第三阶段，为反馈审核阶段，为全国股份转让系统公司与中国证监会的审核阶段；第四阶段，为登记挂牌结算，办理股份登记存管与挂牌手续。各个阶段要求与工作如下。

●决策改制阶段操作要点

决策改制阶段的主要工作为企业下定改制挂牌的决心，选聘中介机构，中介结构尽职调查，选定改制基准日、整体变更为股份公司。根据挂牌上市规则，股份公司需要依法设立且存续满两年。

依法设立，是指公司依据《公司法》等法律、法规及规章的规定向公司登记机关申请登记，并已取得《企业法人营业执照》；存续两年是指存续两个完整的会计年度。

有限责任公司按原账面净资产值折股整体变更为股份有限公司的，存续时间可以从有限责任公司成立之日起计算。整体变更不应改变历史成本计价原则，不应根据资产评估结果进行账务调整，应以改制基准日经审计的净资产额为依据折合为股份有限公司股本。申报财务报表最近一期截止日不得早于改制基准日。

整体变更后设立的股份公司应达到以下8项基本要求：一是形成清晰的业务发展战略目标；二是突出主营业务，形成核心竞争力和持续发展的能力；三是避免同业竞争，减少和规范关联交易；四是产权关系清晰，不存在法律障碍；五是建立公司治理的基础，股东大会、董事会、监事会以及经理层规范运作；六是具有完整的业务体系和直接面向市场独立经营的能力，做到资产完整、人员独立、财务独立、机构独立、业务独立；七是建立健全财务会计制度，会计核算符合《企业会计准则》等法规、规章的要求；八是建立健全有效的内部控制制度，能够保证财务报告的可靠性、生产经营的合法性和营运的效率与效果。此外，企业申请新三板挂牌，还需要根据《公司法》《非上市公众公司监督管理办法》《全国中小企业股份转让系统业务规则（试行）》、《非上市公众公司监管指引第3号——章程必备条款》等相关法律、法规及规则对股份公司的相关要求，会在后续工作中落实。

●材料制作阶段操作要点

材料制作阶段的主要工作包括：一是申请挂牌公司董事会、股东大会决议通过新三板挂牌的相关决议和方案；二是制作挂牌申请文件；三是主办券商内核；四是主办券商推荐等主要流程。

上述工作主要由券商牵头，公司、会计师、律师配合完成。

●反馈审核阶段操作要点

反馈审核阶段的工作主要是交易所与证监会的审核阶段，大约会在45天至60天左右；中介结构会根据情况进行反馈。

反馈审查的工作流程包括以下三大块：

第一，全国股份转让系统公司接收材料。一是全国股份转让系统公司设接收申请材料的服务窗口。二是申请挂牌公开转让、股票发行的股份公司（以下简称申请人）通过窗口向全国股份转让系统公司提交挂牌（或股票发行）申请材料。三是申请材料应符合《全国中小企业股份转让系统业务规则（试行）》《全国中小企业股份转让系统挂牌申请文件内容与格式指引（试行)》等有关规定的要求。四是全国股份转让系统公司对申请材料的齐备性、完整性进行检查：需要申请人补正申请材料的，按规定提出补正要求。五是申请材料形式要件齐备，符合条件的，全国股份转让系统公司出具接收确认单。

第二，全国股份转让系统公司审查反馈。一是反馈对于审查中需要申请人补充披露、解释说明或中介机构进一步核查落实的主要问题，审查人员撰写书面反馈意见，由窗口告知、送达申请人及主办券商。二是落实反馈意见申请人应当在反馈意见要求的时间内向窗口提交反馈回复意见；如需延期回复，应提交申请，但最长不得超过三十个工作日。

第三，全国股份转让系统公司出具审查意见。申请材料和回复意见审查完毕后，全国股份转让系统公司出具同意或不同意挂牌或股票发行（包括股份公司申请挂牌同时发行、挂牌公司申请股票发行）的审查意见，窗口将审查意见送达申请人及相关单位。

●登记挂牌阶段操作要点

登记挂牌阶段主要是挂牌上市审核通过后的工作，主要工作包括：一是分配股票代码；二是办理股份登记存管；三是公司挂牌敲钟。

上述工作都会由券商带领企业完成。

4. 新三板挂牌重点关注的法律问题及解决方案

新三板挂牌企业所涉及的法律法规，除了前文所述的 6 项挂牌条件外，在实务中还需要重点关注一些法律问题，如主体资格、股东适格、出资方式合法合规、股份代持，以及《公司法》中规定的违规情形。在重点关注这些法律问题的同时，要积极寻求解决方案，以顺利实现新三板挂牌。

●主体资格

主体资格，即拟申请挂牌企业在最初设立以及后期改制为股份有限公司时要注意严格按照《公司法》《公司登记管理条例》等相关法律法规的规定进行，履行必要的验资、资产评估、审计等法律法规以及规范性文件规定的法定程序。

这里有两点特别提示：第一，涉及国有股权或者国有资产的审批、资产评估等相关问题；第二，外商投资企业的设立是否履行了必要的主管部门批复文件，同时要求券商、律师出具批复的部门有权出具该类文件进行确认。

●股东适格

股东适格，即要求公司的股东不存在相关法律法规规定不得或限制成为企业股东的情形。如公务员、国有企业领导人员、证券公司从业人员、职工持股会和工会、事业单位（大学、研究所）、县以上妇联、共青团、文联以及各种协会、基金会、会计师事务所、审计事务所、资产评估机构、律师事务所、外商投资性公司或者个人。

●出资方式合法合规

出资方式合法合规，即公司股东出资方式、程序、比例均符合公司法等相关法律法规的规定履行了必要的程序。出资方面的问题主要体现在无形资产出资上。企业历史上验资报告如果没有，则要提供银行进账单。

高新技术企业以无形资产出资的情形大量存在，相当部分企业存在无形资产出资不实的情况。无形资产出资方式在科技型企业中非常常见，因为大多数科技型企业都由专业技术人员创办，设立时普遍会采用技术出资的方式。目前主要问题有：公司设立时，如股东使用在原单位任职期间形成的技术作为出资，而该项技术出资与原单位之间存在权属纠纷。公司设立后增资时使用公司享有权利的技术作为股东增资，属于出资不实。高估无形资产价值，评估出资的无形资产价值明显过高。用于出资的无形资产对公司经营没有任何价值。

关于无形资产出资的规定是，股东用于出资的资产可以是货币，也可以是实物、知识产权、土地使用权等可以用货币估价并可以依法转让的非货币财产，对作为出资的非货币财产应当评估作价，核实财产，不得高估或者低估作价，现金出资比例不得低于注册资本的30%。

出资不实是企业上市过程中的硬伤，在挂牌和上市前必须采取相应的措施予以规范解决。对于挂牌新三板而言，解决出资不实的主要措施有：

一是解决无形资产出资比例过高的问题。有些企业可能在设立当时或是增资过程中用无形资产出资的比例过高，不符合法律规定，那么在实际处理时：无形资产的比例已经低于规定比例，则只需要出具书面材料向监管部门说明；有可能的情况下，还要由推荐挂牌的保荐机构或律师事务所出具专业意见，说明该出资不实的情况对企业的资本无影响，不影响后续股东的利益，而且该无形资产对企业的发展贡献巨大。这样监管部门一般都会认可，不会成为挂牌障碍。

二是解决无形资产的权利瑕疵问题。如果企业在设立时用以出资的无形资产该股东并没有权利处分，但在企业设立以后，该股东拿到了其所有权或使用权，那么，只要在企业申请挂牌前，将该无形资产的权利转移给企业，且由有关验资机构出具补充验资报告，就不会对企业申请上新三板挂牌交易造成实质性影响。

三是解决无形资产评估问题。如果企业设立时对出资的无形资产未作评估，或评估价格不实，那么通常采用的做法是重新由专业评估机构对无形资产进行评估，对于评估低于出资的部分，由责任股东以货币形式予以补足；评估高于出资的部分，则归公司所有。为避免日后出现纠纷，无责任股东还要同时出具免责说明书，表示不再追究出资瑕疵或出资不实的股东的责任。

四是解决出资不实问题。一般通过补足出资的方式处理，补足出资后即可挂牌；也可进行减资。但是对于申请上市的企业而言，补足出资后，还要根据出资不实的部分占注册资本的比例规范运行相应的时间。

五是解决出资不当问题。可采用出资置换的方式用现金置换相应的不当出资。

●股份代持

股份代持又称委托持股、隐名投资或假名出资，是指实际出资人与他人约定，以该他人名义代实际出资人履行股东权利义务的一种股权或股份处置方式。在此种情况下，实际出资人与名义出资人之间往往仅通过一纸协议确定存在代为持有股权或股份的事实。

目前，对于公司上市时存在的股份代持，证监会的态度是明确的，即不允许存在代持。之所以禁止代持，一是因为《首次公开发行股票并上市管理办法》中规定，发行人的股权清晰、控股股东和受控股股东、实际控制人支配的股东持有的发行人股份不存在重大权属纠纷，如存在代持，将有可能导致股权不清，容易发生纷争，导致公司不稳定；二是代持将有可能使公司股东超过 200 人；三是代持可能隐藏违法犯罪，可能产生腐败。为此，证监会官员明确表态，员工持股进行代持的，除了有特殊政策，否则不被允许上市。特殊政策当时一方面指股份制试点初期如全聚德等进行定向募集的公司，披露清晰、能拿到有关批文；另一方面指中国平安等因股权结构拿到特批的员工持股案例，其他情况均需在上市前进行清理。

特别提示：2011 年发布的“公司法司法解释三”正式承认了实际出资人的权利。

上市前对于发现的代持，解决的思路如下：

一是让企业进行整改，让实际出资人复位。整改时，很多保荐机构会让实际出资人和名义出资人到公证处办理公证，必要时要录音、录像，让名义出资人、实际出资人出具承诺，承诺代持问题已经完全解决，如果日后再出现问题，由名义出资人和实际出资人个人承担问题，与企业和保荐机构无关；有时还会要求企业实际控制人也出具承诺，承诺代持问题已经完全解决，如以后出现问题，由实际控制人承担责任。最后，由保荐机构出具整改意见。保荐人需将上述材料置于申报材料当中，并在招股书中引用和说明。

二是股份转让，让代持人或其他具有出资资格的人成为相应股份的所有权人。

三是请求司法确权。根据这一司法解释，对于可能产生争议的代持，可提前通过法院判决的方式在上市前就真实股东的身份予以确认。

●《公司法》中规定的违规情形

《公司法》第五条规定：公司从事经营活动，必须遵守法律、行政法规，遵守社会公德、商业道德，诚实守信，接受政府和社会公众的监督，承担社会责任。即公司不得存在以下情形：

一是行政处罚是指经济管理部门对涉及公司经营活动的违法违规行为给予的行政处罚。

二是重大违法违规情形是指，凡被行政处罚的实施机关给予没收违法所得、没收非法财物以上行政处罚的行为，属于重大违法违规情形，但处罚机关依法认定不属于的除外；被行政处罚的实施机关给予罚款的行为，除主办券商和律师能依法合理说明或处罚机关认定该行为不属于重大违法违规行为的外，都视为重大违法违规情形。

三是公司最近24个月内不存在涉嫌犯罪被司法机关立案侦查，尚未有明确结论意见的情形。

四是企业申请挂牌前36个月不能有违法发行股份的情况。

5. 新三板挂牌过程中财务和税务问题的处理

企业在新三板挂牌过程中会遇到财务会计问题和税务问题，处理好这些问题，是企业顺利挂牌新三板的重要环节。

●财务方面的问题

财务方面的问题包括运用会计标准、明确报送材料和财务会计应关注的重点问题这 3 个方面。

第一，运用会计标准。

目前企业执行的会计标准比较多，最老的行业会计制度到现在为止财政部没有明确废除，说明是可以使用的；另一个是企业会计制度；再一个是企业会计准则以及 2006 年 2 月 15 日发布的企业会计准则。

对于拟上新三板企业，应该运用这样一个标准，那就是新的企业会计准则。它包括 1 项基本准则、41 项具体准则、35 项应用指南、6 项企业会计准则解释，以及其他财政部的相关规定。

第二，明确报送材料。

报送材料时主要包括两个材料：其一，两年及一期财务报告及审计报告，而且要求在所有重大方面公允反映公司的财务状况、经营成果和现金流量，并由注册会计师出具无保留意见的审计报告。如果需要编制合并财务报表的，则应当同时披露合并财务报表和母公司财务报表。申请挂牌公司应当披露会计师事务所的审计意见类型。财务报表被出具带强调事项段的无保留审计意见的，应当全文披露审计报告正文以及董事会、监事会和注册会计师对强调事项的详细说明。财务报表在其最近一期截止日后6个月内有效。特殊情况下申请挂牌公司可申请延长，但延长期至多不超过1个月。其二，当申请挂牌公司最近两年原始财务报表与申报财务报表存在差异时，需要提供差异比较表及差异情况说明。原始财务报表通常是指原先经过审计的财务报表。如果前期财务报表未经审计的，则原始财务报表是指企业纳税时报送给主管税务机关的财务报表。

第三，财务会计应关注的重点问题。

新三板对财务指标不做硬性规定，即使亏损也可以挂牌，但是要求财务工作做到规范，所以核算出来的财务信息是否规范是我们关注的重点。这具体体现在以下几个方面：

一是会计政策、会计估计是否合规、稳健，这主要是防止企业高估利润。问题一般出在收入确认方法披露不清，在风险和报酬实际上未发生转移或未完全转移时提前确认收入，主要表现为最近一个会计年度的营业收入、应收账款、净利润大幅增长，而预收账款大幅下降。还有资产减值准备计提政策不稳健、不合规、不可比。如对应收关联方款项不计提坏账准备、坏账准备计提比例偏低；随意改变坏账准备的核算方法、调整坏账准备的计提比例；对长期无利用价值的无形资产不计提减值准备等。此外还有固定资产的折旧政策与同行业公司相比明显不稳健；在建工程结转固定资产的时点滞后；人为操纵无形资产、长期待摊费用的摊销年限；研发支出不恰当资本化，未严格区分研究阶段支出与开发阶段支出的界限，未严格遵循开发阶段支出的资本化条件；借款费用不正当资本化，扩大借款费用资本化的范围、延长借款费用资本化的时间。

二是会计基础工作是否薄弱。问题可能是以少缴税为目的，设置账外账，比如部分营业收入不入账，直接导致毛利率降低和利润减少。建议要纳入账内核算，但需要规范账务处理以及补缴税金。若不纳入账内核算，注册会计师就难以发表无保留的审计意见，且财务指标与同行业相比或各期相比较明显不合理，在申报材料时也无法对审核人员提供合理的解释。问题还可能是会计主体不明确，一个自然人名下有多家公司，但未严格区分会计主体，资产混用，成本费用的归集对象与实际受益对象不符，几套账互串。建议通过资产交易尽可能将资产的所有单位与使用单位保持一致，或者通过签订资产租赁协议，资产使用单位向资产所有单位支付租金。如不调账，则导致公司产品成本不实和纳税风险；如不规范，则资产和业务不完整、不独立，还涉及利润转移和税务问题。问题还可能是账实不符，往来账与对方长期不对账，差异大、时间久，无法对清，形成死账，或者对存货和固定资产等实物资产未认真盘点或对盘点盈亏未处理，又或者对购入尚未付款的存货未暂估入账。建议通过财产清查，核销无法对清的死账，对核对相符的应收款项进行减值测试，计提足额的坏账准备；对存货和固定资产等实物资产进行全面盘点，并调整盘点盈亏；将购入未入账的存货暂估入账，做到账实相符。问题还包括存在大量的银行未达账项。建议对未达账项进行清理，将其调整入账，尤其要对涉及损益、负债完整性的未达账项必须进行账务处理；建立定期银行收支对账制度，消除异常的未达账项。问题还包括存在大量的跨期费用，建议及时结算、分类核算，将发生的费用支出纳入恰当的会计期间、计入相应的成本费用项目。

三是财务数据是否真实、完整、准确。首先是收入，问题可能是收入的确认不符合《企业会计准则》的规定，或者是涉嫌虚假销售收入或虚构销售收入。其次是成本费用。成本核算方面，要关注企业的成本核算方法是否规范，成本核算政策是否一致。拟改制挂牌的企业，成本核算往往较为混乱。对历史遗留问题，一般可采取如下方法处理：合理确定存货数量和单价，对存货采用实地盘点核实数量，用最近购进存货的单价或市场价作为原材料、低值易耗品和包装物等的估计单价；参考企业的历史成本，结合技术人员的测算作为产成品、在产品、半成品的估计单价。企业应当建立健全存货与成本内部控制体系和成本核算体系。费用支出方面，费用报销流程是否规范，相关管理制度是否健全，票据取得是否合法，有无税务风险。对成本费用的结构和趋势的波动，是否有合理的解释。在材料采购方面，应当关注原材料采购模式，供应商管理等相关内部控制制度是否健全，价格形成机制、采购发票是否规范。然后是资产质量。应收账款余额是否过大、账龄是否过长；与同期营业收入相比，应收账款的增长幅度是否过大。存货余额是否过大、是否有残次冷背的存货、存货周转率是否过低、账实是否相符。是否存在停工的在建工程，固定资产权属证明是否齐全，是否有闲置、残损的固定资产。无形资产的产权是否存在瑕疵，作价依据是否充分。其他应收款与其他应付款的核算内容是否正确。

四是股东出资问题，主要是出资不实和程序瑕疵。股改前股东出资常见的主要问题有，非货币资产出资未经评估；出资未及时到位；验资报告存在瑕疵；以企业自身资产增资；资产评估增值转增实收资本；重复出资；以未合法注销的企业资产出资。企业出资存在瑕疵，并不是个别现象，对于拟挂牌的企业，也并不一定构成挂牌的实质性障碍，关键是要看如何解决或者解决得是否彻底。股改中股东出资可能存在的问题有，以评估的净资产作价出资；以审计的净资产折合股份，但出现评估的净资产低于审计的净资产情况，导致出资不实；股改后发现股改前的会计处理有问题，在申报财务报表中调整了股改时认定的财务报表，导致股改时净资产有问题，出资不实。

五是关联交易问题。由于关联交易涉及面广、种类繁多、内部容易安排，也容易被操纵，因此关联交易历来都是关注的重点，即主要关注关联交易的存在对企业财务数据的公允表达是否产生重要影响。关联交易是可以存在的，但是要证明其必要性、定价的公允性，同时，关联交易应当是逐年减少而不是逐年增加。目前关联交易主要存在的问题有，关联交易的目的和动机不纯，目的是为了增加收入或利润，粉饰财务报表；关联交易的定价不公允或不能证实其定价是公允的；关联方的界定不完整，披露不充分；关联交易的会计处理不恰当；关联交易程序不规范、交易依据不充分，缺少相关合同及确认；关联交易非关联化。

六是关联方资金占用问题。《全国中小企业股份转让系统股票挂牌条件适用基本标准指引》规定：公司报告期内不应存在股东包括控股股东、实际控制人及其关联方占用公司资金、资产或其他资源的情形。如有，应在申请挂牌前予以归还或规范。关联方占用资金通常有，期间占用、年末归还现象比较突出；通过虚构交易事项、交易价格非公允、货款长期拖延结算或无法结算等方式非正常的经营性占用；利用集团公司下属的财务公司；通过中间环节以委托贷款的形式间接向大股东提供资金，这是近年来出现的一种新的资金占用方法；委托实施项目；资金体外运营，利用开具无真实交易背景的银行承兑汇票并且贴现等方式取得资金，体外运营，为大股东及其关联方长期占用资金提供便利条件。

●新三板税务问题及处理

新三板税务问题及处理，也是拟挂牌企业需要重点关注的问题。一是股改前的税务问题，主要涉及企业所得税、个人所得税、增值税、营业税等。例如偷税、漏税、欠税；取得不恰当的税收优惠。对于这些问题主要看企业是否构成重大违法行为。通常的做法是，补缴税款和（或）滞纳金，但不能被处罚；取得主管税务机关出具的相关证明。二是股改时的税务问题，主要涉及个人所得税。企业股改时存在的主要税务问题是自然人股东在以资本公积、留存收益转增股本时，企业未履行代扣代缴个人所得税的义务。企业应当主动与主管税务机关就个人所得税问题进行沟通，争取主管税务机关甚至当地政府的支持。关于企业股改时自然人股东在以留存收益转增资本公积时，即股本与实收资本相同，股改时无需增资时，是否产生个人所得税纳税义务，目前是个灰色地带，请企业主动与主管税务机关沟通协调。

注册会计师在新三板税务方面的服务包括两个方面：

一方面是公司股改与设立阶段的服务。一是对企业进行财务尽职调查，帮助企业完成新旧会计标准的转换，协助企业制定《企业会计准则》下的各项会计政策、会计估计；二是与其他中介机构进行充分配合，完善公司股份制改造方案；三是对改制基准日的净资产进行审计，同时确定改制前纳入申报范围内的财务报表数据；四是股份有限公司设立的验资；五是培训企业财务人员，特别是有关新企业会计准则、财政部、中国证监会、北交所有关财务会计方面的法规和要求；六是协助企业完善内部控制。

另一方面是公司申报与审核阶段的服务。一是申报财务报表审计；二是协助企业编制申报财务报表与原始财务报表差异比较表及差异说明；三是非经常性损益的界定；四是协助企业和主办券商与审核员就财务问题进行沟通；五是根据审核反馈意见协助企业进行回复，同时根据审核反馈意见出具专项意见或说明；补充、修改和完善财务资料；六是出具相关声明。

6. 新三板股权融资中的非公开发行需要考虑的因素

新三板企业挂牌目的就是融资，但与首次公开发行并上市不同，新三板企业属于非上市公众公司，实行的是存量挂牌制度，股权融资目前主要以非公开（定向）发行为主。故本文所考虑的融资，仅指新三板挂牌企业股权融资中的非公开发行。

非公开发行股份一般有以下几个节点：股改前、挂牌同时、挂牌后。对企业而言，成功融资规划需要考虑的因素主要有如下几点。

●时间成本

从企业与投资方谈判的角度分析，股改前进行融资的时间成本较高，主要因公司尚处于非公开阶段，投资方需要的包括财务数据、法律风险、经营风险等方面资料尚未披露，除特别看好和了解企业的投资方外，在进行初步尽职调查及投资审批内部程序后，基本需要较长时间；且从投资方角度，发起人股东的股份一年内不得对外转让，也有一定的限制。

除非确有需要（如考虑解决无法改制的问题，包括单一股东、净资产低于注册资本、员工激励平台等等），或者投资者前期对企业了解程度较高，能够快速达成投资意向及出资，不建议企业在改制前引入投资者。

●企业整体估值

目前企业整体估值主要从几个方面考虑，一方面考虑可比挂牌企业估值；另一方面考虑未来现金流量折现。这与二级市场及新三板市场所处的市场阶段与市场环境密切相关，但从融资角度分析，可参考意义并非太大，如目前同行业在创业板上市的企业，往往无法进行市值的对比分析（炒作因素及市场流动性溢价因素）。

所以，从融资时点分析，股改前，企业挂牌与否具有一定的不确定因素，企业在对外报价的同时应考虑到市场流动性溢价，并需要考虑给予投资者适当的投资回报，整体估值最低；挂牌同时非公开发行，由于已有明确的挂牌预期，可以以适当高于股改前的整体估值进行定价。挂牌后，随着企业交易开始活跃，由于近期新三板处于风口，相应整体估值可以进一步提升。

●融资对象是否具有战略意义

融资对象对企业未来成长帮助也是企业融资必须考虑的问题，当然，这与首发上市企业寻求战略投资者并无二致，就仅提醒做市商这一较为特殊的企业投资方在现阶段对企业的积极意义。

做市商本身属于舶来品，本文不探讨其意义。目前仅各家券商拥有做市资格（今后应会放开做市及推荐资格），且从已挂牌的2000多家企业来看，做市企业占比较低，这里有几方面因素：第一，已挂牌企业中确有较多良莠不齐、滥竽充数的僵尸企业；第二，做市动用的是券商自有资金，一般运用较为谨慎；第三，做市也是投资，从人性角度分析，好东西如果再便宜买到，那安全边际是非常可靠的。所以，做市也往往面临着企业选择、价格谈判的过程。

就企业融资角度分析，如果有其他的投资机构出资高于券商做市部门，似乎不应该以较低价格给予券商做市，但从流动性角度分析，做市可以带来公司知名度、流动性的大幅提升，结合转板上市企业未来可能的标准（如股权分布等），企业不要过多纠结于价格因素，毕竟做市所稀释的原股东权益相当有限（挂牌后每家做市商仅需要取得10万股即可）。

●融资与资金需求是否匹配

目前企业融资有种过渡倾向，当然，可能考虑到趁着新三板处于风口阶段进行融资可以增加融资规模，减少融资稀释股权比例，融资便利性更大。但从实际接触企业看，部分企业融资后并未有很好的募集资金投向，甚至于被用来购买理财产品（当然，该情形也存在于首发上市企业中）。

对于企业而言，建议综合考虑。如果由于市场因素，导致投资方对未来收益及企业业绩要求较低，可以考虑趁着市场环境好转，适量多募集资金以备不时之需；如果投资方在入股过程中，提出了较多收益及回报要求，则可以考虑按照企业需求进行资金募集（少量多次）。

●是否配合转让控股股东股权

其实这一问题与企业融资关系不大，但在企业融资过程中控股股东总会有所考虑，一般而言，不建议企业控股股东转让股权。毕竟该项转让资金并未投入企业生产、经营。但如果企业存在如内部人占款情形时，需要予以规范时，在无法以其他方式归还的情形下，可以在征求投资方同意后，采取部分转让老股，部分增发形式进行。

7. 新三板投资与退出实务解析

新三板是今年以来最热的投资话题，其风头已超过今年表现出色的创业板。机构投资者一边蜂拥抢夺新三板资源，一边竞相推出挂钩新三板的金融产品。可以预见，未来参与新三板的渠道将更加多样。

●直接参与：牛散出没

根据新三板现行交易规则，符合条件的自然人直接参与挂牌公司的投资介入方式主要有以下 3 种：

第一，挂牌后在做市交易之前这一时间段内，通过协议转让方式买挂牌公司股票，即投资者必须委托代理其买卖股票的主办券商办理，如需委托另一家主办券商买股票，则须办理股票转托管手续。

第二，当挂牌公司转为做市交易后，投资者从做市商发出的连续报价中购买股票。

第三，通过定增方式入股。

值得一提的是，作为新三板企业股票融资的主要方式，新三板的定增有很多制度方面的创新。包括：对于符合豁免条件的企业，进行定向发行无须审核；投资者可以与企业协商谈判确定发行价格；定向发行新增的股份不设立锁定期。

●间接参与：借道投资产品

500 万元的入市门槛将很多个人投资者挡在了新三板的门外，但通过各类金融产品曲线入市，门槛大为降低。

第一，公募基金。公募基金无疑是最早嗅到了新三板巨大商机的机构。从去年下半年开始，招商基金、华夏基金、海富通基金、兴业全球等公募基金也通过子公司或是专户渠道在新三板布局了各自的首只产品。当前公募基金公司推出的单只新三板资管产品规模普遍不大，主要集中在3000万至5000万元左右。

第二，私募基金。由于新三板市场超预期的快速发展，不少私募机构已经设立或即将设立了关于新三板的主题基金。例如，鼎锋投资、理成资产、金梧桐资本等新三板产品，募集规模都在亿元以上。进入3月份以来，随着新三板成交量的与日俱增，私募新三板产品呈现发行加速态势。一般来说，通过基金投资新三板比直接投资新三板的入市门槛大大降低。

第三，券商资管业务以及信托渠道参与新三板盛宴。这些金融产品的投资门槛也在百万元左右。

此外，通过股权众筹的方式，门槛还可以降得更低。

●退出路径：方式多样

无论通过哪种方式投资了新三板股票，退出的路径方式很多。

第一，可以通过每天的市场交易方式退出，包括协议转让或在交易所通过做市商卖出股权。

第二，通过上市公司并购退出。新三板企业的特点就是高成长性，因此很容易进入上市公司并购的视野。去年新三板市场因并购终止挂牌的已有9家公司，分别为新冠亿碳、瑞翼信息、金豪制药、屹通信息、捷虹股份、福格森、嘉宝华、阿姆斯和铂亚信息。另有湘财证券、易事达、激光装备也发布了并购公告。这些公司被上市公司并购后，股票转换成上市公司股票，进而获得更大的流动性，并伴有股价的上涨。

第三，通过转板退出。关于转板机制，中国证监会负责人在2015年“两会”期间表示：“多层次市场间转板机制是个较复杂的问题，今年将进行调研和试点，不会全面推开。目前考虑先从新三板跟创业板之间的转板机制进行试点，制定该转板方案是今年改革的重要工作之一。”还提到，目前证监会正对区域性股权市场的发展进行调研，区域性市场的情况也很复杂，各地的情况不一样。当下区域性市场的发展方案仍在制定当中，争取今年内形成区域性市场规范发展的意见。

特别需要提醒的是，现在新三板市场的热度都是出于对政策的良好预期，而新三板挂牌公司企业规模小、信息披露不完善等先天性缺陷也容易被个人投资者所忽略。通过间接投资，借助专业机构的调研分析来投资新三板，更利于降低风险。

●机构投资新三板的路径探索

随着新三板各方面的制度逐步完善，新三板将成为一个真正的场外市场，必将吸引银行、信托、基金、PE/VC、券商等各路资本掘金。对于新三板的投资，由于各类机构的着眼点不同，亦将形成不同的路径。

第一，银行的机会在于可转债和并购债。

目前，银行理财投资新三板可借鉴保本基金模式，大概六到七成投固定收益，三到四成的方式直接投二级市场。对于权益投资部分，可以考虑用优先劣后的结构，有一个独立的投资机构（基金子公司或者私募基金），以劣后偏好的资金作为打底，同时也尽到尽职调查的责任；银行的资金作为优先，但不是收固定收益，而是按照各方既定的比例进行利润分成，达到的效果其实是通过架构的设计，既保障了中小投资者的投资回报的要求，又保障了资金安全性。

在固定收益这一端，除了做债权类的投资，银行理财可以考虑给做市商做股票质押业务，比如券商做市会很消耗资本，银行理财可考虑以一定的折扣率让券商将股票质押，同时跟做市商谈好一个相应的回购价格，期限可以较长，如两到三年，融资成本比如说在现价的基础上打二折，如果券商能够接受就可以做。对于做市商来说，相当于是卖出一个期权，也可以收取一定的期权费。如果用这种方式去完善固定收益方面的结构设计，就可形成一个相对比较完整的固定收益加浮动收益结构的理财产品。

第二，信托借助投顾尝鲜新三板集合产品。

目前已有多家信托公司在积极布局新三板业务，并已进入实操阶段。

近期，中建投信托联合私募基金上海鼎锋资产管理有限公司发行新三板集合信托产品，这可能是信托领域中第一个杀进新三板的公司。不过，受限于目前的投研能力，信托公司推出新三板产品仍需借助投资顾问的力量。中建投信托此次发行的产品，深圳鼎锋明道资产管理有限公司（上海鼎锋资产管理有限公司子公司）为投资顾问。为控制风险，该产品同时要求私募基金跟投。

除了中建投信托，长安信托也在筹谋推出投资新三板的产品，由证券公司担任投资顾问。另有信托公司目前已和山东一家在新三板挂牌的公司开展业务。这一单业务的交易结构为信托公司发起集合资金信托计划，并成为有限合伙基金的 LP，该有限合伙基金将投资于前述新三板挂牌公司。

第三，基金争夺筹码背后的“必涨”逻辑。

对于已经杀入新三板的基金公司来说，新三板有着其“必涨”逻辑。从二级市场的逻辑看，如果我们梳理一下 2012 年到 2014 年的投资脉络就不难发现投资机会应该轮到新三板。从 2012 年到 2014 年，投资者对业绩的容忍度是越来越高，成长股越搞越小，市值的天花板越来越低。在这种情况下，新三板比高估值的创业板更有机会。

除此之外，新三板的市场化程度也比创业板要高出很多，一个审核制，一个准注册制，高下立见。市场化的平台一定会战胜非市场化的平台，这是毋庸置疑的，也是新三板“必涨”逻辑背后更大的逻辑所在。

第四，PE/VC 抓住新三板投资的两个风口。

身为助力新三板发展的最主要群体之一，PE/VC 机构在最近两年中做出了很多创新尝试，例如：专项基金开展新三板主题投资、投资机构自身挂牌新三板，以及促成大量存量项目新三板挂牌。对于 PE/VC 而言，尽管新三板投资是一个风口已无疑问，但是风大风小以及风来自哪里，很大程度上仍然取决于政策的变化。例如如果市场分层制度建立，将挂牌企业分为 ABC 类，A 类企业可以竞价交易，B 类企业可以做市交易，C 类企业可以协议转让，就会衍生出很多机会。如果投资机构能发掘出可达到 A 类的企业，趁现在 PE 值低一点介入，以后企业流动性溢价上升，再加上如果机构对企业的成长性有一个比较好的判断，一年有个两三倍的收益也比较正常，高的话五倍、十倍都有可能。

第二个比较大的风口是并购，未来并购数量最多的市场可能会在新三板。如果投资机构对一家上市公司比较了解，又看好新三板公司未来的成长性，就可以把它的亮点发掘出来，做一些结构化的设计，未来如果上市公司要并购这个企业或者是关联企业，可再做一个结构化的产品，相当于机构不止赚一道钱，而是赚两道、三道钱。一次可能获得百分之几十或一两倍的收益，翻三次就变成五到十倍以上的收益。这种机会对于一般投资人来说很难得，但前提是要善于研究且善于布局。

第五，券商可探索伞形配资和股权质押。

未来券商可以仿照在二级市场的做法，在伞形配资和股权质押方面去做一些产品和服务。不过这方面面临两个难点，一是标的怎么定，整个风控的标准怎么写；二是银行怎么认这个风控标准，虽然新三板产品利率在先期阶段肯定比二级市场产品来得丰厚，但直接拿银行的资金会有点难，可能需要通过发券商的收益凭证翻一道来进入银行的池子。目前，很多私募基金对新三板踌躇满志，未来私募基金一旦放开做市商资格，资金肯定不够，银行和券商在这个时候可对一些基金进行授信和做市资金配置。

此外值得一提的是，有券商开创了一个新三板投融资定期的路演平台，无论是 PE/VC 还是银行理财，都可以通过这个平台跟企业进行对接。

五、新三板企业多角度认识市值管理

股价、股本、市盈率与利润是市值管理的核心要素。市值管理的最终目的是使上市公司的市值与公司的价值相一致，而且是一种长效的综合机制，不能把市值管理的眼光集中在某一单一因素上。市值管理不应该是简单机械地将市值管理名下可运用的工具等同于市值管理本身，不应该将短期的可以提振市值的做法直接等同于市值管理本身，更不应该是以市值管理为名绑架大股东进行内幕交易的伪市值管理。而应该是站在公司战略高度中长期惠及全体股东的行为，应该是综合运用公司治理手段与资本运作工具的方法集合。

1. 市值管理不能与“股价管理”画等号

上市公司如果认为“市值管理＝股价管理，市值管理的目标就是通过一系列手段把股价不断炒高，市值管理就是把股价运作的越高越好”，就会引起一系列的问题。

●谨防“市值管理＝股价管理”的误区

认为“市值管理＝股价管理”，这是对市值管理的片面理解，市值管理绝不等同于维护股价。市值＝股价×股数，市值的变化，就是股东财富的增减，影响到股东进一步运用股权资产的动力，当然要进行管理。从公式上来看，股本是相对静态的指标，那只有在股价上做文章。对此要正确理解。

从2005年“市值管理”概念出现，到2014年5月9日“新国九条”明确提出“鼓励上市公司建立市值管理制度”，以提升市值为导向的价值管理案例不断涌现。似乎不给并购重组等冠以“市值管理”的名号，上市公司都不好意思和投资者打招呼了。

但是，目前的中国资本市场、上市公司，与成熟市场体制下的资本市场、上市公司的不同显而易见。与发达的资本市场相比，中国的资本市场“散户市”特征非常明显。不成熟的投资观念也使得上市公司价值难以清晰呈现，价值高估或低估的现象大量存在。“散户市”则决定了投资者利益保护难度较大，因为个人投资者获取信息的渠道狭窄，利益最容易受到损害。由此，形成中国式的市值管理大有必要。

需要注意的是，市值管理不等于股价管理，不是短期行为、碎片式举措，更不是以包装概念、炒作题材等方法影响股价。虽然股价高低确实是影响公司市值大小的重要因素，但从长远来看，公司的发展策略、经营管理、投资者关系构建等才是市值管理的重点所在。

目前，很多公司只是把资本市场当做融资、圈钱的渠道，资本市场的价格发现功能没有完全体现，股票市场、上市公司和投资者的良性互动也没有完全建立。

需要指出的是，中国特色是市值管理之“纲”，而非什么都可以往里装的“筐”。我们看到，过去一段时间，假“市值管理”之名行“概念炒作”之实的行为着实不少，有的已经触碰了操纵市场、内幕交易、虚假披露等“高压线”。

在证监会2015年集中打击的违法违规活动中，以市值管理名义内外勾结、集中资金和信息优势操纵市场行为便是重点之一。现实中，在并购重组、股权激励等重大事件中，我国上市公司阶段性的市值管理意愿强烈，而这些事件往往是内幕交易、不实信息披露等违法违规行为的高发区。这是需要监管者注意、投资者警惕的。

这些以市值管理为名、实则玩弄股价操纵的违法行为，其目的是维护少数人、个别人的利益，损害全体股东的利益，尤其对中小股东造成了很大的损害，也挑战了监管底线。无规矩不成方圆，只有真正落地规范化，市值管理才能有章可循。

●将市值管理当作股价操纵的原因

“新国九条”明确鼓励上市公司建立市值管理制度以来，市值管理很快成为资本市场热点。一些私募、券商、管理咨询公司、财经公关公司纷纷涉足这一业务。但由于认识误区和缺乏具体的行业规则，市值管理在实践中常常会发生偏离，误读了市值管理的内涵。事实上，市值管理是一种长效机制，而非短期推高股价的工具。究其原因，有以下几个方面：

一是市值管理的概念不清。很多上市公司把市值管理等同于市值增加，这在股份总量不变的情况下只能提升股价，进而凡是能促使股价上涨的办法、措施都成为市值管理的内容，上市公司市值管理就被简化成股价管理，实际执行中或者干脆变为股价操纵了。而没有意识到市值管理的核心在于提高公司内在价值、抑制股价非理性波动、引导股价回归和体现内在价值，吸引长线投资。

二是市值管理的动机不纯。一些上市公司进行市值管理，主要目的是为了大股东们高价减持，或者是为了上市公司的融资增发、配股、并购重组、抵押增值、股权激励，而不是为公司提升价值、为全体股东创造价值。其结果是一旦上述目标实现，股价、市值就没有人管了，市值管理沦落为少数股东非法套利和上市公司高额融资的工具。

三是市值管理的方法不当。不少上市公司为了提升市值，滥用并购重组等市值管理工具，很多并购没有合理的商业逻辑，更不体现公司的经营战略，而是为了迎合市场偏好，玩跨界转型，用概念刺激，二级市场什么时兴时髦就搞什么，什么概念最热就并购什么，早些年追矿产资源、近几年追新能源、生物医疗、影视传媒、手游网游、互联网金融等等，你方唱罢我登场，各领风骚没几天，一窝蜂介入的结果是成功的不多，回过头来看大多是一地鸡毛。没有把精力财力物力投到制定正确的公司发展战略、完善治理结构、改善经营能力、提高企业竞争力与效益、稳定投资者预期等正道上面。

四是市值管理的法律边界不具体。虽然对市值管理有“虚假披露、内幕交易、市场操纵”三条不能碰触的高压线，但真正要认定这些违规并非易事。由于市值管理的手段有公开市场增持与减持、定向与公开增发、拆股与缩股、并购重组、利好与利空信息管理、股票回购与激励、投资者关系管理、企业形象宣传等多种方式，什么时候用，用哪种手段，用到什么程度，完全是上市公司自主决定的事情，真要防止、杜绝市值管理演变为概念炒作、股价操纵，就必须对市值管理进行顶层设计，出台具体管理办法。特别要划定红线，明确市值管理的内容内涵，规范市值管理的操作边界，明晰市值管理的合法行为规则，细化违规违法行为处理措施，让灰色操作、暗箱操作、违规操作没有生存的土壤。

股价管理不等于操纵股价。合理的市值管理有利于实现上市公司的价值和维护全体股东的利益，但有些公司将之变成纯粹操纵股价借以谋求私利的工具，显然损害了投资者的利益。

2. 市值管理不能与“股本管理”画等号

上市公司如果认为“价值成长=股本扩张，把高送转而形成的扩张股本看作市值管理的必要手段”，这同样也有失偏颇。

●有关股本的相关法律规定

股本亦作股份。股份资本，是经公司章程授权、代表公司所有权的全部股份，是构成公司股东权益的两个组成部分之一，包括普通股和优先股两种。股本的大小并不是一成不变的，它会随着送股和配股而增加。

《中华人民共和国证券法》第五十条规定：股票经国务院证券管理部门批准已经向社会公开发行；公司股本总额不少于人民币 3000 万元；公开发行的股份占公司股份总数的 25% 以上；股本总额超过 4 亿元的，向社会公开发行的比例 10% 以上；根据《上海证券交易所股票上市规则》14. 3. 1 和《深圳证券交易所股票上市规则》14. 4. 1 的规定，上市公司发生以下情况要作退市处理：主板上市公司连续 120 个交易日实现的累计股票成交量低于 500 万股，中小企业板上市公司低于 300 万股；连续 20 个交易日的每日股票收盘价均低于股票面值；上市公司股东数量连续 20 个交易日每日均低于 2000 人，中小企业板上市公司 20 个交易日每日均低于 1000 人。

●过小股本容易形成流动性不足

从中国 A 股的交易情况看，存在着这样一种现象，低价股参与的投资者多，一般换手率相对较高，高价股参与的投资者少，一般换手率相对较低。虽然这是中国股市的客观情况，反映了市场和投资者群体的不成熟。而换手率越高，意味着该只股票的交投越活跃，人们购买该只股票的意愿越高，属于热门股；反之，股票的换手率越低，则表明该只股票越少人关注。

我们知道，流动性不足会给市值管理带来不利因素，股票活跃度不够，大宗减持的难度就会增加，上市公司融资难度也会增加。从市值管理层面看，一旦市场低迷，小股本低流动性个股容易会触发成交量不足，股东人数不足等退市条件，这样对于上市公司是相对不利的。因此，在股本管理中一般不建议上市公司长期使用很小的股本，而根据公司的情况适当进行股本扩张是很必要的。

●股本扩张的主要方式与意义

股本扩张的方式主要是上市公司用利润送股或者用资本公积金转增股本的方案。尽管经过高送转之后股本和股价都发生了变化，但对于短线交易者来说首先受到冲击的并不是股本。因为在行情演变过程中股本是相对不变的，而股价却是一直在变化的。当高送转方案实施后股价将会有一个大幅度回落的过程，这一点对于短线交易者来说非常敏感，至少会引起短线交易者的关注。

实际上，在以市值管理眼光决定具体执行股本扩张的过程中，还需要综合权衡上市公司的实际情况。譬如，公司的控股股东是否将解禁，前一年参与定增的小非是否将解禁，公司是否有定向增发计划，管理层的股权激励是否已经过了行权期等等。而高送转对于上市公司而言仅是个工具，由于大多数情况下公司仅需为股东支付红利税配套进行极少数金额的现金分红，因而是其影响股价的较廉价的合法手段之一。不过，股本扩张只是上市公司市值管理工具之一，往往还需要和其他市值管理工具一起使用，从而达到事半功倍的效果。

●从市值的视角不推崇股本过度扩张

出于迎合市场的需要，A 股市场上很多上市公司都会适时推出高送转的分配方案，但公司的业绩增速却是明显无法跟上股本的扩张速度，有时甚至出现业绩下降的情况，股价在高送转的刺激之下短期有所表现之后，最终还是会被打回原形，从总市值的角度考量的话，出现总市值萎缩的也不在少数。

其实，就理论而言，高送转股份并不改变任何一家上市公司的投资价值，真正决定公司股价的还是公司的业绩表现，一旦业绩表现跟不上股本扩张的速度，股价就会持续下跌到很低的价格，直至绝对价格降到市场低位，被贴上“垃圾股”标签，公司的市场形象就会受到严重伤害，未来再融资，发债等市值管理手段实行的难度将会大大增加。

从市值管理视角看，股本扩张需要与公司业绩同步才是最佳选择。现代资本结构理论和成熟市场经济国家的融资实践表明，考虑公司融资成本，企业在需要资金扩张经济规模时一般遵循的融资顺序是先考虑内源融资，其次才是外源融资。在外源融资中首先是债务融资，其次才是股权融资。从发达国家看债务融资始终占据企业外部资金来源的第一位。

3. 不能认为“市值管理等于市盈率管理”

关于市值管理与市盈率管理，有的上市公司有一种观点：“市值管理等于市盈率管理，即把公司股价运作到行业内较高的市盈率水平公司即为比较好的市值管理。”从市值管理的眼光看，这样的说法也是有失偏颇的。

事实上，影响一家公司市盈率水平的因素很多，一家公司的市值=市盈率×净利润，不同的资本市场，不同的时点、不同的行业、行业内不同规模的公司市盈率水平差别相当大，因此，对于具体一家公司市盈率不是一个具体目标值。

与股价管理的目标类似，市盈率管理也不追求公司市盈率越高或者是越低越好，而是追求特定时点与市场的协同程度，协同程度越好表示市盈率相对健康，也为公司在不同的市场环境下选择不同的市值管理工具进行更好的市值管理提供了更有利的条件。

公司当期经营的盈利状况。如把公司（法人）看成一个生命体，那“当期”仅仅是全生命周期中的一个小阶段、甚至是一个小“点”。当期净利润反映的时间长度就有限了。一般公司（包括其所处的行业）有创业期、成长期、成熟期、衰退期等几个大阶段。从公司的状态看，也可分为成长型、周期型、困境反转型、缓慢成长型、隐蔽资产型，等等。一个同样的净利润数据，对于不同类型、不同阶段的公司来说，其含义或意义是有很大差别的。

●两个市盈率水平

第一个市盈率水平，我们称之为市场合理市盈率水平。由于市盈率水平在不同的行业和不同市值水平的公司差距巨大，一般经验的公式：合理市盈率水平 =（70% ×行业市盈率水平 30% ×不同市值规模对应的市盈率水平）×修正系数。

这里需要注意的是不同市值规模对应的平均市盈率水平在具体运用时需要更为精细，以 40% 作为临界点参考，既以市场中位市值为基准，每 40% 作为区分。修正系数主要指的今年的预期增长率，因为市盈率往往使用的是去年的数据，合理市盈率水平需要对增长率进行修正。

第二个市盈率水平，我们称为中枢内在市盈率。中枢内在市盈率判断的是股价的长期内在价值，为市值管理选择不同的方式作为参考。

●不同市盈率水平公司的市值管理及实现方式

当公司市盈率水平远高于中枢内在市盈率水平，一般为 30% 时，可以认为公司股价高于内在价值，主要的市值管理方式为公开增发新股、并购、大宗减持、股票回购、定向增发。

公开增发新股，指上市公司向包括原有股东在内的社会公众发售股票，对原股东一般都以十比三或二进行优先配售，其余网上发售。公开增发股票是上市公司增发股票的一种方式。公开增发就是面对社会大众再发新股。与之相对应的是定向增发。定向增发是只面向特定对象再发新股。

公开增发发行对象多样化，可以募集更多资金，适用于公司运营状况、财务状况和盈利状况良好，行业前景较好，投资者对公司整体情况和未来发展认可的企业。公开增发引入了新的机构投资者和公众投资者，增加股东人数，瞬间完成股本扩张。

并购的实质是在企业控制权运动过程中，各权利主体依据企业产权作出的制度安排而进行的一种权利让渡行为。并购活动是在一定的财产权利制度和企业制度条件下进行的，在并购过程中，某一或某一部分权利主体通过出让所拥有的对企业的控制权而获得相应的受益，另一个部分权利主体则通过付出一定代价而获取这部分控制权。企业并购的过程实质上是企业权利主体不断变换的过程。

当公司市盈率水平远高于中枢内在市盈率水平，并购是不错的市盈率管理方案。首先，由于自身公司市盈率较高，能发行少量股份并购更低市盈率的公司，从而降低公司整体的市盈率水平。其次，产生并购行为最基本的动机就是寻求企业的发展。寻求扩张的企业面临着内部扩张和通过并购发展两种选择。内部扩张可能是一个缓慢而不确定的过程，通过并购发展则要迅速得多。

大宗股份减持，是指股东转让持有的上市公司股份，从而兑现其股权投资的收益的行为。减持是兑现投资利润的最快速和最有效的方式。股票价格的波动具有一定的前瞻性，是经济的风向标，也是市场对企业未来发展前景的晴雨表的显示，股价不仅代表了公司目前的价值还包含了未来的成长发展价值。与通过上市公司经营从而分得红利相比，大宗减持是股权投资兑现利润的最快速直接高效的方式，大宗减持类的市值管理是上市公司股东通过有效的减持计划制定辅以相关减持方式的组合，以达到提高收益水平和减持效率的效果。

值得注意的是，有时候大股东增持股票短期对股价有一定支撑作用，不过由于增持的原因绝大多数是由于市场行情低迷，大股东增持很难改变股票中期的下跌趋势，但增持对于市值管理有比较积极的意义。

股票回购是指上市公司利用现金等方式，从股票市场上购回本公司发行在外的一定数额的股票的行为。公司在股票回购完成后可以将所回购的股票注销。但在绝大多数情况下，公司将回购的股票作为“库藏股”保留，不再属于发行在外的股票，且不参与每股收益的计算和分配。库藏股日后可移作他用，如发行可转换债券、雇员福利计划等，或在需要资金时将其出售。

回购基于市值管理的意义主要包括两个方面：第一，股票回购是改善公司资本结构的一个较好途径。利用企业闲置的资金回购一部分股份，虽然降低了公司的实收资本，但是资金得到了充分利用，每股收益也提高了。第二，在股价过低时回购股票，是维护公司形象的有力途径。过低的股价，无疑将对公司经营造成严重影响，股价过低，使人们对公司的信心下降，使消费者对公司产品产生怀疑，削弱公司出售产品、开拓市场的能力。在这种情况下，公司回购本公司股票以支撑公司股价，有利于改善公司形象，股价在上升过程中，投资者又重新关注公司的运营情况，消费者对公司产品的信任增加，公司也有了进一步配股融资的可能。

定向增发是指上市公司向符合条件的少数特定投资者非公开发行股份的行为，目前规定要求发行对象不得超过 10 人，发行价不得低于公告前 20 个交易市价的 90%，发行股份 12 个月内（大股东认购的为 36 个月）不得转让。非公开发行的最大好处是，大股东以及有实力的、风险承受能力较强的大投资人可以以接近市价、乃至超过市价的价格，为上市公司输送资金，尽量减少小股民的投资风险。由于参与定向的最多 10 名投资人都有明确的锁定期，一般来说，敢于提出非公开增发计划、并且已经被大投资人所接受的上市公司，通常会有较好的成长性。

定向增发对于战略投资的市值管理中的优势主要体现在，定向增发是一种更加接近市场化的融资和收购方式。以购买定向增发股份的方式来战略投资上市公司最直接的一个好处就在于可以通过协议定价来进行并购而非公开竞价。定向增发是一种以增量资金或资产来重组存量行为。相对于收购存量股权，定向增发类战略投资将原有的公司存量资源完全保存在上市公司内。通过定向发行方式结为战略投资者，更能体现多赢，因为战略投资方支付的巨额资金，最终流入了上市公司。

当市盈率水平远低于中枢内在市盈率水平时，定向增发对于提升上市公司市值水平其内在激励是很明显的。上市公司做大做强更多的是通过增发、配股等手段再融资，然后战略投资者入股购买资产。由于资产交割完成后，大股东在上市公司的权益被稀释，因而新增资产的持续盈利能力与其利益相关度大为削弱。这种模式容易带来的不良后果是，一些上市公司购买的资产盈利能力逐年下滑，流通股东利益因此受损，而大股东由于持有的为非流通股份，并没有因此有直接的损失。

在全流通环境下，大股东将不得不考虑所注入资产的中线持续盈利能力。因此，在控股股东与中小股东信息不对称的情况下，吸引战略投资者并成功实施定向增发的公司至少在大股东所持有股份到期的时间段里有较强的提升公司市场价值的内在动力，从而可以使中小股东分享公司价值的成长。

4. 不能认为“市值管理中净利润管理就是并购重组”

关于市值管理与净利润管理，有的上市公司有一种观点：“市值管理中净利润管理最好的办法就是并购重组，通过并购重组上市公司的市值能够迅速做大，净利润水平能迅速提高，并购重组是上市公司市值管理中提高净利润水平最立竿见影，也必须做的工作。”从市值管理的眼光来看，这样的说法也是有失偏颇的。市值管理主要相对于利润管理而言，是以市值为导向的股东价值管理，而不是传统做法上的以利润为导向。由于上市公司市值等于净利润和市盈率的乘积（市值 = 净利润 × 市盈率），因此市值主要取决于两大因素，一是看公司的盈利能力，二是投资者给予的溢价倍数和市盈率。市盈率水平在不同周期、不同行业与不同规模的公司的差距很大。

净利润属于公司内生因素，在既定市盈率水平下，净利润水平越高，市值就越大，净利润管理归根到底是以市值管理视角，利用好资本市场平台，提高公司长期稳定净利润水平的一种长效管理机制，而非短期的题材炒作。随着市场的波动，相同行业的公司市盈率水平是相对接近和稳定的，那根据“市值 = 净利润 × 市盈率”的公式，决定不同公司某时刻市值高低的重要参考指标就是净利润水平，从更长时间来看，一个公司在没有净利润增长的情况下无法长期维持高市值，高市值股票必然伴随着高的净利润水平。

●提高净利润水平的核心是改善公司治理

一家上市公司所面临的宏观经济环境、市场环境、行业内的竞争环境是公司无法控制的，如何在行业的激烈竞争中继续提高自身的净利润水平，这时企业内部因素和企业治理是决定企业长期发展的重要因素，如何以市值管理的视角提高自身治理水平，利用好资本市场平台，提高自身净利润水平，使得公司市值长期稳定增长。

●以市值管理的眼光提高企业治理水平

企业的治理水平是提高净利润水平的重要因素，而市值管理又是一项贯穿公司管理始末的系统性工程，不仅需要有宽阔而长远的视野以形成精确的判断，而且需要科学的决策和强大的执行力。

●以资本市场为平台，重组与并购提高净利润水平

首先，并购重组是市值管理的永恒主题。公司并购重组是证券市场资源优化配置的具体体现，也是上市公司进行产业结构调整，在面临行业变化时，提高自身净利润水平和防范化解风险的重要手段。

其次，在目前的市场环境下并购会形成多赢的局面。所谓的多赢指的是，由于证监会规定，并购的市盈率水平不能超过 15 倍，而目前大部分上市公司的市盈率水平都在 15 倍以上。通过增发股份完成并购以后，公司的净利润水平有大幅提升，带动股价出现大幅提升。其次，并购方按照增发价介入的股东也会分享了二级市场上涨的收益，资产不仅实现了证券化，也实现了升值。再次，原上市公司股东不仅分享了并购带来股价大幅提升，自身股权也得到了增值的利益。

市值管理，不应该是简单机械地将市值管理名下可运用的工具等同于市值管理本身，不应该将短期的可以提振市值的做法直接等同于市值管理本身，更不应该是以市值管理为名绑架大股东进行内幕交易的伪市值管理，而应该是站在公司战略高度中长期地惠及全体股东的行为；应该是综合运用公司治理手段与资本运作工具的方法集合；更应该是旨在更好地运用资本市场溢价服务实体经济的有理论支撑的有实践检验的中国本土化的管理思想。

市值管理是上市公司应对资本市场环境与偏好、企业经营外部因素与变量的行为，这种行为本质上是管理资本市场交易价格与企业实体经营价值间的偏差（即溢价）。溢价的稳定性即市值管理水平的指标代表着上市公司管理溢价的能力。指标好，说明上市公司通过市值管理获得了更高、更稳定的溢价，意味着上市公司处于公司市值与内在价值动态平衡的状态（即溢价协同），也就是市值管理最求的目标。

5. 市值管理的六大模式

由于市值管理乃国人首创，无发达市场现成的模板可循，再加上中国新兴资本市场的特色，对市值管理内涵的理解无奇不有，有的将市值管理理解为管理市值，于是走上了操纵股价的道路；有的将市值管理等于投资者关系，以至于投资者调研越多公司市值跌得越多而不知其所以然。正是由于存在不同的市值管理理解，由此衍生出了千奇百怪的市值管理实践，总体来说形成了六大市值管理模式。这其中既有违法违规的邪门歪道式的所谓市值管理，也有只及触一点而无其他的偏道式的市值管理，当然也有价值创造、价值营销与价值经营并重的市值管理正道。因此，总结当前市场上存在的市值管理模式，对于上市公司全面和正确了解市值管理，从而开展科学、有效和合规的市值管理，具有重要的现实意义。

●券商市值管理模式：盘活存量

券商市值管理业务的兴起得益于近年来券商业务创新的发展，主要围绕着挂牌公司大股东存量持股市值的盘活来设计。

第一，股权托管。

就是通过游说将上市公司股东的股权托管到该券商某个营业部，等到股东减持时以获取经纪业务佣金收入。这是券商的一个传统经纪业务，在今天也被纳入了券商的市值管理业务之中，其主要目的除了获得佣金收入之外，还为后续的市值管理业务创造条件。

第二，大宗交易。

如果上市公司股东持有的股票已经解禁，需要套现但不想形成对二级市场股价的冲击，这时候券商可通过大宗交易来帮助上市公司大股东实现这一目的，一方面券商有交易通道，另一方面券商可帮助寻找接盘方或券商直接接盘。

第三，股权质押融资。

当上市公司股东持有的股权仍处于禁售期，或解禁了但不想降低持股比例，如果需要钱，这时证券公司即可为上市公司股东开展股权质押融资，即股东把股权质押给券商，从券商那获得一笔资金，到期还本付息。质押率一般为 4 折左右，主板 4 折，中小板和创业板股票 3 折，也要看上市公司未来的业绩如何。年利息一般在 8% 左右，比银行利息要高一些，但放款效率高，而且对资金用途无限制。

第四，融券业务。

如果上市公司股东持有的股票标的属于可开展融券的股票，而且所持股票也已解禁，则券商可以从股东那借出股票，到期再还给该股东，且支付一定的利息。

第五，约定式回购。

不在融券标的股票范围内的上市公司股东如急需资金，但又看好未来股价走势，这时券商可提供约定式回购业务，即上市股东先以约定的价格卖给券商获得资金，同时约定未来一段时间后以约定的价格从券商手中再购回。

第六，高抛低吸。

即上市公司股东将股票交由券商管理，由券商根据市场行情做高抛低吸，到约定的时间再将股票交由该股东，这其中高抛低吸产生的收益由双方按约定的比例进行分配。以上是券商开展市值管理的 6 种方式，共同点是帮助上市公司股东盘活存量市值，从而获得一定的佣金收入或利息收入。

●大宗交易商市值管理模式：拉升股价

近几年随着越来越多的企业管理培训中民营企业走上中小板或创业

板，这些民营上市公司的创始股东或 PE 机构存在较大的减持套现冲动，以获得一定的现金以改善生活或兑现投资收益。

为了减轻二级市场直接减持造成的公司股价的冲击，减持方一般都通过大宗交易来实现减持，二级市场减持需求巨大，这就给二级市场专门从事大宗交易业务的机构提供了前所未有的业务机会，大宗交易商的市值管理业务由此兴起。

通常的大宗交易为，减持方一般在收市后以收盘价的 9.6 折价格将需要减持的股票通过大宗交易系统卖给大宗交易商，大宗交易商第二天或第三天再将股票在二级市场上以不低于昨日收盘价 9.6 折直接卖出。大宗交易的折扣率决定于该股票最近的换手率，换手较高的折扣率可升到 9.8 折，甚至有的还有溢价；换手率低的折扣率可低至 9 折。然而，变型后的大宗交易就有点撞红线的味道，这就是大宗交易商所兜售的所谓市值管理，有两种模式：

第一，先拉升后交易的大宗交易市值管理。

即上市公司减持股东事先与大宗交易商谈好交易与分成协议，然后大宗交易商以雄厚的资金实力在二级市场拉升股价，然后通过大宗交易将股票以正常的折扣价卖给大宗交易商，大宗交易商第二天或第三天以当天正常的市场价格卖出。

第二，先大宗交易后拉升的大宗交易市值管理。

即上市公司减持股东事先然后通过大宗交易将股票以正常的折扣价卖给大宗交易商，大宗交易商再以雄厚的资金实力在二级市场拉升股价至目标价位后卖出，最后减持股东与大宗交易商按约定的比例将收益分成。

●私募基金市值管理模式：联合坐庄

尽管坐庄的法律风险和市场风险很大，但由于高盈利的巨大诱惑，中国证券市场从来不缺坐庄者，坐庄者以二级市场上的各种私募基金为多。坐庄的方式有独立坐庄的，也有与上市公司联手坐庄的，因为与上市公司联手坐庄胜算大。坐庄者也在不断与时俱进，为了获得与上市公司联合坐庄的支持，也打起了给上市公司做市值管理的旗号，这就是私募基金的市值管理模式。

私募基金市值管理的基本做法是，先跟上市公司大股东或上市公司的管理层谈好联合坐庄计划，这其中包括双方的出资金额、收益分成比例、上市公司配合出利好等；然后庄家在二级市场上打压吸筹，上市公司配合出利空消息，如建仓成本为每股10元；吸筹到控盘程度后开始拉升股票，上市公司配合出利好，如年报业绩大幅预增、高比例送转股、对外并购大手笔、优质资产注入、核心员工股权激励方案推出、新产品、新技术重大突破等，同时私募通过关系不断地通过分析师出推荐买入报告，不断地在各种媒体上宣讲该公司的成长故事和投资价值，将股价不断推升，如从每股10元推升30元甚至50元等；最后在市场一致看好中逐步出货了结，如果实在出不了货，找有朋友在的公募基金接盘。成功出货后，先是庄家与上市公司大股东或核心高管按约定比例分配投资收益，再是庄家拿出一部分的收益分给接盘的公募基金经理。

●财经公关商市值管理模式：价值营销

传统的财经公关公司的业务主要是为IPO公司提供IPO过程中的媒体关系管理和投资者关系管理服务。媒体关系管理主要是为IPO企业各类媒体上发正面报道，以及当媒体有负面报道时帮IPO企业摆平媒体，手段主要是与媒体开展合作，如投放广告、赞助活动等。投资者关系管理主要是为IPO企业组织IPO定价过程中的路演活动和举办上市成功后的庆功酒会等。

总体来说，IPO阶段的财经公关服务的知识含量不高，因此，行业进入门槛低、竞争较为激烈，但IPO火热时均能活得较好。由于IPO有时会暂停，主要依赖于IPO的财经公关公司多数无事可做，于是纷纷将眼光转向了已上市的公司。如果仍以提供财经公关服务为由游说上市公司则难度较大，为此，不少财经公关公司也打起了给上市公司提供市值管理咨询服务的旗号走访上市公司，但其提供的服务内容仍然是传统的财经公关服务，如向上市公司提供媒体关系管理服务和投资者关系管理服务。

经历过IPO的上市公司学习能力很强，在IPO过程中学习了如何与媒体和投资者打交道，因此，财经公关公司的市值业务在上市公司中推广难度较大。

●管理咨询公司市值管理模式：产业整合

管理咨询公司是最早给企业提供智力咨询服务的一类中介服务机构，主要集中于战略管理咨询、营销战略咨询、人力资源战略咨询、管控架构咨询、信息化咨询、资本运作咨询等。由于中国优秀的企业基本都上市了，为了切入到为上市公司提供管理咨询服务，近年来不少管理咨询公司也打出了为上市公司提供市值管理咨询服务的旗号。

管理咨询公司给上市公司提供的市值管理咨询服务的基本内容是，在传统的给上市公司拟订产业发展战略的同时，也给上市公司拟订借助资本市场的并购重组和产业整合战略，以期帮助上市公司通过外延式增长做大业绩，从而提升上市公司市值。

●其他公司市值管理模式：系统视角

上市公司市值管理是指上市公司基于公司市值信号，采取多种科学、有效和合规的价值经营手段，达到公司价值创造的最大化、价值实现和价值经营的最优化的战略管理行为。其中，价值创造是基础，价值实现是手段，价值经营是杠杆。上市公司的一切经营活动均应导向公司市值的增长，目的是促进上市公司市值的可持续增长为目标和目的。

根据以上6种市值管理模式的合规性和科学性，大致可以将之归纳为3大类：一是邪道，即将市值管理搞成内幕交易、操纵股价等违法违规行为，如大宗交易商和私募基金的市值管理模式；二是偏道，虽然不违规，便只是将市值管理的某一种手段视作是市值管理的全部，以偏概全，如有的券商、财经公关公司和管理咨询公司的市值管理模式；三是正道，将市值管理理解为上市公司的战略管理工程和系统工程，将价值创造视作市值的基础，将公司价值营销视作将公司投资价值表现为良好市值的手段，将价值经营视作利用良好市值开展再融资、并购和股本扩张的机会，同时在市值低迷时通过增持、回购等手段维护公司市值。

总之，全面了解和分析当前我国资本市场存在的6种市值管理模式，有助于上市公司辨别科学与不科学的市值管理以及合规和违规的市值管理，有助于上市公司从战略高度开展科学、有效和合规的系统性市值管理，从而实现我国上市公司市值的可持续增长。

六、新三板市值裂变的十大方式

不做市值，不如不上市，挂牌新三板就是为了实现市值裂变。这里介绍新三板市值裂变的十大方式：做市商做市、协议转让、竞价交易、定向增发、并购重组、私募股权基金投资、资产证券化、市值管理中的战略定位、市值管理中的商业模式创新、市值管理下的股权激励模式。新三板上市一个更现实的意义就在于它是通向主板、创业板的绿色通道。通过这些资本运作方式，可以增加市值，为实现“转板”创造条件。

1. 新三板市场如何做市商做市

做市商和"坐市商"是同义词，是指在证券市场上，由具备一定实力和信誉的独立证券经营法人作为特许交易商，不断向公众投资者报出某些特定证券的买卖价格（即双向报价），并在该价位上接受公众投资者的买卖要求，以其自有资金和证券与投资者进行证券交易。买卖双方不需等待交易对手出现，只要有做市商出面承担交易对手方即可达成交易。做市商通过这种不断买卖来维持市场的流动性，满足公众投资者的投资需求。做市商通过买卖报价的适当差额来补偿所提供服务的成本费用，并实现一定的利润。

做市商从理论成为现实的最大意义并不是简单为新三板市场创造了流动性，而是引入了公正而有效的市场化定价机制。通过多个做市商之间、做市商与投资者以及投资者之间多方面的博弈产生最优价格，使市场资源配置功能得到有效发挥。从这个角度而言，即使运行初期的做市商并未如期产生大量活跃的交易，但也给新三板市场成为真正有效率的资本市场提供了积极支持。

●新三板的做市商制度

做市商制度是一种以做市商为中介的证券交易制度。做市商向市场提供双向报价，投资者根据报价选择是否与做市商成交。传统做市商制度下，投资者委托不直接配对成交。全国股份转让系统公司的做市商制度涉及以下6个方面的内容。

第一，股票挂牌时拟采取做市转让方式应当具备以下条件：

1. 两家以上做市商同意为申请挂牌公司股票提供做市报价服务，且其中一家做市商为推荐该股票挂牌的主办券商或该主办券商的母（子）公司；

2. 做市商合计取得不低于申请挂牌公司总股本5%或100万股（以孰低为准），且每家做市商不低于10万股的做市库存股票；

3. 全国股份转让系统公司规定的其他条件。

上述3条只对初始库存股数量的下限做出规定，而并未规定做市商在做事过程中库存股票的上限。其原因一方面是因为做市商若大量持有做市股票触发全面邀约收购的标准，则有相应的并购办法进行管理。另一方面，建议当做市商库存股大幅变动时可采用延期公告的方式，以避免市场投资者对做市商仓位的判断而进行逼仓等投机行为，具体延期公告的办法可另行制定。

第二，协议转让方式的股票，申请变更为做市转让，应当符合的条件：

1. 两家以上做市商同意为该股提供做市报价服务，并且每家做市商已取得不低于10万股的做市库存股票；

2. 全国股份转让系统公司规定的其他条件。

第三，转让方式的股票，申请变更为协议转让，应当符合的条件：

1. 该股票所有做市商均已满足《转让细则》关于最低做市期限的要求，且均同意退出股市；

2. 全国股份转让系统公司规定的其他条件。

第四，做市商成交方式。做市转让采用集中路由、集中成交的模式。全国股份转让系统对到价的限价申报即时与做市申报进行成交；如有2笔以上做市申报到价的，按照价格优先、时间优先原则成交。成交价以做市申报价格为准。

T+0仅限于做市商的做市交易。做市商制度下，做市商持续发布双向报价，并在其报价数量和价格范围内履行与投资者的成交义务，投资者之间不能直接成交。市场的交易主要是通过做市商达成的，如果做市商当日买入的股票不能卖出，将增加做市商的库存压力，限制其做市规模，最终限制投资者股票的流动性。因此，全国股份转让系统规定，做市商当日买入的做市股票，买入当日可以卖出。此外，每个转让日 15 时做市转让时间结束后，还有 30 分钟的做市商间转让时间。该段时间主要目的是供做市商调剂库存，该时间段内做市商买入的股票，买入当日不得卖出。

第五，做市商最低做市期限。挂牌时采取做市转让方式的股票和由协议转让方式变更为做市转让方式的股票，其初始做市商为股票做市不满 6 个月的，不得退出为该股票做市。后续加入的做市商为股票做市不满 3 个月的，不得退出为该股票做市。

第六，做市商豁免双向报价的情形为了使做市商能够获得一定的时间来调整库存股票，继续履行双向报价的义务，给予做市商在一定情形下的双向报价豁免权力。当做市商库存股不足 1000 股时，可豁免卖出报价；做市商库存股达到做市商股票总股本 20% 时，可豁免买入报价。豁免时间为两个转让日。

●新三板做市商如何做市

自 2014 年 8 月 25 日新三板做市交易上线以来，做市商给新三板市场带来前所未有的流动性，做市商投资策略也越来越成为市场关注的热点。

第一，券商新三板业务的盈利点。

新三板主办券商作为新三板的主要参与方，券商新三板业务的盈利主要来自于以下三个方面：

1. 投行业务收入。当前市场竞争激烈，券商收取的挂牌费用刚刚可以覆盖成本，或仅有有限盈利，想要依靠挂牌服务费赚钱几乎是不可能的。前期盈利较难，券商更看重的是挂牌后的定向融资和转板 IPO。

2. 直投业务收入。2014 年 12 月 24 日全国中小企业股份转让系统发布的《新三板挂牌公司股票发行研究报告》显示，2014 年 1 至 11 月，新三板共有 27 家挂牌公司向做市商进行了股票发行。值得一提的是，主办券商除取得做市库存股外，通过旗下直投子公司、资管计划等参与认购挂牌公司股票，也是挂牌公司股票发行的一大亮点。

例如，申银万国、国泰君安等主办券商的直投子公司积极参与所推荐挂牌公司的发行认购。国元直投和海通开元两家券商直投子公司认购了挂牌公司佳先股份的股票；中信建投和齐鲁证券入股挂牌公司新眼光；太平洋证券旗下的资产管理计划（丰盈11号定向资产管理计划）入股挂牌公司金达莱。主办券商投资于挂牌公司，将丰富券商的业务条线，形成新的盈利空间；同时也有利于推荐业务与直投、资管等业务的相互联动，为挂牌公司提供综合性的金融服务。

3. 做市收入。做市商制度推出后，券商可以依靠股份转让经纪业务、双向报价赚取差价及给企业做增发等获得不菲的收入，做市收入将成为券商参与新三板的主要收入来源。

能否选取合适的做市企业并对其股票做合理估值决定了券商在做市收入方面的高低。专业能力突出的券商对挂牌企业股值估价准确，可以实现做市商业务巨大利润；专业估值和操作能力较差的券商，则面临巨大损失。

在选股方面，做市商多以规模、业绩指标为向导，规模大、业绩漂亮的企业成为做市商首选。具体到量化指标，则包括企业基本面、营业收入、净利润、市盈率、资产收益率等指标。此外，企业经营范围、所处行业现状及前景、企业核心竞争优势、团队情况、企业成长性及估值情况等均在考量范围内。

在估值方面，市盈率是一个非常重要的指标。市盈率是很具参考价值的股市指针，投资者通常利用该比例值估量某股票的投资价值，或者用该指标在不同公司的股票之间进行比较，在投资决策中占有重要的地位。简单来讲，做市商会通过自己的专业能力，根据企业的业绩以及二级市场的平均市盈率给挂牌企业一个合理的估值。

第二，影响做市商买卖报价差额的决定因素。

新三板做市商对做市股票进行双向报价，不但可以获得交易佣金，还可以靠买卖价差获取收益。而影响做市商买卖报价差额的决定性因素主要有以下几个方面：

1. 证券品种的交易量。就交易量而言，交易量越大，做市商赚取的差额趋向于越小。证券流动性的大小取决于交易量的大小，从某种程度上来说，交易量大的证券的流动性也大，缩短了做市商持有的时间，进而可以减小其库存股票的风险；同时，也有可能使做市商在交易时实现一定的规模经济，由此减少成本，因此报价差额也就相应缩小很多。

2. 证券价格的波动性。证券价格波动性越大，其报价差额也会越大。因为在给定的证券持有期间内，波动率变动较大的证券对于做市商所产生的风险大于变动小的证券，作为对这种风险的补偿，其价格差额自然也就越大。

3. 证券品种的价格。从价差的绝对额看，做市价格高的证券，其价差会大于价格低的证券；而从比例价差看，证券价格越低，其比例价差就会越大。

4. 证券市场竞争压力。市场上做市商的数量越多，竞争压力越大，各种约束力量就越是有力地限制着单个做市商报价差额的偏离程度，因而差额越小。做市过程中，做市商为了获得更多的做市价差收入，相互之间进行竞争，促使做市商千方百计地降低成本和利润，最终使得报价价差逐渐缩小。而且，证券拥有做市商的数量越多，证券交易越活跃，流动性越大，其中做市商的风险也就越小，作为风险补偿的差额也就越小。

2. 新三板协议转让操作实务

协议转让，即买卖双方在场外自由对接达成协议后，再通过报价系统成交。目前新三板市场以协议转让与做市转让两种交易方式为主，而大多数挂牌企业均希望能找到一家或几家券商为自己做市，因为这样相当于为非专业买家提供了券商的专业价值评估体系的背书，具有提振投资者信心和风险规避的作用，并由此适当的提升公司自身的价值。所以一般来说，为了股价，能选择做市转让的企业都会采用做市转让的模式。

协议转让由于是买卖双方线下议定价格，通常买卖方直接洽谈，然后通过股转系统（新三板）交易。买方要有比较专业的知识，熟练掌握操作实务，才能尽可能避免投资失误。

●协议转让如何委托

目前新三板仅支持定价委托、成交确认委托，意向委托将在后续相关技术开发完成后实施。

1. 定价委托。投资者委托主办券商按其指定的价格买卖不超过其指定数量的股票的命令。

2. 成交确认委托。投资者买卖双方达成成交协议，或投资者拟与定价委托成交，委托主办券商以制定价格和数量与指定对手方确认成交的指令。

3. 意向委托。投资者委托主办券商按其指定价格和数量买卖股票的意向指令，意向指令不具有成交功能。

●协议转让如何成交

协议转让成交的操作方式一般需要以下三步：

1. 点击成交方式。投资者根据行情系统上的已有定价申报信息，提交成交确认申报，与指定的定价申报成交。

2. 互报成交确认申报。投资者通过其主办券商、全国股份转让系统指定信息披露平台等途径，寻找欲转让的交易对手方，双方协商好交易要素和约定号，然后通过全国股份转让系统提交约定号一致的成交确认申报，全国股份转让系统对符合规定的申报予以确认成交。

3. 定价申报。投资者愿意以一定价格转让一定数量股份，除盘中会与成交确认申报成交外，在每个转让日 15：00 收盘时，会对价格相同、买卖方向相反的定价申报进行自动匹配成交。

●协议转让如何定价

关于协议转让的定价，必须把握以下四个要点：

1. 监管层充分尊重当事人的价格决定权和协商权，协议转让市场自由度比较高。

2. 如果成交价格较前收盘价变动幅度超过 50%，股转公司会在异常交易信息中予以公告，但未要求相应挂牌企业披露异常波动公告。

3. 价格的变动体现了投资者对公司价值的认定过程，在没有做市商参与的情况下，认定价格出现差异是可以理解的。

4. 协议转让存在漏洞（内有涨跌幅限制、不需要披露股价异常波动的原因)，使得转让价格亦真亦假。股价过高，是公司进行市值管理的手段，有了比较高的估值，对公司的声誉甚至日后融资都有益处。股价过低，可能是公司股票交投不活跃，用低成本的交易来活跃交易，提升公司的价值；也有可能是为了逃避债务，虚假报价不排除避税的可能。

●协议转让如何确定开盘价和收盘价

开盘价，即该股票当日的第一笔成交价格；收盘价，即当日最后 30

分钟转让时间的成交量为加权平均价格。

确定开盘价和收盘价的方式是：最后 30 分钟无成交的，以当日成交量为权重计算的加权平均价格为收盘价；当日无成交的，以前收盘价为当日收盘价。

需要强调指出的是，协议转让方式有它的好处。可以更加快速地、更加多地吸收投资。如今公司业务快速发展需要融资，定增就必须面临 200 个股东的约束条件，因此必须控制股东数量，否则就得向证监会报批，这样一来融资周期就拉长了。因此建议，对于已经具有一定规模的新三板挂牌公司，特别是股东人数离 200 人还有一定距离，并不用担心这方面情况的企业可以采取做市转让的方案；而对于仍处于成长期的企业，或者股东人数即将达到 200 人线的企业，如果没有特殊的估值需要和套现动机，建议还是先采取协议转让，避免给自身后续的定增与再融资增加无谓的难题。

3. 新三板分层制度为竞价交易奠基

所谓竞价交易，完整的说法是在场内以连续方式自由竞价的交易模式，现在A股市场在正常交易时段实行的就是这种交易模式。考虑到新三板实行T+0交易模式，也不设涨跌停板制度，如果在这基础上进一步实行竞价交易，那么其流动性一定会得到极大改善，这无论是对新三板市场的发展，还是对提高挂牌公司的估值，鼓励新的投资者参与，都是会有很大推动的。随着新三板分层制度的实施，市场流动性将显著地向最高层创新层集中。因此，创新层将会逐步达到竞价交易的市场基础，创新层在合适的时机引入竞价交易制度将水到渠成。

●资本市场三大交易方式比较

目前资本市场有三大交易方式：集中竞价交易、协议转让和做市制度。协议转让是由买卖双方在场外自由对接达成协议后，再通过报价系统成交。而做市商制度是由券商不断地向投资者提供买卖价格，并按其提供的价格接受投资者的买卖要求，以其自有资金和证券与投资者进行交易，从而为市场提供即时性和流动性，并通过买卖价差实现一定利润。集合竞价交易，是指两个以上的买方和两个以上的卖方通过公开竞价形式来确定证券买卖价格的情形。在这种形式下，既有买者之间的竞争，也有卖者之间的竞争，买卖各方都有比较多的人员。集中竞价时，当买者一方中的人员提出的最高价和卖者一方的人员提出的最低价相一致时，证券的交易价格就已确定，其买卖就可成交。

其中，集合竞价交易是证券交易所内进行证券买卖的一种交易方式，目前我国上交所、深交所均采用这一交易方式。上交所、深交所定在上午9时15分到9时25分，大量买或卖某种股票的信息都输入到电脑内，但此时电脑只接受信息，不撮合信息。在正式开市前5分钟（9时25分）电脑开始工作，十几秒后，电脑撮合定价，按成交量最大的首先确定的价格产生了这种股票当日的开盘价，并及时反映到屏幕上，这种方式就叫集合竞价。

《全国中小企业股份转让系统股票转让细则（试行）》曾明确提出，在交易机制方面，新三板将并行实施做市、协议和竞价3种转让方式，符合条件的挂牌企业可依需在3种方式中任选一种，3种方式不兼容，但若企业需求变化，可以依规进行变更。

●创新层为竞价交易奠基

从新三板分层制度中可以看到，创新层无论从功能设计，还是监管和信息披露要求，都在为推出竞价交易奠定基石。

证监会的《证监会关于进一步推进全国中小企业股份转让系统发展的若干意见》（以下简称《意见》）中指出，"探索放开挂牌同时向合格投资者发行股票新增股东人数35人的限制"。新三板分层制度的分层标准一中，有一条"最近3个月日均股东人数不少于200人"。两条信息表明，要鼓励股权分散。

分层制度给创新层的信息披露和监管提出了更高的要求，以便在未来推行竞价交易、投资者适当性管理等制度，以及丰富优先股、可转债等市场产品时，可有针对性地进行分类监管。《意见》中除了表示要实施新三板分层和差异化管理，还有单独一条指出要加强市场监管，"加强监管，强化行政执法，坚决查处欺诈、虚假披露、内幕交易、操纵市场等违法违规行为"。

分层制度中对创新层的信息披露有了更高要求，"一是从信息披露的时效性和强度上适度提高要求，要求该层公司披露业绩快报或业绩预告，并提高定期报告、临时报告披露及时性的要求，鼓励披露季度报告，加强对公司承诺事项的管理；二是要求进一步完善治理结构和建立相关制度，要求设置专职董秘，强化对公司董监高敏感期股票买卖、短线交易的管理；三是实施严格的违规记分制度和公开披露制度，并与责任人员强制培训制度相衔接”。此外，在2015年11月24日，分层方案推出的同时，股转系统还宣布新三板将实行“信息披露负责人考试”，董秘须持证上岗。

整体来看，新三板分层制度的推出将极大刺激创新层的流动性，这将吸引更多机构和投资者进入，壮大新三板的投研力量。

4. 新三板定向增发操作实务

新三板定向增发，又称新三板定向发行，是指申请挂牌公司、挂牌公司向特定对象发行股票的行为，其作为新三板股权融资的主要功能，对解决新三板挂牌企业发展过程中的资金瓶颈发挥了极为重要的作用。在市值管理日显重要的今天，定向增发是增加公司市值的有效途径之一，新三板市值管理的许多手法都需要跟定向增发联合使用。

●必知的定向发行制度

第一，挂牌的同时可以进行定向发行。

《全国中小企业股份转让系统业务规则（试行）》中的 4.3.5 规定："申请挂牌公司申请股票在全国股份转让系统挂牌的同时定向发行的，应在公开转让说明书中披露。"该条明确了企业在新三板挂牌的同时可以进行定向融资。允许挂牌企业在挂牌时进行定向股权融资，凸显了新三板的融资功能，缩小了与主板、创业板融资功能的差距；同时，由于增加了挂牌时的股份供给，可以解决未来做市商库存股份来源问题。另外，挂牌的同时可以进行定向发行，并不是一个强制要求，拟挂牌企业可以根据自身对资金的需求来决定是否进行股权融资，避免了股份大比例稀释的情况出现。

与企业仅挂牌不同时定向发行相比，同时增发的企业需在公开转让说明书中披露以下内容：第一，在公开转让说明书第一节基本情况中披露："拟发行股数、发行对象或范围、发行价格或区间、预计募集资金金额，同时，按照全国股份转让系统公司有定向发行信息披露要求，在公开转让说明书'公司财务'后增加'定向发行'章节，披露相关信息。"第二，在公开转让说明书中增加一节"定向发行"，主办券商应如实披露本次发行股票的数量、价格、对象以及发行前后企业相关情况的对比。

第二，储价发行。

储价发行是指一次核准多次发行的再融资制度。该制度主要适用于，定向增资需要经中国证监会核准的情形，可以减少行政审批次数，提高融资效率，赋予挂牌公司更大的自主发行融资权利。《监管办法》第四十一条规定："公司申请定向发行股票，可申请一次核准，分期发行。自中国证监会予以核准之日起，公司应当在3个月内首期发行，剩余数量应当在12个月内发行完毕。超过核准文件限定的有效期未发行的，需重新经中国证监会核准后方可发行，首期发行数量应当不少于总发行数量的50%，剩余各期发行的数量由公司自行确定，每期发行后5个工作日内将发行情况报中国证监会备案。"

储价发行制度可在一次核准的情况下为挂牌公司一年内的融资留出空间。比如，挂牌公司在与投资者商定好500万元的增资额度时，可申请1000万元的发行额度，先完成500万元的发行，后续500万元的额度可与投资者根据实际经营情况再行商议发行或者不发行，并可重新商议增发价格。该制度除了能为挂牌公司节约大量的时间和成本外，还可以避免挂牌公司一次融资额度过大，造成股权过度稀释或资金使用效率低下。

第三，小额融资豁免。

《监管办法》第四十二条规定："公众公司向特定对象发行股票后股东累计不超过200人的，或者公众公司在12个月内发行股票累计融资额低于公司净资产的20%的，豁免向中国证监会申请核准，但发行对象应当符合本办法第36条的规定，并在每次发行后5个工作日内将发行情况报中国证监会备案。"由此可见，挂牌公司必须在上述两个条件均突破时，才需要向证监会申请核准。

在豁免申请核准的情形下，挂牌公司先发行再进行备案。一般流程为：参与认购的投资者缴款、验资后两个工作日内，挂牌公司向系统公司报送申请备案材料；系统公司进行形式审查，并出具《股份登记函》；挂牌公司《股份登记函》（涉及非现金资产认购发行股票的情形，挂牌公司还应当提供资产转移手续完成的相关证明文件）在中国证券登记结算有限责任公司（弘仁投资）办理股份登记后，次一个转让日，发布公告；挂牌公司将股份登记证明文件及此前提交的其他备案材料一并交由中国证监会整理归档；新增股份进入股份转让系统进行公开转让。

目前，绝大多数新三板挂牌公司的股东人数离 200 人还有较大差距，这些公司在突破 200 人之前的所有定向增发都不需要向中国证监会申请核准，只需在定向发行完后，及时备案即可。即使因为定向增发导致股东人数超过 200 人，也仅在同时触发“12 个月内发行股票累计融资额超过挂牌公司净资产的 20%”的条件时，才需要向证监会申请核准。这种便捷的发行通道让挂牌公司基本可以实现定向融资的“随时用随时发”。

第四，定向增资无限售期要求。

最新的业务规则中不再对新三板增资后的新增股份限售期进行规定，除非定向增发对象自愿做出关于股份限售方面的特别约定，否则，定向增发的股票无限售要求，股东可随时转让。无限售期要求的股东不包括公司的董事、监事、高级管理人员所持新增股份，其所持新增股份应按照《公司法》第一百四十二条的规定进行限售：公司董事、监事、高级管理人员应当向公司申报所持有的本公司的股份及其变动情况，在任职期间每年转让的股份不得超过其所持有本公司股份总数的百分之二十五；所持本公司股份子公司股票上市交易之日起一年内不得转让。上述人员离职后半年内，不得转让其所持有的本公司股份。

第五，定向增发对象。

一是定向增发人数不得超过 35 人的规定。《监管办法》第三十六条规定：本办法所称定向发行包括向特定对象发行股票导致股东累计超过 200 人，以及股东人数超过 200 人的公众公司向特定对象发行股票的两种情形。

前款所称特定对象的范围包括下列机构或者自然人：公司股东；公司的董事、监事、高级管理人员、核心员工；符合投资者适当性管理规定的自然人投资者、法人投资者及其他经济组织。

公司确定发行对象时，符合本条第 2 款第 2 项、第 3 项规定的投资者合计不得超过 35 人。

核心员工的认定，应当由公司董事会提名，并向全体员工公示和征求意见，由监事会发表意见后经股东大会审议批准。

这一规定调整了发行对象范围和人数限制。首先，公司在册股东参与定向发行的认购时，不占用 35 名认购投资者数量的名额，相当于扩大了认购对象的数量；其次，将董事、监事、高级管理人员、核心员工单独列示为一类特定对象，暗含着鼓励挂牌公司的董、监、高级核心人员持股，将董、监、高级核心人员的利益和股东利益绑定，降低道德风险；再次，将核心员工纳入定向增资的人员范围，明确了核心员工的认定方法，使得原本可能不符合投资者适当性管理规定的核心员工也有了渠道和方法成为公司的股东，且增资价格协商确定，有利于企业灵活进行股权激励，形成完善的公司治理机制和稳定的核心业务团队。在此必须提请注意的是，在新三板的定向增资中，要求给予在册股东 30% 以上的优先认购权。在册股东可放弃该优先认购权。

二是合格投资者认定。它包括：其一，机构投资者。注册资本 500 万元人民币以上的法人机构；实缴出资总额 500 万元以上的合伙企业。其二，金融产品。证券投资基金、集合信托计划、证券公司资产管理计划、保险资金、银行理财产品，以及由金融机构或监管部门认可的其他机构管理的金融产品或资产。其三，自然人投资者。投资者本人名下前一交易日日终证券资产市值 300 万元人民币以上，证券资产包括客户交易结算资金、股票、基金、债券、券商集合理财产品等；且具有两年以上证券投资经验，或具有会计、金融、投资、财经等相关专业背景或培训经历。

第六，出资真实性问题。

发行对象用非现金资产认购发行股票的，还应当说明交易对手是否为关联方、标的资产审计情况或资产评估情况、董事会关于资产定价合理性的讨论与分析等。非现金资产应当经过具有证券、期货相关业务资格的会计师事务所、资产评估机构审计或评估。非现金资产若为股权资产，应当提供会计师事务所出具的标的资产最近一年一期的审计报告，审计截止日距审议该交易事项的股东大会召开日不得超过六个月；非现金资产若为股权以外的其他非现金资产，应当提供资产评估事务所出具的评估报告，评估基准日距审议该交易事项的股东大会召开日不得超过一年。

资产交易价格以经审计的账面价值为依据的，挂牌公司董事会应当结合相关资产的盈利能力说明定价的公允性。

资产交易根据资产评估结果定价的，在评估机构出具资产评估报告后，挂牌公司董事会应当对评估机构的独立性、评估假设前提和评估结论的合理性、评估方法的适用性、主要参数的合理性、未来收益预测的谨慎性等问题发表意见。

●定向增发的投资者与定价

第一，专业投资机构热情参与新三板定向发行。

从目前来看，大多数新三板挂牌公司的发行对象集中在公司高管及核心技术人员。但是，专业股权投资机构正在成为新三板定向发行的主要力量，近 3 年有超过一半的定向发行募集资金来源于创投机构。全国股转机构董事长杨晓嘉曾表示，今年新三板将大力发展多样化的机构投资者，其中之一便是加强与 PE/VC 的对接。

PE 参与新三板的方案主要有：一是以定向增资的方式进入。新三板不断成长的优秀企业，其不断上升的 IPO 预期，是推动投资者入驻的主要原因。二是以直接投资押宝转板。在目前的业内看来，新三板并不是一个成熟的推出渠道，PE 通常不会选择把企业送上新三板而直接退出，由于目前新三板换手率不高，不能通过转让溢价获得投资收益，推出的最佳时点是在企业转板 IPO 后。三是为挂牌企业提供产业链服务。相比中小板、创业板企业，新三板企业不仅仅缺钱，更缺企业资源，为投资的企业提供相应的产业辅导助推其成长也是 PE 的功能之一。

第二，定价依据。

在2012年至2015年的63起实施或公布预案的定向发行挂牌公司中，有59起在发行方案中披露了定价依据，几乎所有的公司都众口一词披露：定价为参考公司所处行业、成长性、每股净资产、市盈率等因素，并与投资者沟通后确定。只有宣爱智能和尚水股份等少数几家公司明确以每股净资产作为定向发行价格，这几家公司的共同点是都仅对原股东与核心员工进行定向发行，没有外部投资者参与。

●定向增发详细流程

第一，董事会对定增进行决议，发行方案公告。包括九项主要内容：

1. 发行目的；
2. 发行对象范围及现有股东的优先认购安排；
3. 发行价格及定价方法；
4. 发行股份数量；
5. 公司除息除权、分红派息及转增股本情况；
6. 本次股票发行限售安排及自愿锁定承诺；
7. 募集资金用途；
8. 本次股票发行前滚存未分配利润的处置方案；
9. 本次股票发行前拟提交股东大会批准和授权的相关事项。

第二，召开股东大会，公告会议决议。内容与董事会会议基本一致。

第三，发行期开始，公告股票发行认购程序。包括三项主要内容：

1. 普通投资者认购及配售原则；
2. 外部投资者认购程序；
3. 认购的时间和资金到账要求。

第四，股票发行完成后，公告股票发行情况报告。包括四项主要内容：

1. 本次发行股票的数量；
2. 发行价格及定价依据；
3. 现有股东优先认购安排；

4. 发行对象情况。

第五，定增并挂牌并发布公开转让的公告。公告主要内容：本公司此次发行股票完成股份登记工作，在全国中小企业股份转让系统挂牌并公开转让。

5. 新三板并购重组操作实务

在本书第二章第三节中我们曾经分析了新三板并购重组火爆的原因，并介绍了新三板并购重组五大类型。本节操作实务内容主要包括：新三板的收购制度；权益披露规则要点；控制权变动规则要点；要约收购规则要点；其他规定。另外，本节最后还介绍了新三板并购重组过程中的税务筹划要点。

●收购制度概述

第一，收购人资格要求。

良好诚信记录、法人应当具有健全的公司治理机制、不得利用收购损害被收购公司及其股东的合法权益。有下列情形之一的，不得收购公众公司：

1. 收购人负有数额较大债务，到期未清偿，且处于持续状态；
2. 收购人最近 2 年有重大违法行为或者涉嫌有重大违法行为；
3. 收购人最近 2 年有严重的证券市场失信行为；
4. 收购人为自然人的，存在《公司法》第一百四十六条规定的情形；
5. 法律、行政法规规定以及中国证监会认定的不得收购公众公司的其他情形。

第二，关于财务顾问。

1. 在收购方，原则上必须聘请财务顾问，且在收购完成后 12 个月内持续督导；财务顾问认为收购人利用收购损害被收购公司及其股东合法权益的，应当拒绝为收购人提供财务顾问服务。例外情况是，国有股行政划转或者变更、因继承取得股份、股份在同一实际控制人控制的不同主体之间进行转让、取得公众公司向其发行的新股、司法判决导致收购人成为或拟成为公众公司第一大股东或者实际控制人。

2. 在被收购方，可以聘请（要约收购中）财务顾问，可以是主办券商，但影响独立性、顾问资格受限的除外；可以同时聘请其他机构。

第三，关于被收购公司控股股东及董监高管。

1. 控股股东和实际控制人。不得损害公司及其他股东利益；如果存在及时消除，不能消除做出弥补安排，对部分应提供履约担保或安排，并提交股东大会审议通过（回避表决）。

2. 董事、监事、高级管理人员。忠实义务和勤勉义务；针对收购所决策应当有利于维护公司及其股东的利益，不得滥用职权对收购设置不适当的障碍，不得利用公司资源向收购人提供任何形式的财务资助。

第四，关于信息披露义务人。

1. 主要义务。披露义务和保密义务。

2. 泄密处理。信息披露义务人依法披露前，相关信息已在媒体上传播或者公司股票转让出现异常的，公众公司应当立即向当事人进行查询，当事人应当及时予以书面答复，公众公司应当及时披露。

●权益披露规则要点

第一，首次触发条件。

1. 触发条件（其一即可）。一是通过全国股份转让系统的做市方式、竞价方式进行证券转让，投资者及其一致行动人拥有权益的股份达到公众公司已发行股份的10%；二是通过协议方式，投资者及其一致行动人在公众公司中拥有权益的股份拟达到或者超过公众公司已发行股份的10%。

2. 披露要求。投资者及其一致行动人应当在该事实发生之日起2日内编制并披露权益变动报告书，报送全国股份转让系统，同时通知该公众公司；自该事实发生之日起至披露后2日内，不得再行买卖该公众公司的股票。

第二，持续触发条件。

1. 持续触发的前提。投资者及其一致行动人拥有权益的股份达到公众公司已发行股份10%后。

2. 持续触发条件。其拥有权益的股份占该公众公司已发行股份的比例每增加或者减少5%（即其拥有权益的股份每达到5%的整数倍时）。

3. 披露要求。应当依照首次触发权益披露的规定进行披露；自该事实发生之日起至披露后2日内，不得再行买卖该公众公司的股票。

第三，特别说明。

1. 持股比例计算。间接持股合并计算，一致行动人持股合并计算。

2. 几种特殊情况。一是通过行政划转或者变更、执行法院裁定、继承、赠与等方式导致触发权益变动的，需要履行披露义务。二是投资者虽不是公众公司的股东，但通过投资关系、协议、其他安排等方式进行收购触发权益变动的，需要履行披露义务。三是发行新股或减资达到应披露比例的，无需履行权益变动披露义务。

●控制权变动规则要点

第一，适用条件。

1. 通过证券转让成为公众公司第一大股东或实际控制人。

2. 通过投资关系、协议转让、行政划转或者变更、执行法院裁定、继承、赠与、其他安排等方式，成为或拟成为公众公司第一大股东或者实际控制人且拥有权益的股份超过公众公司已发行股份10%的。

第二，披露要求。

1. 基本披露要求。自前述事实发生之日起2日内编制收购报告书，连同财务顾问专业意见和律师出具的法律意见书一并披露，报送全国股份转让系统，同时通知该公众公司。

2. 特殊情况下的披露要求。收购公众公司股份需要取得国家相关部门批准的，收购人应当在收购报告书中进行明确说明，并持续披露批准程序进展情况。

第三，协议收购的过渡期问题。

1. 明确过渡期。公众公司收购过渡期，自签订收购协议起至相关股份完成过户的期间。

2. 对被收购公司过渡期的要求。一是收购人不得通过控股股东提议改选公众公司董事会，确有充分理由改选董事会的，来自收购人的董事不得超过董事会成员总数的 1/3；二是不得为收购人及其关联方提供担保，不得发行股份募集资金；三是除正常经营活动或者执行股东大会已决事项外，拟处置公司资产、调整公司主要业务、担保、贷款及可能对资产、负债、权益或者经营成果造成重大影响的事项，应当提交股东大会审议通过。

第四，股份限售要求。

1. 原则要求。收购完成后收购人成为公司第一大股东或者实际控制人的，收购人持有的被收购公司股份，在收购完成后 12 个月内不得转让。

2. 例外情况。收购人在被收购公司中拥有权益的股份在同一实际控制人控制的不同主体之间进行转让不受前述 12 个月的限制。

第五，对被收购公司控股股东、实际控制人的特殊要求。

1. 尽职调查要求。向收购人协议转让其所持有的公众公司股份的，应当对收购人的主体资格、诚信情况及收购意图进行调查，并在其权益变动报告书中披露有关调查情况。

2. 消除损害要求。未清偿其对公司的负债，未解除公司为其负债提供的担保，或者存在损害公司利益的其他情形的，被收购公司董事会应当对前述情形及时披露，并采取有效措施维护公司利益。

●要约收购规则要点

第一，类型及基本要求。

1. 类型。要约收购有两种类型：全面要约和部分要约。二者的差异在于要约收购的股份数量不同。

2. 基本要求。一是预收比例不得低于该公众公司已发行股份的 5%。二是根据公司章程规定需要发出全面要约收购的，同一种类股票要约价格不得低于要约收购报告书披露日前6个月内取得该种股票所支付的最高价格。三是，收购人披露后至收购期限届满前，不得卖出被收购公司的股票，也不得采取要约规定以外的形式和超出要约的条件买入被收购公司的股票。四是公众公司应当在公司章程中约定在公司收购时收购人是否需要向公司全体股东发出全面要约收购，并明确全面要约收购的触发条件以及相应制度安排。

第二，信息披露要求。

1. 要约收购报告书、财务顾问专业意见和律师出具的法律意见书，报送全国股份转让系统，同时通知被收购公司。

2. 要约收购需要取得国家相关部门批准的，收购人应当在要约收购报告书中进行明确说明，并持续披露批准程序进展情况。

3. 没有事先核准或事后备案的要求。

第三，支付手段。

1. 现金、证券、现金与证券结合等合法方式支付。

2. 证券支付的特殊要求。其一，披露该证券的发行人最近2年经审计的财务会计报表、证券估值报告，并配合被收购公司或者其聘请的独立财务顾问的尽职调查工作；其二，收购人以未在中国证券登记结算有限责任公司登记的证券支付收购价款的，必须同时提供现金方式供被收购公司的股东选择，并详细披露相关证券的保管、送达被收购公司股东的方式和程序安排。

第四，履约保障（至少要有一项）。

1. 将不少于收购价款总额的20%作为履约保证金存入中国证券登记结算有限责任公司指定的银行等金融机构；

2. 收购人以在中国证券登记结算有限责任公司登记的证券支付收购价款的，在披露要约收购报告书的同时，将用于支付的全部证券向中国证券登记结算有限责任公司申请办理权属变更或锁定；

3. 银行等金融机构对于要约收购所需价款出具的保函；

4. 财务顾问出具承担连带担保责任的书面承诺。如要约期满，收购人不支付收购价款，财务顾问应当承担连带责任，并进行支付。

第五，对被收购公司的要求。

1. 董事会。对收购人的主体资格、资信情况及收购意图进行调查，对要约条件进行分析，对股东是否接受要约提出建议，并可以根据自身情况选择是否聘请独立财务顾问提供专业意见。

2. 董事。要约收购期间，被收购公司董事不得辞职。

第六，收购期限。

1. 不得少于 30 日，并不得超过 60 日，但是出现竞争要约的除外；

2. 自要约收购报告书披露之日起开始计算；需要取得国家相关部门批准的，收购人应将取得的本次收购的批准情况连同律师出具的专项核查意见一并在取得全部批准后 2 日内披露，收购期限自披露之日起开始计算；

3. 承诺期限内要约不可撤销；

4. 要约收购期限内，收购人应当每日披露已预受收购要约的股份数量；

5. 要约收购期限届满后 2 日内，收购人应当披露本次要约收购的结果。

第七，要约变更规定。

1. 重新编制并披露要约收购报告书，报送全国股份转让系统，同时通知被收购公司；

2. 变更后的要约收购价格不得低于变更前的要约收购价格；

3. 要约期限届满前 15 日内，收购人不得变更收购要约；但是出现竞争要约的除外。

第八，竞争邀约。

1. 竞争要约的披露时间/发出竞争要约的收购人最迟不得晚于初始要约收购期限届满前 15 日披露要约收购报告书，需履行披露义务。

2. 初始要约收购期限的延长。发出初始要约的收购人变更收购要约距初始要约收购期限届满不足 15 日的，应当延长收购期限，延长后的要约期应当不少于 15 日，不得超过最后一个竞争要约的期满日，并按规定比例追加履约保证能力。

第九，预受股东及要约期满后的处理。

1. 关于预受股东。应当委托证券公司办理预受要约的相关手续；要约收购期限届满前2日内，预受股东不得撤回其对要约的接受。

2. 关于要约期满后处理。其一，部分要约。应当按照收购要约约定的条件购买被收购公司股东预受的股份；预受要约股份的数量超过预定收购数量时，收购人应当按照同等比例收购预受要约的股份；其二，全面要约。应当购买股东预受的全部股份。

●其他规定

1. 一致行动人、公众公司控制权及持股比例计算等参照《上市公司收购管理办法》相关规定；

2. 为公众公司收购提供服务的财务顾问的业务许可、业务规则和法律责任等，按照《上市公司并购重组财务顾问业务管理办法》的相关规定执行；

3. 做市商持有公众公司股份相关权益变动信息的披露，由中国证监会另行规定；

4. 股票不在全国股份转让系统公开转让的公众公司收购及相关股份权益变动的信息披露内容比照《收购办法》的相关规定执行。

●新三板并购重组过程中的税务筹划要点

第一，并购前的税收筹划。

1. 横向并购。它涉及在同种商业活动中经营和竞争的两家企业。从税收的角度看，横向并购的企业经营范围一般不发生变化，因此并购后应纳税种与纳税环节将保持一致。但由于企业并购后规模的变化，横向并购将可能导致企业的增值税及所得税纳税人属性的变化。在增值税税种中，上市公司收购的小规模纳税人由于并购后规模扩大，可变为一般纳税人，从而可以抵扣增值税进项税额。企业经测算若作为一般纳税人可以减低税负，则将目标企业设为子公司；若保持小规模纳税人税后利益最大，则将目标企业设为分公司。在企业所得税中，上市公司收购的小型微利企业可能随着企业规模扩大，不再符合小型微利企业标准，使企业所得适用的税率上升，此时，应将目标企业设为子公司，与并购企业分别缴税。

2. 纵向并购。它发生在处于生产经营不同阶段的企业之间。从税收的角度看，纵向并购将给并购企业带来如下影响：首先，纵向并购的企业与横向并购相同，会面临因规模扩大而导致纳税人身份和属性的变化问题。其次，对并购企业来说，向供应商购货或向客户销货变成企业内部购销行为，增值税、消费税原有的纳税环节可以减少。尽管从理论上讲，其总体税负是不变的，但考虑到货币时间价值，如果能使企业纳税时间推迟，也能使企业获得节税利益。此外，如果目标企业有大量期初存货可以用于抵扣，则并购企业在并购当年的应纳增值税额就会减少。再次，由于纵向并购使企业延伸到了其他领域，还可能会改变其纳税主体属性，增加其纳税税种和纳税环节。例如，钢铁企业并购汽车企业，将增加消费税税种，增加了消费税的纳税环节；石油行业中的石油生产企业并购上游采矿企业，就需要缴纳资源税。由此看来，由于企业并购后规模的变化，其所适用的税率和享有的税收优惠政策可能会相应变化。因此选择纵向并购时，必须同时考虑纳税人身份、属性、纳税环节以及适用税率的变化，比较综合的成本和收益。

3. 混合并购。它是从事不相关业务类型的企业间的并购。从税收角度看，混合并购由于跨入其他行业，其对并购企业造成纳税影响是最大的，混合并购可能大大增加企业的应税种类，对并购企业的纳税主体属性、纳税税种、纳税环节产生影响。例如，机器制造企业如果并购了一家房地产公司，那么并购后的企业除要缴纳原先的增值税和所得税，还要缴纳营业税、契税、房产税以及土地增值税等。如果被并购企业有未抵扣的进项税，则并购企业也无需缴纳所得税，可以实现双赢的局面。另外并购前也应当关注关联方和亏损弥补方式等税收筹划，因为后者比较简单，而为避免大股东对中小股东利益的损害，上市审核机构对前者要求较高，上市后也需要对关联方进行必要的披露，在这里就不涉及了。

第二，并购过程中的税收筹划。

企业并购的支付方式与税收待遇密切相关，不同的支付方式会导致不同的税收待遇。几乎所有的国家都根据支付方式的不同来确定应税与免税交易。企业并购的支付方式主要有现金支付、股票支付、混合证券支付等。由此带来以下几个问题：

1. 现金购买资产还是现金购买股票？现金支付有两种形式，一是现金购买资产，是指并购方以现金购买目标公司部分或全部资产，将其并入并购方或对目标公司实施经营管理控制权。二是现金购买股份，是指并购方用现金购买目标公司的部分或全部股票，对目标企业实施经营管理控制权。当并购企业决定采用现金收购后，就必须决定用现金购买资产还是用现金股票，二者在税收上负担截然不同。如果收购者在应税收购中购买目标企业的资产，目标企业就要确认应税收益或损失，并就其应税收益或损失缴纳企业层次税收。此外，企业股东还必须为其从目标公司收益中取得的清算收入缴纳税款。因此，现金购买资产产生了双重征税即目标公司股东实际上就其收入被课征了两次税，第一次是以公司名义，第二次是以清算分配名义。相对而言，如果收购者在直接从目标企业股东手中购买股权，则不论是应税收购还是免税收购，其在公司层次均不需要确认应税收益或损失，目标公司股东仅就其收入缴纳一次所得税。在暂不考虑流转税的情况下，采用现金收购股票比现金收购资产税收利益更大。

2. 现金并购还是定向增发并购。整体资产转让中，相对于现金并购，股权支付并购对并购企业和目标企业在税收上有如下优势：一是对于目标企业而言，可以不确认全部转让资产的所得，只需就所转让资产中包含的与非股权支付额相对应的增值部分上缴所得税，无需就全部所得缴纳税款；二是对于并购企业来说，可以利用合并中亏损递减的规定，获得绝对节税的好处；三是目标企业的股东，由于没有收到并购企业的现金，没有实现资本利得不征税，待股权转让时才征税。因此，股份支付使被并购企业的股东获得了延期纳税的好处。四是涉及到定向增发购买股权还定向增发购买资产以及定向增发合并还是换股吸收合并以及混合支付的问题，也按照上述思路便可得到相关税收筹划思路。另外还涉及到融资方式的税收筹划等，这里限于篇幅的原因就不一一讨论了。

第三，并购后企业组织设置方式的税收筹划。

我国对分公司、子公司在税收待遇方面有着许多不同的规定，这就为并购企业设立被并购企业的组织形式提供了选择空间。企业与其从属机构的关系影响着盈亏互抵、税率差异、税收优惠承受等因素，决定着企业总体税负的高低，分公司和子公司的税收筹划可从以下几个方面考虑：

1. 盈亏互抵。合并、汇总纳税的情况下，分公司或总公司任何一方因经营不善发生亏损时，都可以通过盈亏相抵来实现税负的减轻。因此如果目标企业与并购企业盈亏情况不一致，则可考虑将目标企业设为分公司，这样可利用分公司的亏损抵减总公司的利润，取得抵减税款的好处。

2. 税率差异。若总公司适用较低所得税税率，而其从属机构适用较高税率，汇总纳税会绝对减少公司所得税税负，从属机构宜采用分公司形式。

3. 税收优惠。子公司是独立法人，承担全面纳税义务，其所得税计征独立进行。若子公司设在国内，可以独立享受免税期、优惠税率等在内的各种税收优惠待遇；若子公司设在国外，也可享受东道国给其居民公司提供的包括免税期在内的税收优惠待遇。

分公司仅承担有限纳税义务则不能享受这些优惠待遇。因此，若目标公司所在行业或生产的产品是属于国家鼓励类的，如高新技术企业，可以获得税收优惠待遇，但并购企业并不符合税收优惠条件，则目标公司宜采用子公司形式。若目标公司在国外，可享受部分税收优惠待遇，则也宜采取子公司形式。其一，所得税预提。分公司交付给总公司的利润通常不必缴纳预提税。许多国家包括我国，对子公司向母公司支付的股息规定减征或免征预提税。若目标公司不存在税率低或税收优惠等优势，则宜采用总分公司形式，可延迟缴纳企业所得税。其二，利润汇回。分公司与总公司之间的资本转移，常受法律限制，子公司利润汇回母公司要比分公司灵活得多，这等于母公司的投资所得、资本利得可以保持留在子公司，或者可选择税负较轻的时候汇回，得到额外的税收利益。

6. 新三板私募股权基金投资方法

历史上，蓝筹行情就跟私募无缘，现在亦然。因此嗅觉灵敏的私募机构青睐上市公司的方式也发生了改变，比在二级市场纯粹买卖股票更提升产品收益率的是定增和市值管理。私募基金市值管理模式，其核心是联合坐庄。

国际上根据投资方式或操作风格对私募股权投资基金的划分为 6 种类型，其中最为常见的有三种。一是风险投资基金 VC，一般投资于创立初期的企业或者高科技企业。二是增长型基金，即狭义的私募股权投资基金，一般投资处于扩充阶段企业的未上市股权，一般不以控股为目标，增长型基金也是中国私募股权投资中比例最大的部分。三是并购基金，主要投资于成熟企业上市或未上市的股权，意在获得成熟目标企业的控制权，以整合企业资源，提升价值。此外还有夹层资本、Pre－IPO 资本以及上市后私募投资的方式。

●私募股权基金的模式

第一，公司制。

顾名思义，公司制私募股权投资基金就是法人制基金，主要根据《公司法》（2005 年修订）、《外商投资创业投资企业管理规定》（2003 年）、《创业投资企业管理暂行办法》（2005 年）等法律法规设立。

在商业环境下，由于“公司”这一概念存续较长，所以公司制模式清晰易懂，也比较容易被出资人接受。在这种模式下，股东是出资人，也是投资的最终决策人，各自根据出资比例来分配投票权。

第二，信托制。

信托制私募股权投资基金，也可以理解为私募股权信托投资，是指信托公司将信托计划下取得的资金进行权益类投资。其设立主要依据为《信托法》（2001 年）、银监会 2007 年制定的《信托公司管理办法》、《信托公司集合资金信托计划管理办法》（简称“信托两规”）、《信托公司私人股权投资信托业务操作指引》（2008 年）。

采取信托制运行模式的优点在于，可以借助信托平台，快速集中大量资金，起到资金放大的作用。但不足之处是，信托业缺乏有效登记制度，信托公司作为企业上市发起人，股东无法确认其是否存在代持关系、关联持股等问题，而监管部门要求披露到信托的实际持有人。

第三，有限合伙制。

有限合伙制私募股权基金的法律依据为《合伙企业法》（2006 年）、《创业投资企业管理暂行办法》（2006 年）以及相关的配套法规。

按照《合伙企业法》的规定，有限合伙企业由 2 人以上 50 人以下合伙人设立，由至少 1 个普通合伙人（GP）和有限合伙人（LP）组成。普通合伙人对合伙企业债务承担无限连带责任，而有限合伙人不执行合伙事务，也不对外代表有限合伙企业，只以其认缴的出资额为限对合伙企业债务承担责任。

同时《合伙企业法》规定，普通合伙人可以劳务出资，而有限合伙人则不得以劳务出资。这一规定明确地承认了作为管理人的普通合伙人的智力资本的价值，体现了有限合伙制“有钱出钱、有力出力”的优势。而在运行上，有限合伙制企业，不委托管理公司进行资金管理，直接由普通合伙人进行资产管理和运作企业事务。

采取有限合伙制的主要优点有：财产独立于各合伙人的个人财产，各合伙人权利义务更加明确，激励效果较好；仅对合伙人进行征税，避免了双重征税。

第四，“公司 + 有限合伙”模式。

在“公司+有限合伙”模式中，“公司”是指基金管理人为公司，基金为“有限合伙”制企业。该模式是较为普遍的股权投资基金操作方式。

由于自然人作为GP执行合伙事务风险较高，加之私人资本对于有限合伙制度的理念和理解都不尽相同，无疑都增强了自然人GP的挑战。同时，《合伙企业法》中，对于有限合伙企业中的普通合伙人，是没有要求是自然人还是法人的。于是，为了降低管理团队的个人风险，采用“公司+有限合伙”模式，即通过管理团队设立投资管理公司，再以公司作为普通合伙人与自然人、法人LP们一起，设立有限合伙制的股权投资基金。

由于公司制实行有限责任制，一旦基金面临不良状况，作为有限责任的管理公司则可以成为风险隔离墙，从而管理人的个人风险得以降低。该模式下，基金由管理公司管理，LP和GP一道遵循既定协议，通过投资决策委员会进行决策。目前国内的知名投资机构多采用该操作方式。

第五，“公司+信托”模式。

“公司+信托”的组合模式结合了公司和信托制的特点。即由公司管理基金，通过信托计划取得基金所需的投入资金。

在该模式下，信托计划通常由受托人发起设立，委托投资团队作为管理人或财务顾问，建议信托进行股权投资，同时管理公司也可以参与项目跟投。

需要提及的是，《信托公司私人股权投资信托业务操作指引》第二十一条规定：“信托文件事先有约定的，信托公司可以聘请第三方提供投资顾问服务，但投资顾问不得代为实施投资决策。”这意味着，管理人不能对信托计划下的资金进行独立的投资决策。同时，管理人或投资顾问还需要满足几个重要条件：持有不低于该信托计划10%的信托单位；实收资本不低于2000万元人民币；管理团队主要成员股权投资业务从业经验不少于3年。

采用该模式主要为地产类权益投资项目。此外，一些需要通过快速运作资金的创业投资管理公司，也常常借助信托平台进行资金募集。新华信托、湖南信托等多家信托公司都发行过此类信托计划。

第六，母基金（FOF）。

母基金是一种专门投资于其他基金的基金，也称为基金中的基金（Fund of Fund），其通过设立私募股权投资基金，进而参与到其他股权投资基金中。

母基金利用自身的资金及其管理团队优势，选取合适的权益类基金进行投资；通过优选多只股权投资基金，分散和降低投资风险。

国内各地政府发起的创业投资引导基金、产业引导基金都是以母基金的运作形式存在的。政府利用母基金的运作方式，可以有效地放大财政资金，选择专业的投资团队，引导社会资本介入，快速培育本地产业，特别是政府希望扶持的新兴产业。

●新三板市场对私募投资的影响

第一，成为私募股权投资退出的新方式。

股份报价转让系统的搭建，对于投资新三板挂牌公司的私募股权基金来说，成为了一种资本退出的新方式，挂牌企业也因此成为了私募股权基金的另一投资热点。以前私募股权投资公司要实现退出，主要是通过二级市场上市来实现。

第二，新三板规范私募股权投资发展。

各类资金无序涌入私募股权投资行业，保险行业、证券行业、上市公司、国有企业、民间资本、地方政府引导基金等纷纷进入股权投资行业，使抢项目、抬高价格的现象屡屡发生，企业家的期望值越来越高，一些企业甚至达到20倍、30倍的市盈率，专业股权投资机构在这样一窝蜂的资金拥堵中投资难度加大。

第三，为私募股权投资公司提供充足的项目资源。

相关规章制度规定，符合存续满两年（有限责任公司整体改制的可连续计算）；业务明确，具有持续经营能力；公司治理机制健全，合法规范经营；股权明晰，股票发行和转让行为合法合规；主办券商推荐并持续督导这几项条件的，均可申请在新三板上市。

第四，有效地促进私募股权投资机构差异化发展。

企业更主动选择投资机构可以促使机构协助企业战略开发、经营管理、人力资源建设、国际合作、国际商务发展、巩固等，为企业提供“量身定做”的服务，提高投资机构的业务水平和分化程度。

●私募股权基金如何投资新三板

目前，私募股权基金的主要模式还是在投资新三板挂牌企业或推动已投资企业挂牌新三板为主，主要运作模式有以下二种。

第一，挂牌前投资。

投资业务是私募股权基金业务的源头，因此挂牌的数量和质量都尤为重要。所以，尽管新三板扩容取消了对拟挂牌企业盈利等方面的要求，但是私募股权基金仍然会选择具有独特盈利模式或者具有创新型业务的中小企业进行投资。

私募股权基金为了能在企业挂牌新三板后能够有较高估值退出，挑选独特盈利模式的公司尤为重要。目前，市场中私募股权普遍做法是在某几个行业内进行分析和考察，在关注企业财务指标以外，对企业管理层的水平也在进行判断。总之，挑选一个优秀的项目，需要专门的投研部门进行必要的客观分析，多方论证，才能最终获得。

在投资之后私募股权基金要能真正帮助企业获得实实在在的管理改善和价值提升。其后的任务就是将企业推向新三板，在企业挂牌后，知名度及估值的上升更容易吸引市场资本投入，而此时部分基金已经可以选择退出。

目前多数投资机构仍在等待新三板转板制度的推行，以期望获得更高估值退出。在转板制度尚未推出时，私募股权机构的收益会受到很大限制。

第二，定增参与。

投资挂牌新三板的企业，不但能够节省挑选企业的复杂过程和风险，而且能够以较低的市盈率购得企业股权，在风险和利润之间寻找最优结合点，因此，机构投资者很容易通过企业上市实现退出获得差价。同时，由于新三板不限制增发次数以及可以一次申请多次发行的灵活制度，使得机构参与新三板定向增资的热情更为高涨。

目前，股转系统对挂牌新三板公司增发股份并没有设定锁定期，所以，PE 机构通过认购定向增发模式介入新三板公司后，折价金额可随时变现，或者待机在新三板退出或 IPO 上市退出，都是较好的盈利模式。

但是，定增市场的火爆使得股权机构很难获得理想投资企业的定增份额，目前许多股权机构获得定增份额的主要方式有二：一是以更高价格参与。许多股权机构通过向主办券商报出更高的价格来吓退竞争对手，甚至有些报价在原基础上增长 50%。二是通过股权机构自己的网络与企业直接联系。其承诺会在未来一段时间会在资源及管理方面对企业进行辅助。

●私募股权投资的选择和程序

第一，私募股权基金投资的选择。

私募股权投资的高风险性决定了投资人对企业的高渗透程度，其定价和权利义务关系有较强的专业性。从投资者角度而言，其一般采用的投资策略有联合投资、分段投资、匹配投资和组合投资四种模式。

1. 联合投资。主要是针对风险较大、投资额较高的项目或企业，投资者往往采用联合其他投资机构或者个人的方式公共投资。

2. 分段投资。指分时间段进行投资，一般创立初期的企业或者高科技企业各方面风险较大，资金需求较小，而随着时间的推移、企业的发展，风险逐步减小，资金需求增大，投资者就可以根据企业具体发展状况决定是否进一步投资或者撤回投资。

3. 匹配投资。指投资者在对项目或者企业进行投资时，项目或企业的经营管理者也要投入一定比例的资金，形成某种激励—约束机制，以促进企业加强管理，防范对因信用缺乏、代理失效或信息不对称引起的道德行为、无效管理。

4. 组合投资。是指投资者将资本按一定比例投向多个行业、多个风险项目或风险企业，以便分散并降低投资风险、及时采取对策。

第二，私募股权投资的程序。

风险投资家寻找能使他们获得高额回报（35% 以上的年收益率）的公

司或机会。有时，要在尽可能短的时间内实现这一目标，通常是3年至7年。成功的风险投资家有许多宝贵的经验，包括选择投资对象，落实投资，对该公司进行监督，带领公司成长，驾驭公司顺利通过难关，促使公司快速发展。

虽然每一个风险投资公司都有自己的运作程序和制度，但总的来讲包括以下步骤：

1. 初审。一个典型的风险投资公司会收到许多项目建议书。大型风投公司每年会接到成千上百份项目建议书，初步挑选出的项目会在公司内部进行讨论，决定是否要面谈，或者回绝。经过严格审查，最终挑出进行投资的项目，可谓百里挑一。

2. 面谈。如果风险投资者对企业家提出的项目感兴趣，他会与企业家接触，直接了解其背景、管理队伍和企业。如果面谈成功，风险投资者会希望进一步了解更多的有关企业和市场的情况，或许他还会动员可能对这一项目或企业感兴趣的其他风险投资家。

3. 尽职调查。如果面谈较为成功，风险投资者接下来便开始对企业的经营情况进行考察以及尽可能多地对项目进行了解。他们通过审查程序对意向企业的技术、市场潜力和规模以及管理队伍进行仔细的评估，这一程序包括与潜在的客户接触、向技术专家咨询并与管理队伍举行几轮会谈。它通常包括参观公司。与关键人员面谈、对仪器设备和供销渠道进行估价。它还可能包括与企业债权人、客户、相关人员以前的雇主进行交谈。这些人会帮助风险投资家做出关于企业家个人风险的结论。风险投资对项目的评估是理性与灵感的结合。其理性分析与一般的商业分析大同小异，如市场分析、成本核算的方法以及经营计划的内容等与一般企业基本相同。所不同的是灵感在风险投资中占有一定比重，如对技术的把握和对人的评价。

4. 条款清单。审查阶段完成之后，如果风险投资者认为所申请的项目前景看好，那么便可开始进行投资形式和估价的谈判。通常企业会得到一个条款清单，概括出涉及的内容，包括约定投资者对投资企业的估值和计划投资金额，被投资企业应付的主要义务和投资者要求得到的主要权利，以及投资交易达成的主要条件等，这3方面的主要内容是：投资额，作价和投资工具；公司治理结构；清算和退出办法。这个过程可能要持续几个月。因为企业可能并不了解谈判的内容，他将付出多少，风险投资者希望获得多少股份，还有谁参与项目，对他以及现在的管理队伍会发生什么。对于企业来讲，要花时间研究这些内容，尽可能将条款减少。

5. 签订合同。风险资本者力图使他们的投资回报与所承担的风险相适应。根据切实可行的计划，风险资本家对未来3年至5年的投资价值进行分析，首先计算其现金流或收入预测，而后根据对技术、管理层、技能、经验、经营计划、知识产权及工作进展的评估，决定风险大小，选取适当的折现率，计算出其所认为的风险企业的净现值。基于各自对企业价值的评估，投资双方通过谈判达成最终成交价值。

6. 投资生效后的监管。投资生效后，风险投资者便拥有了风险企业的股份，并在其董事会中占有席位。多数风险投资者在董事会中扮演着咨询者的角色。他们通常同时介入好几个企业，所以没有时间扮演其他角色。作为咨询者，他们主要就改善经营状况以获取更多利润提出建议，帮助企业物色新的管理人员（经理），定期与企业家接触以跟踪了解经营的进展情况，定期审查会计师事务所提交的财务分析报告。由于风险投资家对其所投资的业务领域了如指掌，所以其建议会很有参考价值。为了加强对企业的控制，在合同中通常加有可以更换管理人员和接受合并、并购的条款。

●私募股权投资的退出

私募股权投资基金的退出是指在所投资企业的价值达到私募股权投资基金所预期的水平后，将所持有的企业股权在合适的时间以最高效的方式通过资本市场转化为资金形态以达到收益最大化并退出企业的目的，实现资本价值的增值或者减少损失。退出模式包括二级市场退出、转板退出、并购退出、股权回购退出及对赌方式退出等。这里对非主流的管理层回购退出和对赌方式退出不再进行具体阐述。

根据2015年的统计数据，新三板已经成为私募股权基金退出最主要的渠道。具体的私募股权基金投资新三板的退出渠道有以下几种：

第一，二级市场退出。

根据《全国中小企业股份转让系统有限责任公司管理暂行办法》的规定，全国股份转让系统挂牌股票转让可采取做市方式、协议方式、竞价方式或证监会批准的其他转让方式。比较而言，这三种方式流动性依次提升，难易程度递减。

1. 协议转让。买卖双方线下议定价格，通常买卖方直接洽谈，然后通过股转系统（新三板）交易。买方要有比较专业的知识，才能尽可能避免投资失误。

2. 做市转让。做市商向市场提供双向报价，投资者根据报价选择是否与市商交易，传统做市商制度下，投资者委托不直接配对交易。

3. 竞价交易。竞价交易目前在新三板市场还未推出。根据2015年11月证监会发布的《关于进一步推进全国中小企业股份转让系统发展的若干意见》(以下简称《意见》)，现阶段暂不实行连续竞价交易。随着分层管理制度的推出，预计未来1年到3年内，部分做市交易活跃的将转为竞价交易。

第二，转板退出。

严格地讲，我国目前尚未打通转板通道。根据《意见》，我国正研究推出新三板公司向创业板转板试点。此前虽然监管层明确提出了“可转板”，但之前已经实现的几家IPO并不是完全意义上的转板，只能称实现了IPO的培育。

《意见》也明确指出，要坚持全国股转系统独立市场地位，同时也强调股转系统并非“孤立市场”。转板制度意味着建设多层次资本市场过程中有了新的举措，让这两个市场有了更好的联系。转板可以增强市场的流动性，改善挂牌企业进一步登陆资本市场的预期，可以更好地吸引优质的上市公司到新三板来挂牌。

第三，并购退出。

兼并收购指一个企业或企业集团通过购买其他企业的全部或部分股权

或资产，从而影响、控制其他企业的经营管理，其他企业保留或者消灭法人资格。相对于受让方来说即兼并收购，而相对于出让方来说即股权出让。私募股权投资基金作为企业的股东，可以通过出让所持股份给收购方以谋求资本增值以退出企业。

7. 资产证券化种类范围、当事人作用与运作程序

资产证券化是以特定资产组合或特定现金流为支持，发行可交易证券的一种融资形式。传统的证券发行是以企业为基础，而资产证券化则是以特定的资产池为基础发行证券。

2013 年，证监会发布的《证券公司资产证券化业务管理规定》明确，资产证券化基础资产主要为债权类和收益权类资产。按照现有法律法规，债权类资产可以实现真实销售，做到破产隔离；收益权类资产，相关收益依赖于原始权益人正常经营。证监会允许管理人根据基础资产的特性和交易结构，选择采用结构分层、差额支付、外部担保、流动性补偿等多种方式对资产支持证券进行信用增级，并未要求必须有外部担保。

●资产证券化的种类范围

根据证券化的基础资产不同，可以将资产证券化分为不动产证券化、应收账款证券化、信贷资产证券化、未来收益证券化（如高速公路收费）、债券组合证券化等类别。

根据资产证券化发起人、发行人和投资者所属地域不同，可将资产证券化分为境内资产证券化和离岸资产证券化。国内融资方通过在国外的特殊目的机构或结构化投资机构在国际市场上以资产证券化的方式向国外投资者融资称为离岸资产证券化；融资方通过境内 SPV 在境内市场融资则称为境内资产证券化。

根据证券化产品的金融属性不同，可以分为股权型证券化、债券型证券化和混合型证券化。

值得注意的是，尽管资产证券化的历史不长，但相关证券化产品的种类层出不穷，名称也千变万化。最早的证券化产品以商业银行房地产按揭贷款为支持，故称为按揭支持证券（MBS）；随着可供证券化操作的基础产品越来越多，出现了资产支持证券（ABS）的称谓；再后来，由于混合型证券（具有股权和债权性质）越来越多，干脆用 CDOs（Collateralized Debt Obligations）概念代指证券化产品，并细分为 CLOs、CMOs、CBOs 等产品。最近几年，还采用金融工程方法，利用信用衍生产品构造出合成 CDOs。

●资产证券化的当事人

资产证券化交易比较复杂，涉及的当事人较多，一般而言，下列当事人在证券化过程中具有重要作用：

1. 发起人。发起人也称原始权益人，是证券化基础资产的原始所有者，通常是金融机构或大型工商企业。

2. 特定目的机构或特定目的受托人（SPV）。这是指接受发起人转让的资产，或受发起人委托持有资产，并以该资产为基础发行证券化产品的机构。选择特定目的机构或受托人时，通常要求满足所谓破产隔离条件，即发起人破产对其不产生影响。

3. 资金和资产存管机构。为保证资金和基础资产的安全，特定目的机构通常聘请信誉良好的金融机构进行资金和资产的托管。

4. 信用增级机构。此类机构负责提升证券化产品的信用等级，为此要向特定目的机构收取相应费用，并在证券违约时承担赔偿责任。有些证券化交易中，并不需要外部增级机构，而是采用超额抵押等方法进行内部增级。

5. 信用评级机构。如果发行的证券化产品属于债券，发行前必须经过评级机构信用评级。

6. 承销人。承销人是指负责证券设计和发行承销的投资银行。如果证券化交易涉及金额较大，可能会组成承销团。

7. 证券化产品投资者，即证券化产品发行后的持有人。

除上述当事人外，证券化交易还可能需要金融机构充当服务人，服务人负责对资产池中的现金流进行日常管理，通常可由发起人兼任。

●资产证券化的程序

一般来说，一个完整的资产证券化融资过程的主要参与者有：发起人、投资者、特设信托机构、承销商、投资银行、信用增级机构或担保机构、资信评级机构、托管人及律师等。通常来讲，资产证券化的基本运作程序主要有以下几个步骤：

1. 重组现金流，构造证券化资产。发起人（一般是发放贷款的金融机构，也可以称为原始权益人）根据自身的资产证券化融资要求，确定资产证券化目标，对自己拥有的能够产生未来现金收入流的信贷资产进行清理、估算和考核，根据历史经验数据对整个组合的现金流的平均水平有一个基本判断，决定借款人信用、抵押担保贷款的抵押价值等并将应收和可预见现金流资产进行组合，对现金流的重组可按贷款的期限结构、本金和利息的重新安排或风险的重新分配等进行，根据证券化目标确定资产数，最后将这些资产汇集形成一个资产池。

2. 组建特设信托机构，实现真实出售，达到破产隔离。特设信托机构是一个以资产证券化为唯一目的的、独立的信托实体，有时也可以由发起人设立，注册后的特设信托机构的活动受法律的严格限制，其资本化程度很低，资金全部来源于发行证券的收入。特设信托机构是实现资产转化成证券的“介质”，是实现破产隔离的重要手段。

3. 完善交易结构，进行信用增级。为完善资产证券化的交易结构，特设机构要完成与发起人指定的资产池服务公司签订贷款服务合同、与发起人一起确定托管银行并签订托管合同、与银行达成必要时提供流动性支持的周转协议、与券商达成承销协议等一系列的程序。同时，特设信托机构对证券化资产进行一定风险分析后，就必须对一定的资产集合进行风险结构的重组，并通过额外的现金流来源对可预见的损失进行弥补，以降低可预见的信用风险，提高资产支持证券的信用等级。

4. 资产证券化的信用评级。资产支持证券的评级为投资者提供证券选择的依据，因而构成资产证券化的又一重要环节。评级由国际资本市场上广大投资者承认的独立私营评级机构进行，评级考虑因素不包括由利率变动等因素导致的市场风险，而主要考虑资产的信用风险。

5. 安排证券销售，向发起人支付。在信用提高和评级结果向投资者公布之后，由承销商负责向投资者销售资产支持证券，销售的方式可采用包销或代销。特设信托机构从承销商处获取证券发行收入后，按约定的购买价格，把发行收入的大部分支付给发起人。至此，发起人的筹资目的已经达到。

6. 挂牌上市交易及到期支付。资产支持证券发行完毕到证券交易所申请挂牌上市后，即实现了金融机构的信贷资产流动性的目的。但资产证券化的工作并没有全部完成。发起人要指定一个资产池管理公司或亲自对资产池进行管理，负责收取、记录由资产池产生的现金收入，并将这些收款全部存入托管行的收款专户。

在这一过程中，最重要的有三个方面的问题：一是必须由一定的资产支撑来发行证券，且其未来的收入流可预期；二是资产的所有者必须将资产出售给 SPV，通过建立一种风险隔离机制，在该资产与发行人之间筑起一道防火墙，即使其破产，也不影响支持债券的资产，即实现破产隔离；三是必须建立一种风险隔离机制，将该资产与 SPV 的资产隔离开来，以避免该资产受到 SPV 破产的威胁。后两个方面的问题正是资产证券化的关键之所在。其目的在于减少资产的风险，提高该资产支撑证券的信用等级，减低融资成本，同时有力地保护投资者的利益。

事实上，资产证券化可能对于拥有稳定现金流的企业更适合。不过，一般来说此类企业或者比较成熟，或者资产规模较大，而目前新三板挂牌企业普遍现金流并不稳定，资产规模也偏小，要利用资产证券化工具可能存在一些障碍。而对于国企而言，通过资本运作推动资产证券化，用好市值管理手段盘活上市公司资源，从而实现内部资源优化整合，并实现国有资产价值最大化，已经成为了国企改革重要内容。一位央企人士曾经对《经济参考报》记者坦言，目前资产证券化是国企实现混合所有制改革的最重要方式。

8. 市值管理战略定位要贴政策、靠行业、应趋势、抢热点

市值管理的战略定位决定市值裂变的效果。战略定位解决“去哪儿”的问题，传统企业因为移动互联网时代的到来，生存空间越来越小，必须“互联网+”、对接资本市场才有出路。所有成功都源自于对未来趋势的预判，如果能贴政策、靠行业、应趋势、抢热点，就能让企业更多获得资本市场的青睐，如果能够定位好并制定严密的战略计划，行行都能出状元！在这方面，暴风科技就创造了一个上市神话，为企业对接资本市场起了一个标杆作用。

暴风科技自2015年3月24日上市，连续32次涨停板，创下A股新股上市连续涨停纪录，成为A股新的涨停王。较上市之时翻了23倍有余，其总市值已达195.72亿元，相比5个迅雷（5.52亿美元的市值）和优酷土豆的32亿美元市值接近。随后的暴风科技在54个交易日有39个涨停板，两个月涨了20多倍。

作为一家视频服务供应商，暴风科技的业绩并不出彩，招股说明书显示，暴风科技2011年、2012年、2013年及2014年的净利润分别为4928万元、5585万元、3854万元和4186万元，尽管连续4年盈利，但增幅甚微，并未出现明显增长的迹象。然后在其第一季度亏损时，竟然连续数10个交易日涨停，确有其应趋势、贴政策、抢热点的原因：第一，各方呼唤互联网公司从海外上市回归国内上市的大背景下，暴风科技公开表示要在

A 股上市，做最有示范效应的互联网品牌；第二，暴风科技是 A 股市场迄今为止第一家真正意义上的“互联网平台”；第三，看好其所在的互联网视频行业，以及暴风自身实力、发展潜力和成长性。

股价之所以涨得停不下来，一方面与整体大盘上扬有关；二是暴风科技作为互联网平台类公司，上市前就已被大众所熟悉，市场给同类公司估值都在 100 亿元以上，市场更多地看重其未来和空间。暴风科技的虚拟现实（VR）公司 2014 年四季度推出“暴风魔镜”产品，正式进军虚拟现实行业。截至 2015 年 3 月底，该公司累计销售“暴风魔镜”18 万台。虽与广告业务带来的收入相比相差甚远，但上市半年已有这样的销量也算值得期待。据暴风科技 2015 年一季度的机构持仓数据显示，共有包括基金、券商、社保等 20 家机构，而仅基金类机构就有 17 家，持股总数有 28.45 万股，持股市值为 0.05 亿元。可见，暴风科技的股价飙涨不乏有关机构的推动。

暴风的上市创造了一个新的神话，其博弈的是企业真正的价值，一家缺乏增长空间与持续成长的企业，即便有机构作为推手，迟早也会消失，就“市值管理”的角度暴风科技可圈可点。当然企业更重要的还是从盈利能力出发，只有做好了扎实的经营基础结合这些推手才是锦上添花。

●贴政策：有利于市值的增长

对于企业家来说，国家整体战略可以从“十三五规划”“十八届三中全会”有关文件中解读、获悉；通过对这些文件的解读，例如，“中国将加快发展现代服务业，不断的放宽市场的准入，促进服务业的优质高效发展；也就是所说的“一个延伸、两个转变”：第一，生产性服务业向专业化和价值链的高端延伸；第二，生活性服务业向精细和高品质转变；第三，制造业由生产型向服务型转变。可帮助企业寻找到战略定位新的方向和坚实的依靠。

例如，“十三五规划”中的对“创新驱动”描述如下：

实施一批重大科技项目，在重大创新领域组建一批国家实验室；在航空发动机、量子通信、智能制造和机器人、深空深海探测、重点新材料、脑科学、健康保障等领域再部署一批体现国家战略意图的重大科技项目。

新三板企业挂牌企业可通过国家重大战略解读快速顺应发展大势，配合自己行业、企业的新题材，如没有全国资源就从省级、市级开始入手，积极配合、呼应国家的战略发展。

在未来五年特别强调精细，就是更加精准的定位客户，更加重视细分市场，并向高品质转变，以用户为导向。企业家可以借鉴“国家战略新兴产业目录”。如表6—1所示。

表6—1　国家战略新兴产业目录

一级目录	二级目录	三级目录	四级目录	五级目录	产品数目
一、节能环保产业	5	27	86	0	96
二、新一代信息技术产业	3	29	131	151	212
三、生物医药产业	3	10	43	0	49
四、高端装备制造产业	5	24	60	73	119
五、新能源产业	5	16	49	89	114
六、新材料产业	6	26	75	0	83
七、新能源汽车产业	7	20	26	19	48
合计　7	34	152	470	332	721

目前一级目录包括节能环保产业、新一代信息技术产业、生物医药产业、高端装备制造产业、新能源产业、新材料产业、新能源汽车产业，还有二级、三级、四级、五级目录，企业可以从中找到自己当下所处行业较为相关的战略新兴产业去匹配。

对于区域扶持政策同样可以在地方“十三五规划”（国家明确后地方政府会结合国家规划再制定结合地方特色的“十三五规划”，目前还在制定中），通过每年地方战略中发现自己未来潜在的发展方向，同时地方会定期发布有关扶持政策，企业家要做的就是及时关注这些信息，找到与自己企业所处行业的位置与支持政策。战略新兴产业既代表国家的发展战略也代表产业新兴发展方向，通常会有较高的增速，也是传统企业转型升级的需要。新三板挂牌企业战略定位中如能贴近国家战略新兴产业目录内的支持、地方政策扶持，就能更加符合分层制度设计中创新层的要求，有利于市值的增长。

●**靠行业：寻找行业新机会**

目前国家大力倡导“创新经济”，“创新”除了技术创新以外，更多是跨界整合。

对于新三板挂牌企业而言，有没有结合“云计算”“大数据”“移动互联网”“大健康”“大环保”“生态农业”的概念直接影响投资者对其未来价值的判断。单纯的传统行业题材已经没有任何想象空间，以制造业为例，传统制造业5倍至8倍的市盈率，先进制造业20倍至30倍的市盈率，工业4.0或“工业制造2025”的市盈率40倍以上。所以“传统产业+云计算”“传统产业+大数据”“传统产业+大健康”等是市值管理的方向。

当然，加上颠覆性技术，同样能给传统行业带来贴近行业创新、发展趋势的机会。

预测到2025年，对潜在经济影响上下限的颠覆性技术，先后是移动互联网、知识工作自动化、物联网、云、先进机器人、自动汽车、下一代基因组学、储能技术、3D打印、油气勘探及开采、先进材料、可再生能源，挂牌企业可以结合这些颠覆性技术来进行企业未来发展的战略规划，也将会对市值管理产生积极的影响。

新三板挂牌企业通过积极“靠行业”的操作既完成了公司未来发展的重新定位，完成了传统企业的转型升级，也为市值管理做好了规划，甚至于可以通过企业“更名”，营业执照上主营业务变更来进一步明确公司战略定位和市值管理的落实。

●**应趋势：创造用户体验为核心的新经济**

人类社会从农业社会向工业时代转变用了几千年，从工业时代到信息化时代用200多年，从信息化时代到互联网时代用了20年，从互联网到移动互联网的时间只用了5年，当人手一个智能终端设备时，社会已经进入了智慧时代，信息传递、消费行为、支付方式等发生了翻天覆地的改变。

刘慈欣的科幻小说《三体》中有句比喻："移动互联网对于传统行业的攻击，是高维度商业模式与低维度商业模式的比拼，根本不在一个层面上，将对很多行业造成巨大的颠覆，不会彻底消灭，但一定被边缘化，传统商业价值在逐步萎缩。"

在中国，人们习惯性地把"86 年"作为移动互联网时代的划分界限，出生在 1986 年以前的是移动互联网的"移民"，出生于 1986 年后的是"原住民"，而"00 后"出生的人全面进入了"智慧时代"即智能化、物联网化高度发达的时代，万物互联的时代是下一个趋势，无处不在的二维码消费者"所见即所得"，所以挂牌企业的战略定位要积极应对智慧时代的发展趋势。例如"褚橙"的每个橙子都有二维码，在分享的同时即可扫描下单。企业通过移动互联网技术所建立的强大数据库系统为推送其他优质产品、服务提供了通道，为未来提升销售、增长利润提供无限想象空间。用"爆品"切入，通过运营数据建立平台，进而结合上下游、其他产业形成"生态圈"的"科幻小说"。

通过结合"智慧时代"、创造用户体验为核心的趋势，挂牌企业不管分属哪个行业都可以找到自己突破的方向，冲破企业发展的"天花板"。

●抢热点：用热点与企业战略定位相结合

新三板挂牌企业的战略定位要敏锐地和当下热点结合，分析师不关心、基金等机构投资者不交易、媒体不报道的现象，是因为企业的战略定位与主流、热点都不相关，令人提不起兴趣，人气和资金自然不会流向。作为优秀的挂牌企业要随时关注当下的时事和热点，积极发表正向言论并采取对应的策略，进一步树立社会的正面形象、吸引潜在投资人的关注。时刻关注热点，经常用热点与企业战略定位相结合，及时做好媒体公开披露。

关注社会热点的同时，也要关注投资人的投资热点，目前关于高铁六大技术系统配套；网络安全；食品安全；与北斗卫星相关概念；军工制造关联技术产品项目服务；生态农业及农机制造；基于"物联网"研发和应用的技术、项目、模式；移动医疗设备如检测穿戴设备；健康产业及健康管理（空气净化器/净水器/保健品）；基因检测心脑血管癌症检测生物制药；儿童教育/养老系列产品服务项目都是当下的投资热点。“十三五”规划中关于“放开二孩”政策一公布后，当天所有母婴行业一路上涨，这说明热点对于市值的推动作用。作为新三板挂牌企业最好方法是，找一家同行业 A 股标杆性的企业学习其对热点的判断与操作。

9. 市值管理的关键是商业模式创新

人人说创新，到底怎么才算创新？今天中国的整个经济增长需要发生很大的转变，从以前的规模、体量性的增长到质量效益型的转变。其实现在越来越多的产品，卖的不是产品而是某个产品在特定场景下解决问题的需求，所以只有挖掘用户背后的需求，并且重新细分用户，深入到用户特定的场景里面，才能寻找到突破口。

●商业模式创新的逻辑方法

商业模式创新有一套逻辑方法，基于“86 前”、“86 后”用户的特点，我们总结了几个原则性的不同：第一，“86 前”购买的动因是“安全”，“86 后”购买的动因是“喜欢”；第二，“86 前”注重产品“性价比”，“86 后”注重产品“体验感”；第三，“86 前”是“听广告的”，“86 后”是“随个性的”；第四，“86 前”注重公司“赚钱”，“86 后”注重公司“值钱”。

使用下面的简单模型，通过相互的组合，可以发现商业模式创新点。如表 6—2 所示。

表 6—2 商业模式创新点模型

	痛　点	痒　点	尖叫点	解决方案	产品模型	营销模型	盈利模型	资本模型
用　户								
同　业								
上　游								
下　游								
关联方								

如上表，第一步，确定用户，然后罗列用户的“痒点”“痛点”“尖叫点”各是什么，把价值点提炼出来。

第二步，填写“痛点”“痒点”“尖叫点”的解决方案在“解决方案”一栏。

第三步，对比解决方案设计出相应产品功能，把产品功能和体验价值写入“产品模型”一栏。

第四步，对产品模型设计营销渠道、推广方式，写入“营销模型”一栏。

第五步，把产品的盈利点分项列入“盈利模型”一栏。

第六步，把采用的类金融模式，如众筹或基金、供应链金融、资产证券化列入“资本模型”一栏。

在同业、上游、下游、相关联方的对应栏里，按如上步骤分别填写，以此作为商业模式创新的组合参考。

当该表列出后，结合企业优势再确定是用产品模式好还是用平台模式好，又或是类金融模式，或是复合模式。

一家新三板企业如何设置自己的商业模式，必须从公司的定位着手。基于公司的定位，以定位服务的用户入手，找到用户的“痛点、痒点、尖叫点”，并结构化“尖叫点”的解决方案，以“体验感，参与感，易用性”为准则，做出爆款的产品，然后通过“强关系圈层或弱关系非线性”营销的移动互联网新手段推出产品，根据产品特性设置“屌丝逆袭”或“跨界打劫”的盈利模型，再用“众筹，类金融，产业链金融，有限合伙”等一系列资本模型达成“钱赚3次”的顶级商业模式。

这里有一个新三板的挂牌企业凯立德的案例分享。

凯立德的挂牌时间是2014年1月24日。2014年第4季度，凯立德连续完成四轮定增，合计融资3.08亿元，吸引了小米、华融证券、中国平安、海通开元投资、国科创投五家重量级战略投资者。2014年12月31日起，公司由协议转让变更为做市转让方式，华融、中信、海通、光大、天风等5家券商成为凯立德的做市商，车联网第一股开启资本市场新纪元。

凯立德最早是做地图和导航，2012年IPO停了之后，做了3块业务：车联网、智能硬件和移动端，都是围绕车的产业链在走。车联网有两块，一个是私家车的车联网，第二个是物流货运车联网。凯立德做货运车联网三年多，中国货运司机超高、超载很正常，于是做货运导航地图、提供查车地方、停靠就餐的位置、进去市区的时间路线，解决货车司机工具性的需求。其次计划延伸到货车司机的社交需求，货车司机背后有海量的小物流公司，包括个体户，有大量的挂靠车和挂靠的司机。很多是现金交易，缺乏规范以及验证，风险难以控制，就提供一个针对司机的货运物流车联网，包括车队管理，可跟踪位置、货物，计算油耗等。

凯立德用户定位清晰，从细分市场的用户出发，围绕其痛点、痒点、尖叫点打造了车联网。凯立德在电子地图资源、车联网、汽车智能硬件及移动互联网业务等多个新兴领域的发展前景令业内人士广泛看好，受到资本市场极大关注和追捧。

●商业模式创新设计步骤

第一步：战略选择。

商业模式，通俗讲就是挣大钱的方法。人，不是你有能力你就挣多少钱，而是你有什么样的模式就能挣多少钱。企业家就是战略家，战略家就是选择家。“选择比努力更重要”。企业家就是管未来的事情，职业经理人就是管当下的事情。

第二步：市场调研。

1. 成立情报部。每月提供一份最新的竞争对手调研报告。理由：固步自封，闭门造车是不可能进步的。商业的出发点是竞争，而市场是个“零和游戏”：市场的容量是有一定规模的。如果一家占据了全部容量，其他所有家就是零了。所以，打败竞争对手很重要。只有前三名或前五名才能存活下来。

2. 哪些渠道可以调研竞争对手。诸如：对手网站；媒体的报导；对手的员工（特别是辞职的）；当成顾客去对手处体验；对手的顾客；对手的上、下游供应商；行业协会；市场调研公司；律师事务所；对手熟人或亲属；厂家博览会或展会（可以最快的速度了解所有竞争对手的情况）。

3. 调研内容。客户资源；产品系列；绩效管理手段；定价；销售渠道；核心技术；营销战略战术；财务数据；品牌价值；核心人才资源（核心团队）。

4. 反调研管理。你做得越好，对手就会越来越关注你、调研你。

第三步：客户定位与管理。

1. 客户定位。做客户定位其实就是对客户进行分类。一般来讲，客户主要分为四个大类：重要客户、高值客户、集团客户和战略客户。所谓重要客户，不是说大客户就是你的重要客户，这里的重要客户主要是指党、政、军等部门的客户。说其重要主要是从客户的性质来划分。由于党政机关等部门具有特殊含义，所以在此单独列为重要客户。所谓高值客户，就是我们平时所说的大客户了。只要这个客户愿意投入大量资金用于购买 CRM 系统解决方案，并且能够持续不断的续约服务，就是我们的大客户，即高值客户。所谓集团客户，这里指的是剧有隶属关系的同系统后者有密切联系的单位群体。所谓，战略客户，指在同行业中具有示范作用，其行为能对同行业产生影响的客户。上述四类客户可能不能完全概述客户分类，但是归根结底，企业要进行有效的客户定位，这样才能更好地进行客户管理。

2. 客户如何管理。客户的价值是根据他的利润贡献率来衡量的。具体而言，有三方面的“指标”：购买时间（第一次购买时间和最近购买时间）、购买频率（在某一时间段内购买行为次数）、购买金额（历次消费额及总消费额）。这三大指标的价值在于，告诉你哪些老客户处于活跃期、哪些老客户处于休眠期，以及某个客户的活跃或休眠周期或增值空间等，便于“对症下药”。从另一个方面来讲，新客户的价值辨别是没有依据可循的，唯一的依据就是业务员能在第一时间抓住客户的购买特征，并与之前的老客户进行类比，据此进行有重点的拓展。另外需要关注客户管理的延续性问题，客户管理的延续性，不仅包含客户信息的延续，还包含客户维护和拓展经验、技能的延续。在这方面，企业需要一些管理软件来进行客户资料的收集和记录。当然，客户管理关键的还是做好客户服务这项工作。

第四步：产品价值整体创新。

1. 什么是产品。功能只是产品的五分之一。如果到了品牌战略的地步，功能可能只占十分之一了。服务也是产品，是衍生产品。顾客已把服务看作产品的一部分了。此外还有包装、产品卖点、产品的名字，以及产品的文化。文化会成为最高的产品，成为产品的核心战略。

2. 产品的功能。很多传统企业家钻到功能里去了。你认为功能很重要，你就会注重研发、生产。你就会很生气：“我的竞争对手产品比我差，却卖得比我好。”功能满足基本需要就可以了。21 世纪的企业家，必须从产品思维转向精神需求思维。时代在变，顾客的需求在变，价值观在变。一个时代很难去理解另一个时代的人。任何人都无法改变这些，你只有遵从才会成功。买产品根本不是产品质量，而是独特性，是它的视觉冲击力。

3. 包装。对于中小企业，应该把研究功能、质量的研发部砍掉，把所有的资金放在产品的外包装、市场开发上。开始不要研发，复制就可以。有钱了再设研发部。比如，三星无研发部；服装业最成功的 ZARA，一年 600 亿美元销售，也不搞研发。包装要放在战略高度：如果你没有钱做品牌，就先做包装。“当你看到这个产品产生视觉效果的时候，你就产生购买欲望。”“产品的包装价值永远超过它的功能价值。”功能、质量和服务是买了以后才知道，而包装是直接产生杀伤力的购买行为。包装是产品价值链除了品牌外最重要的核心，是重点当中的重点。

4. 名字。好的名字是成功的一半。好的名字能在第一时间抢占客户的心智资源，降低传播成本。成功的公司大多是两个字的。品牌超过 4 个字传播成本就太高。比如，美特斯邦威成功有 50% 是靠它的名字，洋气，别人一听就以为是美国的牌子。

5. 服务。21 世纪是一个产品过剩、服务不足的时代，所以服务在同质化时代是最大差异化。如果产品很难做战略、很难做文化、很难溢价、很难创造精神享受，那就只能在服务上下功夫。靠服务的精神享受溢价，让客户产生持续购买力。

6. 产品的卖点。卖点是给顾客更高价格的理由。没有理由，顾客只能选择低价。初级阶段通常把产品的卖点做成广告语。一旦有了文化，一定要把品牌的核心价值观做成广告语。

第五步：定价。

1. 高开低走定价法。如果一开始定低价，以后就很难涨了。建议高定价，但推广期打折优惠，让顾客觉得占便宜，以后涨价顾客也可以接受。记住，“顾客不是买便宜，顾客是占便宜”。定价是利润最大的杠杆。比如，定价 10 元 - 成本 8 元 = 利润 2 元。定价 11 元 - 成本 8 元 = 利润 3 元。由此公式可见，定价只涨了 10%，但利润增加了 50%。涨价涨一点点，后面杠杆的力量是非常巨大的。

2. 目标客户定价法。目标想卖给什么样的人就定什么样的价。一切从顾客角度定价，考虑顾客能够承受的最大价位。只有以顾客为中心的营销才是真正成功的营销。比如，LV 定价：“不要告诉我成本是多少。只告诉我顾客能够承受的最高购买价格。”

3. 差异化定价法。你能够找到产品和产品之间的差异的时候，你就可以定不同的价，找到利润的更大源泉。比如，根据包装的材质不同，大小不同可定价不同；理发店可根据技师水平不同定不同价。

4. 小数点定价法。99.8 元比 100 元定价更合适。顾客的心理承受能力就增强了：没超过 100 元。汇聚定价：12800，9800 同此例。

5. 价值定价法。用你的产品、服务、产品的综合价值定价。对企业持续增长有利。

6. 调价时期。新产品调价；老产品改良。

第六步：盈利模式。

1. 免费模式。开始给顾客免费体验，降低顾客进入门槛。或始终有一些免费的项目，使顾客有舒适、愉悦的心理感受。顾客不买产品，不是因为他们不想买，而是他们不够了解你、信任你，因为你的门槛太高了。先让他免费进入，了解，认同，才能购买、成交。开始免费，后来收费！让人一步、一步、一步走进去，再也走不出来。

2. 复制模式。文化层次低的企业复制的只是产品的功能，高层次的企业还复制产品的战略和营销模式。比如，ZARA 既无工厂，又无设计师，一年 600 亿美元营业额，成功在复制。包括复制一线品牌、复制中端产品等。中小企业就是靠复制的。大企业才去搞研发。消灭研发，最好把生产也消灭掉，这两者的利润永远是最低的。例：美特斯邦威把生产、设计全去掉了。买设计。中小企业要把所有的资源聚焦在品牌营销上，集中所有资源打歼灭战，做最有杀伤力的事情，产生最大回报。蒙牛起步时设备租赁，营业额做大了，还是租赁设备。牛根生说：要把所有的资金聚焦在品牌营销上。

3. 第三方支付模式。即由顾客以外的第三方单位来支付顾客的运营费用，而顾客是免费的。比如，观众看电视剧免费，广告商赞助电视剧，属第三方支付。百度所有上网、搜索都是免费的，谁来支付这个钱呢？企业、广告商。家乐福超市价格最低，超市并不挣钱，它的战略是用低价扩大人流量。如何借力使力，用他人的钱做自己的事情，才是高手。

4. 直销模式。方式有电话、网络、杂志、报纸、会议营销、人海战略（安利、雅芳等）、电视直销等。未来的 10 年，70% 的中端全部会被直销所消灭。未来的 20 年，80% 至 90% 的中端全部会被消灭。另一个趋势是，很多超市、专卖店、商场正在往写字楼搬，甚至会搬到小区里。因为交通、物流的成本太大。

5. 渠道模式。企业有三个无形资产：人、品牌、渠道。渠道就是现金流，就是利润。你可以不向银行贷款，但你不要忘了向渠道融资。因为它有无限的融资功能。农夫山泉的品牌营销战略绝对是娃哈哈的几倍，但是娃哈哈干得好的是渠道。它与供应商形成了长期的战略合作伙伴。你可以做品牌做得非常好，可以占领顾客的心智，但是中间商就是不卖你。渠道招商方法有先做样板市场、广告造势、参加广交会、邀请优质客户、举办招商大会、制造大品牌形象等。借渠道方法是，借另外一个公司的渠道合作，代销自己公司的产品，又叫"绑大款"模式。越是客户端共同的渠道，越容易整合。

第七步：品牌战略。

1. 品牌的商标战略。根据客户端的不同类，产品细分成很多商标。竞争到终极，必须聚焦才能生存。明知是一个公司出产，也感觉是不同的公司。你不买这个也买那个，一网全部打尽。竞争到最后，越聚焦越成功，建议采用此战略。比如，全球最成功的案例宝洁公司有潘婷、海飞丝、玉兰油、沙宣、飘柔等。

2. 品牌的文化战略。一是品牌故事。顾客凭故事记住你。因为人都喜欢听故事，越有历史，意义越大。你要去挖掘。二是品牌文化，就是品牌的核心价值。品牌的核心价值就是品牌传播的核心价值观。它分析顾客为什么买这个产品，通过顾客的需求来判断、提炼。比如，百事可乐卖的是激情；耐克卖的是激情和能量；星巴克卖的是小资文化；油烟机的卖点是"让女性健康起来"……如果你的对手已经卖健康了，你可以卖激情。

3. 品牌的高度战略。抢占客户的心智高度，让顾客在第一时间对你们公司产生尊重感。高度战略的三种表达方式：一是规模表达。规模代表实力，实力代表信任。一个很懂行销的人一定会在第一时间介绍规模先抢占客户心智。二是速度表达。①可以吸引员工；②可以吸引顾客；③可以吸引供应商；④可以吸引政府。在顾客心里面，认为速度快的就是最好的。三是不断地告诉你的顾客"我是领导品牌"。或者告诉你的顾客"我就是第一品牌"。消费者喜欢第一，所以第一是建立顾客信任感最直接的方式。比如，"中国榆木门业第一名"。

4. 差异化战略。就是找到产品不同角度的优点，聚焦到极致，然后塑造价值给顾客，将相同的产品卖出不同。从某一角度找到、赋予产品的某一差异，将这差异放大、放大、再放大，重复、重复、再重复。当差异被重复到一定程度，就在顾客的心智中产生质变，形成了产品的唯一优点。

差异化的 9 种操作秘诀：从原材料的角度来差异，强调原材料的品质能够带来顾客的信任感，特别是生活用品；从生产过程（制作方法）的角度来差异，顾客认为制作的过程越复杂，产品的结果就越好；找出这个产品独特的功能优势，然后聚焦，放大；从历史的角度来差异，顾客永远从过去的历史来判断今天产品的品质，所以产品在哪里生产不重要，但是你的注册地、商标地非常重要；从感性的角度来差异，增强顾客对产品的信任感；从成功的角度来差异，找不到诉求点，就用“用我的产品就成功”；从环保的角度来差异，与顾客直接接触的产品统统可以用环保的角度差异；从专家的角度来差异，如“××公司，××方面的专家”等。

10. 市值管理下的股权激励模式

股权激励，表面上看是技术问题、方案问题，而其本质上是一次基于公司战略的深度对话与沟通。股权激励的本质和目标，是建立起一套长效的人才激励机制，推动企业持续成长。先来看一个案例。

远光软件曾经大打“市值管理”旗帜，发布公告称公司拟推出限制性股权激励计划，激励股份来源为上市公司从二级市场回购的股份，拟授予的限制性股票数量不超过 1300 万股，占公司股本总数的 2.81%。激励对象包括总裁黄建元、财务负责人黄笑华、董事会秘书彭家辉等高管及员工共计 798 人，占公司员工总数 3185 人的 25.05%。股票授予价格为远光软件从二级市场回购股票的平均价格的 50%。

公告显示，计划授予的限制性股票分别在满足公司条件时分两次解锁。第一次解锁条件是，公司 2015 年度加权平均净资产收益率不低于 18%；相比 2013 年度，2015 年公司市值增长率不低于中小板综指增长率的 115% 或公司市值的降低率不高于中小板综指的降低率的 85%。第二次解锁条件是，公司 2016 年度加权平均净资产收益率不低于 18%；相比 2013 年度，2016 年公司市值增长率不低于中小板综指增长率的 115% 或公司市值的降低率不高于中小板综指的降低率的 85%。其中，“公司市值”及“中小板综指”为当年第一个交易日至最后一个交易日该项指标的算术平均值，“公司市值”及“中小板综指”的“增长率或降低率”指考核年度该项指标与 2013 年度值相比的增长率或降低率。

远光软件证券部称：公司采用市值考核而非业绩考核，主要是为了将股东利益与激励对象的利益更有效、更直接地结合。公司未来将持续优化市值管理工作，在保持公司基本面持续良好的基础上，让公司基本面在市值上得以更充分体现。公司今后会继续加强与广大投资者的沟通交流，吸纳更多创新的市值管理策略和理念，不断提升公司的市值管理能力。而并购已是公司未来发展的重要战略，公司未来将持续加大投资并购方面的工作力度，积极开展相关工作。

●股权激励与业绩提升、市值增长

在业绩提升方面，有统计数据表明，实施股权激励的上市公司与A股上市公司相比，业绩增长年平均高出30%以上。在市值增长方面，也有统计数据表明，实施股权激励的上市公司与沪深300相比，其股价表现显著好于市场整体水平，前者的市值增长是后者的1倍以上。通常一个设计规范、考核科学的股权激励方案一旦公告，公司的股票应声大涨已成为资本市场屡见不鲜的事情。同样，对于未上市的公司来说，一套规范的股权激励会使企业在引进战略投资者时获得额外10%至15%的估值溢价。

股权激励之所以在公司业绩提升、市值增长（估值溢价）方面作用明显，其中的道理很简单，股权激励给公众释放出一种信号：股东和管理层已达成长期战友关系；企业的公司治理规范；未来三到五年的经营目标是有信心实现的；公司进入战略实施状态和组织管理状态。

●股权激励的模式

1. 股票期权。股票期权是指公司授予激励对象的一种权利，激励对象可以在规定的时间内（行权期）以事先确定的价格（行权价）购买一定数量的本公司流通股票（行权）。

2. 期股奖励模式。期股是一种通过经营者部分首付、分期还款而拥有企业股份的股权激励方式，其实行的前提条件是经营者必须购买本企业的相应股份。

3. 虚拟股票权。虚拟股票是指公司授予激励对象一种虚拟的股票，激励对象可以据此享受一定数量的分红权和股价升值收益，但没有所有权，也没有表决权，不能转让和出售，在离开企业时自动失效。

4. 股票增值权。通过模拟认股权方式，获得由公司支付的公司股票在年度末比年度初的净资产的增值价差。

5. 限制性股票。公司将一定数量的限制性股票无偿赠与或以较低价格售与公司高管人员，但对其出售这种股票的权利进行限制。

6. 员工持股。员工持股计划是指由公司内部员工个人出资认购本公司部分股份，并委托公司进行集中管理的产权组织形式。

7. 管理层收购。管理层收购又称"经营层融资收购"，是指公司的管理层（个人或集体）利用借贷所融资本购买本公司的股份（或股权），从而改变公司所有者结构、控制权结构和资产结构，实现持股经营。

8. 业绩股票。业绩股票是股权激励的一种典型模式，主要用于激励经营者和工作业绩有明确的数量指标的业务负责人。

9. 账面价值增值权。账面价值增值权，就是直接拿每股净资产的增加值来激励其高管人员、技术骨干等。

●做好股权激励的关键所在

做好一个企业股权激励的关键，要在价值理念、程序保障、专业理解3个方面展开工作。

在价值理念方面，首先要牵引股东和管理团队树立一系列正确的价值理念：

1. 端正"股东"的概念，在没有完成从一次创业到二次创业，实现产业扎根和管理范式之前，所有股东都是投入的概念，而不是享受的概念；

2. 股权激励是一套长效、开放、循环的激励机制，不是短期福利计划，更不是一种套现、造富的手段和工具；

3. 股权激励是一次在核心高管内部展开关于事业发展终极沟通的最佳机会，把核心团队从利益共同体牵引向事业共同体，去思考我们的财富意味、事业意味、人生意味。

在程序保障方面，要通过一系列方法工具、工作程序来保障股权激励的实施效果：

1. 激励范围及激励对象确定；
2. 行业激励水平的外部比对；
3. 企业激励结构的内部评估；
4. 股权激励实施基础分析；
5. 理念宣贯；
6. 岗位价值评估；
7. 业绩考核指标设计；
8. 股权激励方案设计；
9. 财务及激励效果测算；
10. 实施辅导。

在专业理解方面一定要深入、全面，因为股权激励的设计和实施涉及多个专业领域，诸如公司治理、公司战略、资本运作、上市筹划、人力资源以及相关政策法规等。同时，股权激励机制的建立还必须要求对企业所在行业的发展规律、竞争要害，以及企业经营规律有深刻理解。正因为如此，股权激励项目通常会配备公司治理专家、战略专家、上市辅导专家、产业研究专家、股权激励专家等多领域专家组合，也只有这样，我们认为才能做好一个股权激励项目。

一个好的股权激励，必须建立在理念端正、程序严谨和专业保障的基础之上，只有这样，股权激励才能切实起到激励效果，为企业的成长壮大奠定扎实的核心人才队伍打下基础。

七、将转板进行到底

随着新三板的发展，转板问题已经成为相关各方比较关注的一个问题，“将转板进行到底”已经成为一种普遍的心声。证券监管机构以及新三板管理当局拟把转板制度作为促进新三板发展的一个重要举措。一些企业也是翘首以盼，甚至有企业把在新三板挂牌作为最终实现在交易所上市的一个跳板。但是从现行的政策以及部分实践来看，转板问题不是一个一蹴而就的问题，而是需要政策的更加明确和完善。

1. 2016 年上半年成功转板企业概览与分析

部分投资者在进行新三板投资的时候会有一个愿景，转板上市。那么，现实中新三板的转板情况是怎样的呢?

●2016 年上半年成功转板企业概览

大家经常谈到的转板一般有两类。第一类是通过 IPO“转板”上市，挂牌公司向中国证监会申请首次公开发行股票并上市前，向全国股转系统申请暂停股份转让，如果中国证监会核准挂牌公司首次公开发行股票申请，全国股转系统将终止其股票挂牌，随后企业股票便可在 A 股中进行交易。但此类“转板”并非真正意义上的转板制度。第二类则是新三板直接对接 A 股，新三板企业无需经过 IPO 的阶段，直接进入 A 股市场进行交易，这是真正意义上的转板制度。某些资本市场已经实行了转板制度，例如美国的纳斯达克和台湾的兴柜市场。

据东方财富 Choice 数据，截至目前，共有 12 家公司实现了转板（表 7—1)。这 12 家企业都是通过第一类成功实现上市。仍未有一家企业是通过第二种方式实现真正的转板。

表 7—1 2016 年新三板转板情况一览

转板前					转板后		
代码	名称	挂牌日期	摘牌日期	挂牌时长	代码	名称	上市日期
430018.OC	合纵科技	2007/9/19	2015/6/1	7.70	300477.SZ	合纵科技	2015/6/10
430040.OC	康斯特	2008/12/26	2015/4/22	6.32	300445.SZ	康斯特	2015/4/24
430049.OC	双杰电气	2009/2/18	2015/4/20	6.17	300444.SZ	双杰电气	2015/4/23
430030.OC	安控科技	2008/8/20	2014/1/9	5.39	300370.SZ	安控科技	2014/1/23
430045.OC	东土科技	2009/2/18	2012/8/29	3.53	300353.SZ	东土科技	2012/9/27
430012.OC	博晖创新	2007/2/16	2012/5/10	5.23	300318.SZ	博晖创新	2012/5/23
430008.OC	紫光华宇	2006/8/30	2011/9/28	5.08	300271.SZ	华宇软件	2011/10/26
430023.OC	佳讯飞鸿	2007/10/26	2011/4/20	3.48	300213.SZ	佳讯飞鸿	2011/5/5
430001.OC	世纪瑞尔	2006/1/23	2010/12/6	4.87	300150.SZ	世纪瑞尔	2010/12/22
430006.OC	北陆药业	2006/8/28	2009/8/4	2.94	300016.SZ	北陆药业	2009/10/30
430007.OC	久其软件	2006/9/7	2008/1/28	1.39	002279.SZ	久其软件	2009/8/11
400003.OC	粤传媒5	2001/8/8	2007/8/15	6.02	002181.SZ	粤传媒	2007/11/16

其中，粤传媒是老三板股票，其余 11 家合纵科技、康斯特、双杰电气、安控科技、东土科技、博晖创新、紫光华宇、佳讯飞鸿、世纪瑞尔、北陆药业和久其软件为新三板股票，这 11 家企业均是在 2009 年或之前就已经在新三板上挂牌，属于最早一批的新三板企业。在这段时间仅有北京中关村科技园的企业能挂牌新三板，因此这 11 家企业所属行业均为高新技术产业，其中有 7 家企业是属于信息技术行业，2 家属于医疗保健业，2 家属于工业。

统计发现它们在新三板的挂牌时间平均有 4.9 年。其中久其软件时间最短，但也在新三板挂牌了将近 3 年，而和新三板感情最深的莫过于合纵科技，总共在新三板中挂牌了 7.7 年。

●2016 年上半年成功转板企业分析

抛开老三板股票粤传媒，下面我们从四个方面对 2016 年上半年成功转板的 11 家企业做一番分析。

第一，转板后估值水平显著上升。

PE（市盈率）是反映企业估值水平最直观的指标，从新三板企业在转板前最后一个成交日的 PE 中可以看出企业在新三板上的估值水平。以企业在 2016 年 2 月 29 日的 PE 作为在 A 股的估值水平并进行对比，发现其中PE变化幅度最大的是康斯特。

康斯特在新三板最后一个成交日的PE仅为1.74，如今在A股中2016年2月29日的估值为64.8，是当时在新三板时估值的37.2倍。11家企业在A股的最新PE比在挂牌新三板时上升了许多。随着PE的显著上升，企业的总市值也是水涨船高。康斯特的总市值涨幅最大，从0.18亿元涨至29.05亿元，涨了150多倍。而涨幅最小的世纪瑞尔也达到了原本在新三板时市值的5.42倍。现在总市值最高的是华宇软件，达到了110.15亿元。可以看出，A股市场的估价明显比新三板市场的要高出不少。

需要说明的是，此处暂不考虑不同时间点中国资本市场整体估值水平的变化。

第二，11家转板企业融资能力大幅提升。

上述企业在转板前有5家公司在新三板上进行过融资，其中融资总金额最高的是世纪瑞尔，但也仅募集到了8700万元的资金。而在转到A股之后，企业的融资能力明显得到了大幅的提升。11家企业中上市以来募集总金额最低的是康斯特，为1.84亿元；募集总金额最高的是久其软件，为15.35亿元。而不管是康斯特还是久其软件在新三板挂牌的时间里，并未进行过融资。

2015年以来新三板的融资问题已经得到了很大程度的改善。2015年新三板有1875家企业发起了2490起定增，实际募集约1217亿元的资金，其中单笔额度最大的融资为九鼎投资发起的100亿元定增。这11家优秀企业中许多是在2012年前就成功转板上市的，在新三板的融资金额不高很大程度上受到当时新三板市场环境的影响。

第三，A股流动性要优于新三板。

流动性是当下所有新三板人最关注的问题之一。高流动性可以让企业的估值更加准确，投资者在考虑投资的时候也不需要过于担忧退出问题。在这一方面，A股市场的流动性大幅优于新三板。

这11家企业在新三板企期间的日均换手率基本上都处于1%左右的水平，而上市后的日均换手率均得到了及大幅度的提升。合纵科技是11家企业中最晚转板至A股的企业，其换手率的改善最为明显，从0.49%上升至 12.59%。

日均成交额的提升也非常明显。在新三板挂牌时期，11 家企业的日均成交额均在 10 万元级别左右，最高的是东土科技，日均成交 351.15 万元。11 家企业在转板后至今的日均成交额大多达到了亿元级别，最差的佳讯飞鸿也有 5651.08 万元。

第四，转板虽好，所需成本并不小。

从 11 家已经转板的企业的估值、融资能力和股票流动性的改善程度来看，转板为企业带来的好处是巨大的。高估值、高额融资、高流动性可以帮助企业在资本市场加速发展，也难怪如此多优秀的新三板企业希望前往 A 股发展。

但通过 IPO 通道转板上市所需要的时间成本可不小。11 家企业中从 IPO 申请日到正式上市的日期的时间跨度平均为 2.19 年。其中合纵科技早在 2010 年 3 月 25 日就提交了 IPO 申请，但直至 2015 年 6 月 10 日才正式上市，前后总计花费了 5.19 年的时间。

除了时间成本外，处于 IPO 排队的企业不能进行诸如融资或者并购等可能改变企业原来股权架构的资本运作，这可能会让企业错失良好的发展时机，也是不得不考虑的机会成本。

注册制预期让许多企业认为 IPO 排队时间或将会缩短，上市速度或将加快。但就在 2016 年 2 月 26 日，证监会发言人邓舸在答记者问中说道："注册制改革是我国资本市场改革的方向，改革的制度设计必须充分考虑我国市场的环境和条件，这一工作需要一个较长的时间过程。"

转板虽好，可是时间成本和机会成本也是企业需要考虑的问题。

另外值得一提的是，2016 年 3 月 16 日，《国民经济和社会发展第十三个五年（2016－2020 年）规划纲要》（以下简称《纲要》）正式发布。在健全金融市场体系方面，《纲要》提出，积极培育公开透明、健康发展的资本市场，提高直接融资比重，降低杠杆率。创造条件实施股票发行注册制，发展多层次股权融资市场，深化创业板、新三板改革，规范发展区域性股权市场，建立健全转板机制和退出机制。《纲要》的发布被看作 2016 年上半年新三板市场大事件之一，是深化新三板改革的重要举措。

2. 未来成功转板公司的流动性价值分析

创业板公司正享受着“高大上”的估值，讲述着一个又一个财富神话。与之形成鲜明对比的是，同样肩负创业创新任务的新三板却遭受估值低廉、交易冷清的困扰。为此，部分“不甘寂寞”的新三板公司开启了转板之旅。跨过一道并不高的门槛，就能完成百倍估值的提升，这正吸引着越来越多的新三板公司。其实这仅仅是转板大潮的先行部队，未来，随着新兴产业板等市场的建立以及转板机制的进一步完善，越来越多经新三板培育的公司将投身其中。

面对转板大潮，能够在未来实现转板的公司应该具有哪些流动性价值，或者说应该具备什么样的条件呢？我们不妨从成交量年限和行业成交量两个维度进行分析，并提出完善新三板制度、创造新三板未来转板条件的思路。

●成交量年限分析

交易时间和成交量是衡量上市公司流动性的基本标准，不光是对于上市公司而言，对于作为未来多层次市场之一的新三板市场上的挂牌公司同样适用。

纵观新三板所有挂牌企业，交易的成交数量累计超过 3000 万股的也不超过 20 家，除九鼎投资一枝独秀外，没有几家的交易流动性是能够一看的。IT、金融、清洁技术等行业的公司居前。从交易时间这个维度来看，以一年交易1000万股为一个标准，即便拿最宽松的标准，交易5年以上的新三板上市公司成交数量超过5000万股以上的公司为零。本市场交易差价仍存在一定的缺口。

由于挂牌积累期较短，除极个别的挂牌机构成交较为活跃外，离真正意义上的定价发现还有非常大的距离。因此，衡量流动金不仅需要考核交易总量还有交易时间，以及交易和整体市场的匹配时间、量能、财务性估值、政策性估值等等。还有对行业和热点板块也需要考虑进去。

●行业成交量分析

未来能够转板成功的新三板挂牌公司除了公司业绩突出外，行业和概念也很重要。当然对于特定的行业的扶持也非常重要：证监会积极支持符合条件的创新企业在境内发行上市，对于尚未盈利的互联网科技创新企业，在新三板挂牌一年后在创业板发行上市的问题，目前正在抓紧研究中，力争尽快推出。

根据专业机构数据统计，累计成交数量超过3000万股的有：金融行业的九鼎投资、鑫庄农贷、联讯证券和均信担保，IT行业的中科软、指南针和兆信股份，机械制造行业的七维航测、华电电气和大盛微电，电子及光电设备行业的盈谷股份、中讯四方，环保行业的绿创设备、联飞翔尚远环保、武大科技、景弘环保、凌志环保、新华环保、金达莱和蓝天环保。

由于样本限制，能够遵循的价值发现规律的说明也较为有限，但思路和方法可以被借鉴和供参考。

●完善和创造新三板制度及未来转板条件

缺乏流动性是“新三板”最大的缺陷，由于场外市场挂牌公司并非公开发行，股本集中度甚高，交易涉及的资金量非常有限，加之参与对象受限、原始股东限售等原因，市场低迷，成交稀少，缺乏流动性，市场功能难以发挥。发展新三板，亟待完善相关制度。

第一，应打破企业挂牌的地域限制，将可挂牌园区范围扩展至全国。

中关村科技园区非上市股份有限公司报价转让试点自2006年1月启动

以来一直仅服务于园区内注册的高新技术企业，至今已经10年有余，其探索、试点的使命基本业已完成。很明显，过于局限的试点范围对新三板以及我国场外交易市场的发展都极为不利，亟须国家继续推进“新三板扩容”工作，进一步扩大到全国所有高新技术园区、乃至所有符合条件的股份公司。对于参与的企业，市场应制定统一的标准和条件，公平竞争，择优挂牌，力争把新三板市场建设成兼具全国性、统一标准、高效的资本场外交易市场。

第二，引入做市商制度，提高新三板市场资本的流动性。

做市商最主要的功能是对挂牌公司定价估值，提供流动性。新三板市场为创新企业服务，创新企业未来业绩波动剧烈，上市公司披露的信息很难准确反映其未来，一般投资者通常并不具备直接自行分析创新公司前景及可投资性的能力。而专业的做市商则不同，它拥有具备专业知识的专业人才队伍，能及时准确对挂牌企业及相关信息进行分析判断。因此，在企业挂牌前，应允许做市商持有挂牌公司一定比例的股份，以保证双向报价和合理的流动性交易。

第三，放开个人投资者限制。

由于企业本身的原因，投资新三板存在着太多的不确定性与风险，保护投资者的利益成为监管部门首先必须面对的问题。自新三板市场启动以来，普通个人投资者能否参与其中一直是市场争论的焦点。新三板不允许普通个人投资者参与，限制了市场的流动性，但事实上具有一定风险承受能力和一定投资经验的个人投资者完全可以进入新三板市场。在投资者资质上，应允许市场向符合新三板市场投资者适当性管理的个人投资者开放，这些个人投资者可进入新三板市场参与报价转让交易。

第四，建立严格的退市制度。

目前，海外创业板市场主要从财务指标、信息披露和规范市场交易上来设定退市制度。如美国的NASDAQ市场，在持续30个交易日上市公司的股票如果每股价格不足1美元，NASDAQ市场将发出亏损警告；被警告的公司的股价如果在警告发出后的90天内仍没有突破1美元这个关口，则将被宣布停止股票交易，这就是所谓的“一美元退市制度”。“一美元”

是 NASDAQ 市场判断上市公司是否亏损的市场标准，而不是公司的实际经营状况，一定量的指标判断，在客观上可以反映上市公司的真实内在价值。此外，如果上市公司所披露信息存在极大问题以及进行违规操作，从而影响投资者的判断，也可能导致摘牌退市。这些具体的条件与程序的设计应充分考虑我国的基本情况。例如，在退市程序设计时，可以参考 NASDAQ 市场设置听证程序，以给投资者的知情权、申诉权及相关利益以程序保证。

第五，制定合理的上市条件以及科学的系统内转板机制。

“转板制度”是企业在不同层次的证券市场间流动的制度，是资本市场体系中各个层次资本市场之间的桥梁，是资本市场中不可或缺的重要环节，建立规范、灵活的转板机制符合场外市场的特性。然而我国资本市场并不存在真正意义上的“转板通道”。之前曾出现所谓“转板成功”的案例，均是通过增量发行的方式进行的，这和一般公司提出首发申请并没有太大区别。

新三板的流动性无论从量还是公开程度都远远不及真正意义的新三板市场的交易量，市场还有待更长期和更进一步的发展和完善。随着做市商制度和引入个人投资者，使新三板市场成交量不断放大，市场交易的容量和流量不断放大，无缝对接的多层次资本市场在不久的将来一定能真正实现。当然，在这逐步实现的过程中也蕴藏着巨大的机会。让我们拭目以待。

3. 新三板挂牌公司的转板路径及新动向

新三板挂牌企业转板创业板存在两种方式，一是创业板设立单独层次，专门接纳在新三板挂牌满一年尚未盈利的互联网和高新技术企业，此种方式实施的前提是降低财务指标等发行条件，即IPO方式；二是转板企业不通过发行，只通过交易所之间转板，即在新三板通过定增和交易，股权分散程度达到了创业板的上市条件，实现转板。但需要提醒的是，二者的区别是IPO条件与上市条件的区别。

●新三板挂牌公司的转板路径

新三板挂牌公司的转板路径按照目前现有的政策，新三板挂牌公司的转板路径有四条。

第一，通过IPO转板上市。

通过IPO转板上市是最常见的转板方式，挂牌公司向中国证监会申请首次公开发行股票并上市前，向全国股转系统申请暂停股份转让，如果中国证监会核准挂牌公司首次公开发行股票申请，全国股转系统将终止其股票挂牌。2015年在创业板上市的双杰电气、康斯特和合纵科技3家企业。今年以来，新三板进入上市辅导期的挂牌企业数量有加速增长的趋势。今年2月，进入上市辅导期的新三板企业已有19家；2016年以来约有40家企业公告称将启动赴沪深交易所的IPO程序。由此可见，通过IPO途径上市是目前新三板企业实现转板上市的主要途径。

第二，通过被收购“借道”上市。

对A股公司来说，由于缺乏行业积累和相关核心人才，上市公司进入新的行业需要付出巨大的成本，同时不确定性太大，并购已成为上市公司切入新兴行业的最佳选择。对新三板挂牌企业来说，在IPO无望的情况下，并购也成为挂牌企业背后创投机构资本退出的重要通道。据统计，目前新三板超过30%挂牌企业具有VC/PE背景，VC/PE最好的设想是通过资本运作和资源整合将挂牌企业做大做强，再通过转板上市实现资本退出。但在上市难度过大的情况下，VC/PE也不得不退而求其次，只要收购方出的价格合理，通过被A股上市公司并购实现曲线上市也是一个不错的退出路径。新冠亿碳就是第一家因市场化并购而退出新三板的企业。

第三，“借壳”上市公司实现上市。

借壳交易的成功率相对高于IPO，因为借壳系上市公司的交易，通常对上市公司起到挽救和改善作用，同时二级市场又会因重组预期而上涨，监管审核需要考虑的因素更多，否决需要更大的勇气。2015年4月9日，*ST新都在停牌逾8个月后披露重组预案，公司拟出售盈利能力较差的酒店资产等，同时发行股份收购新三板公司华图教育，公司实际控制人也将发生改变，构成借壳上市。华图教育借壳*ST新都实现主板上市，成为首例通过借壳实现上市的新三板挂牌公司。

第四，直接“对接”创业板/主板。

直接对接，就是目前尚未实现的多层次资本市场之间的转板机制。在全国股份转让系统挂牌的公司，达到股票上市条件的，可以直接向证券交易所申请上市交易。

●新三板挂牌公司转板路径新动向

《全国中小企业股份转让系统挂牌公司分层管理办法（试行）》最近的一则公告引爆资本市场，有关分层名单、“抽血”A股等新闻铺天盖地，在股票市场掀起阵阵狂澜。

全国中小企业股份转让系统显示，截至2016年6月2日，新三板挂牌公司数量为7464家。在这些挂牌公司中，究竟有多少家A股上市公司参股其中？又到底有多少家新三板公司成为上市公司的“掌中宝”？据最新数据显示，在参股新三板股票占比较大的股东名单中，269 家 A 股上市公司荣耀上榜。其中，199 家 A 股上市公司持有 1 只新三板股票；36 家持有 2 只新三板股票，占比 13.38%；持有 3 只新三板股票的 8 家；持有 4 只的 1 家。此外，25 家持有 5 只或 5 只以上新三板股票，占比为 9.29%。同时，新三板挂牌公司中共计 783 家被 A 股上市公司参股，占全部新三板上市公司总数的 10.49%。其中，59 家备受青睐，被上市公司持股占比达五成以上。当然，这中间也不乏 A 股上市公司子公司，例如 2015 年 8 月 11 日在新三板挂牌的南京臣功制药股份有限公司，其总公司南京高科持股 5940万股，占其总股本的 99%。

上市公司布局新三板背后，转板大幕有望拉开。

4. 新三板企业转板的条件、步骤与机制探索

我国对公司公开发行上市采取核准制，因此，企业欲从新三板转板到创业板等板块上市，必须要经过证监会的公开发行的核准。这也是在新三板挂牌公司可以直接转板的前提条件。从目前的政策规定来看，这个条件已经具备。

●新三板转板制需四个条件

企业在新三板挂牌，也就是已经获得了证监会公开转让的批准，那么从实际操作上来看，是不是就可以顺利实现转板了呢？在目前来看，企业要实现转板，还需要一定的条件，并不是在短期内就可以实现的。

第一，新三板挂牌企业要达到在证券交易所上市的条件。

如前所述，我国实行的是发行和上市分离的制度。这就从制度规定了这样一种体制，那就是证券交易所有决定是否让已经经过证监会公开发行批准的企业在其交易所上市的权力。因此企业欲在交易所上市就要满足交易所规定的上市标准。

按照沪深交易所修订的上市规则，主板上市需要股本在5000万元以上，公开发行的股份达到公司股份总数的25%（股本超过4亿元的，这一比例是10%）；创业板则要求股本总额不少于3000万元，公司股东不少于200人。

第二，《证券法》的修改以及证券发行制度的改革。

对于转板问题，需要有一个合理的机制以及一套规范的制度安排。这其中包括要对《证券法》进行修改。现行《证券法》有关市场体系的规定主要是立足于交易所市场，欠缺对多层次场外市场的整体设计，对不同层次的资本市场（包括场外和场内）之间的转板机制缺乏基本规定。其次，还应调整现行《证券法》有关对股票发行采取核准制以及与之相配套的发行条件、发审委制度等相关规定，实行更加灵活的核准制度或者逐步实现由核准制向注册制的转变。

第三，新三板的健康发展。

目前新三板市场尚处于起步阶段，交易规则、信息披露、监管制度等仍有待完善。因此，在现阶段，企业由新三板向创业板、主板等板块转板就不可操之过急，而是要循序渐进，逐步采取措施促进新三板本身不断完善，从而为转板创造条件。

第四，防止监管套利的制度和措施的完备。

如果在新三板挂牌企业可以通过直接转板进入创业板等板块进行上市，那么管理层需要防范新三板转板过程中的监管套利问题。

因此这也需要进行整体设计，协调好证监会、交易所、新三板以及其他层次场外交易市场的关系，理顺各种机制，防止监管套利以及利益输送等问题的发生。

综合上述几点，虽然由新三板直接转板到主板理论上有一定的可行性，但是现阶段无论在顶层设计还是具体操作等方面条件都还不完全具备，还需要进行制度改革以及等待市场的逐步完善。

虽然由新三板直接转板到创业板和主板等板块上市在短期内尚不可行，但场外市场各层次之间的转板经过规划后则是近期可以实现的，而主板和创业板等板块上市企业退市后进入新三板挂牌这类形式的转板则基本已经可以实现。另外，伴随着2016年5月分层制的正式落地，市场普遍预期分层之后转板政策推出的可能性加大，同时预计创新层或成注册制试验田。

●新三板转板步骤详解

对于关注如何从新三板转板的企业来说，很有必要详细了解新三板转板步骤。

第一步：IPO 辅导。

企业要 IPO，首先得经历 IPO 辅导阶段。

根据现行标准，不再强制要求 IPO 辅导时间超过一年。由于新三板挂牌企业已经完成了股改等规范性的资本操作，成为公众公司，因此有利于这些企业快速通过辅导阶段。比如，2015 年 4 月 8 日，海容冷链开始进入 IPO 上市辅导期，同年 11 月 4 日海容冷链向证监会提交了上市申请。其完成辅导上市工作耗费的时间约为半年。

机构人士认为，如果企业进入辅导上市，首先要向证监会申报辅导备案，而期间这些股票若无重大事项，则仍处于可交易状态，而这也为投资者提供了进入的机会。

第二步：证监会受理后停牌。

如果说企业宣布 IPO 辅导无法证明其决心，那么当证监会受理其文件后，这一切就更明朗了，依据《全国中小企业股份转让系统业务规则（试行）》4.4.1 条规定，企业随后须在新三板停止转让。

2015 年 11 月 4 日海容冷链向证监会提交了首次公开发行 A 股股票并上市的申请，并于 2015 年 11 月 6 日领取了《中国证监会行政许可申请受理通知书》，自 2015 年 11 月 9 日起，其在全国中小企业股份转让系统暂停转让至今。

第三步：取得上市批文摘牌。

根据相关规定，在新三板二级市场参与进去的投资者，当标的 IPO 后，这些投资者还面临着一年的锁定期。

考虑到一年的锁定期，投资者即使没有在股价最高点退出，相信随着时间的推移，Pre－IPO 标的上市后，其估值终将向 A 股的同行业平均估值修复。从现有的平均估值水平来看，作为稳健的价值投资，在几年间获得两倍甚至数倍的收益，相信也远远跑赢市场平均水平了。

搞清楚变现路径后，面对可观的预期收益率，投资者该什么时候下手呢？机构人士表示，当投资者看到新三板挂牌企业的做市商选择退出，而这家企业又已经接受完 IPO 辅导。此时或许是最佳的进入时机。至于投资标的的选择，最重要的还是行业，应该选择行业估值相对 A 股具有较大折价的，并且不是处于行业景气周期顶端的公司。

●新三板转板机制探索

2016 年 6 月 20 日，国务院总理李克强表示，探索建立多层次资本市场转板机制。这意味转板机制靴子将落地。因此建议，不妨在新三板和创业板之间试点转板机制。

目前新三板转板 A 股市场并没有绿色通道，需要经过先暂停交易、摘牌、上市辅导、IPO 重新上市这个流程，即传统的新股发行上市。而国际意义上的转板是直接转板，而不是费力重新 IPO 再转板。虽然我国已经初步建成多层次资本市场体系，但是各市场间仍缺失沟通、相互促进的转板通道。这就需要加快推进转板机制落地，否则各个市场只能孤立，达不到各自的功能定位。

事实上，管理层对于新三板转板早有发声，建设转板机制目前也已提上日程。

2014 年 10 月，证监会印发《关于支持深圳资本市场领域改革创新发展的若干措施》，明确提出“积极研究制定方案，推动在深圳证券交易所创业板设立专门的层次，允许符合一定条件尚未盈利的互联网和科技创新企业在全国中小企业股份转让系统挂牌满 12 个月后到创业板发行上市，支持创业板的良性发展”。

2015 年“两会”期间，证监会主席肖刚表示目前考虑先从新三板跟创业板之间的转板机制进行试点，制定该转板方案是今年改革的重要工作之一。而就在 2015 年年中，全国中小企业股份转让系统有限责任公司总经理谢庚针对关于新三板与沪深市场的关系，表示这几个市场既是有着各不相同的市场定位和服务群体的独立市场平台，又是存在相互联系的市场体系，正在拟议中的转板制度，就是这种有机联系的重要体现。

2016 年 4 月 2 日，证监会新闻发言人张晓军在例行新闻会上表示，国务院此前发布的《关于全国中小企业股份转让系统有关问题的决定》（国发〔2013〕49 号），明确“全国股转系统主要为创新型、创业型、成长型中小微企业发展服务”，“达到股票上市条件的，可以直接向证券交易所申请上市交易”。另外，“十三五”规划纲要提出，创造条件实施股票发行注册制，发展多层次股权融资市场，深化创业板、新三板改革，规范发展区域性股权市场，建立健全转板机制和退出机制。

他山之石，可以攻玉。从海外市场的经验来看，美国市场设定转板条件，企业希望转板时，可以随时向期望的市场提出申请。由企业的律师及证券公司出面策划，只要符合拟转让市场的上市条件，通常 90 天内就可以转移到新市场上市交易，转板程序简便灵活。

我国将市场各个板块有机连接，形成可进可退、能上能下的流动机制，从而为企业的发展提供一个公平竞争、促进创新的市场环境，这样，一个充满活力的资本市场将是投资者的福音。

5. 新三板分层后的转板“诱惑”及配套制度设想

在新三板分层实施方案即将出台的前夕，大量的优质新三板挂牌企业抵挡不住主板市场的“诱惑”，纷纷接受上市辅导意欲登陆主板市场。新三板分层制度于2016年5月正式实施，让市场对新三板制度创新有了更多的期待，为新三板企业提供与市场体量相匹配的流动性、合理维持市场交易活跃度的期待也日渐迫切。

●新三板分层后的转板“诱惑”

据统计，截至2016年5月22日，已经有90余家新三板企业接受上市辅导，而去年同期仅有海容冷链1家公司接受上市辅导，去年全年也仅有51家企业接受上市辅导。从数字的增长来看，挂牌企业有加速向主板转板的趋势。在发布IPO辅导公告的公司中，不乏好买财富、天地壹号、恒信玺利等新三板明星企业。

造成这种趋势的原因至少有两个。其一，缺乏流动性的新三板，对于质优企业并不公平，因为其得到的估值很低。而转板后带来的估值的急剧上升，无论是对于投资者的套现退出，还是对于企业的融资来说，都具有无法抗拒的诱惑力。其二，新三板分层、转板等制度的迟迟不能出台，也在一定程度上消磨掉了一些优质企业的耐心和信心。而按照分层实施方案标准，能够进入创新层的不少企业，也符合在创业板上市的标准。目前新三板转板规则尚无明确规划，一些优质企业需要提高流动性、提高市场关注度、扩大市值。

此外，一些无法进入创新层的企业担心，新三板分层后，基础层与创新层的企业将呈现“冰火两重天”的态势，分层后基础层企业的定向增发将变得困难，优秀的企业则可能在融资方面更为顺利。因此，出现申请IPO辅导公司数量增加的情况是可以预知的，未来可能会继续增加。

不过，到主板IPO也并不是一件容易的事情。按照目前证监会放行的速度，2016年能够在主板IPO的企业大约为100余家，而仍在排队的企业还高达数百家之多。新三板企业如果想转板IPO还是需要根据实际情况来研判，切记一窝蜂似的跟风。而排除掉这个吓人的“堰塞湖”还需要不短的时间。

对于企业来说，无论是转板IPO，还是闯关创新层，其实关注的核心还是流动性，选择哪个市场，只是这个核心问题的表象。除去原先投资者或股东要套现的欲望之外，企业更应该做的是把主业做好，真正地筑牢自己的“护城河”，打造自己的核心竞争力。

●新三板分层后的配套制度设想

分层制度并不能解决新三板的流动性问题。流动性问的解决需要依靠进一步建立创新配套机制，一方面，优化交易方式，引入竞争，对市场交易主体进行有效规范，增加市场的活力，实现市场运作的“三公”原则。另一方面，加强监管，降低市场风险，从而使更多的投资者能够放心进场，适时加大对新三板的“输血”、及时引入流动性“活水”，为包括公募基金在内的社会资本进入新三板市场提供了的基本前提，也为下一步推出竞价交易和降低投资者门槛创造条件。分层机制是保障后续最终解决新三板流动性问题的突破口。

第一，放宽做市商条件，引入做市商竞争机制。

新三板的流动性严重不足，这已经是众所周知的事情了，同时新三板主流的交易制度是协议转让，导致交易的发生条件苛刻，做市商一度为新三板带来了实实在在的流动性，助推了新三板两指数大涨，而面对目前新三板大量的增发库存股面临流动性危机，做市政策红利也被做市商滥用，针对做市交易制度下，新三板做市商仅向券商开放，并依赖于企业大幅折价出让股票以获取套利差价，所以其做市动机将产生一定程度的扭曲，更倾向于抬升股价。针对做市商在做市交易中利用垄断地位对市场交易带来的弊端，监管层应筹划打破这种不利的垄断局面，加强市场监管力度，打破市场垄断。

在对做市商进行严格监管，严惩做市商违规行为的前提下，采取有效的措施放宽做市商准入和退出的门槛，引入合格的 VC/PE 等机构，让更多的做市业务主体进入做市商业务，让做市制度有更多得市场化和自由化，真正给企业、做市商、投资者公平的市场环境，让市场决定企业的价值。扩大做市商规模，尤其是引进公募基金、私募基金入场做市，打破券商一家独大，形成竞争性市场。

第二，有条件的进行竞价交易。

新三板市场当前转让方式共有三种，即“做市转让、协议转让、竞价转让”，企业可择一施行。当前新三板市场允许采取的转让方式只有做市转让及协议转让。协议转让和做市交易制度的弊端不断凸显，市场对竞价交易制度期望值颇高，竞价交易制度由其自身特点决定在市场交易方面具备先进性，是进一步推动解决新三板流动性问题的良药。随着分层制度的推出，投研机构对于创新层优秀企业研究分析服务，在于符合股权分散程度较高，财务体系和管理体系完善，信息披露合规充分的创新层企业，采用竞价交易方式能最终释放流动性。

竞价交易是市场对通过改革释放流动性的下一个希望，伴随新三板分层制度的落地，为了满足创新层优秀企业的流动性需求，竞价交易作为市场竞争的基本制度有了率先在创新层实现的现实基础。竞价交易机制的确立也能进一步吸引质地优良的新三板挂牌，也对新三板市场内优质企业盘活资金带来了更多可能。

第三，强化监管的同时，放宽投资者准入门槛。

新三板分层并不能最终解决市场流动性，新三板流动性的释放，最根本的还是增加进入市场的投资者。目前区区 30 万投资者，尚有部分不是合格投资者，实难带来资金有效的流动性。分层机制的落地将是实现降低市场准入门槛的突破口。监管者一直没有尝试降低投资者准入门槛，也主要是由于新三板挂牌门槛较低，信息披露不及时、准确、完整，使得投资者丧失了做出判断的基础，所以对投资者的风险承受能力提出了更高的要求，也就抬高了投资者的准入门槛。只有通过推行严格监管制度加强对风险的监控，加速释放更多制度性红利，为降低市场准入门槛，使更多投资主体进入市场，并最终释放新三板的流动性提供可能。

监管是新三板制度健全的重要环节，没有这个环节，降低投资者准入门槛将无从谈起。随着分层制度落地时间节点的临近，以信息披露为核心的监管升级日益升级，通过严格监管和严厉惩处的新三板市场监管手段，对于分层后进入创新层的优质企业，常态化的强监管制度能有效的保障市场创新、增强投资者信心，是新三板长久健康发展的坚实根基。根据分层制度对不同创新层和基础层企业差异化的监管方式，对创新层企业提高监管力度是势在必行的，通过分层能更有效的解决投资者的选择问题，也是通过监管为放开投资者准入门槛保驾护航，降低新三板市场交易的风险，保障更多的社会资金大规模地进入到新三板市场中来。

新三板市场的分层为新三板更多制度创新的实现提供了基础，为市场的良性发展提供了保障。作为一个新生的市场，新三板要完善的地方还有很多，但是新三板已在不断的尝试和完善新的管理制度，新三板将不停地在一次次试错中，探索自由竞争的市场道路！

八、市值裂变的高度与广度

市值管理写入"新国九条"被赋予了新的内涵，拓展了新三板市值管理的价值高度和应用广度。对经济管理学科而言，微观层面强调的是企业具有核心能力，宏观层面强调注重分析影响市值的因素。对价值管理而言，正确理解并落实市值管理四大模块，是企业制胜资本市场的王道。"新国九条"背景下的市值管理要进行产融互动，做好产业端和资本端。同时，也要全面和正确地认识当前中国资本市场出现的市值管理困惑，走出误区。

1. “新国九条”背景下市值管理的管理学新内涵

2014年5月9日发布的“新国九条”（即《关于进一步促进资本市场健康发展的若干意见》）首次提出“鼓励上市公司建立市值管理制度”，这对于上市公司、A股、投资者都是大事，尤其是对经济管理学科来说具有新的意义。下面从微观层次和宏观层次两个角度来分析市值管理对经济管理的意义。

●微观层次——企业有核心能力才是关键

对于一个核心竞争力不强、规模不大的企业，应在企业发展初期培育核心竞争力，不要盲目进行多元化尤其是非相关多元化的扩展。一般而言，资本市场对这种估值的公司并不看好而影响企业估值，进而影响企业的发展。通过突出主业，围绕主业搭建管理体系、塑造核心能力，塑造企业价值；同时，通过将更新后的公司发展战略、盈利模式等与资本市场充分沟通，描述公司价值，获得资本市场的重新认可，传播其价值；与此同时，辅以融资、定增、股权激励、品牌构建推广，从而实现公司价值。伴随公司市值提升，4R的改善，融资、并购等手段，不断冲高企业估值。对于投资者而言，在较高位减持部分股票，从而获得收益；再次通过引入资本（产融互动），激励与核心竞争力提升，提升股价带动下一周期的市值发展。

上述方法，即为公司市值管理的微观逻辑体系。企业估值，与产业趋势、时代概念密切相关，需要适当迎合资本投入的热门，提升产品定位的层次，获得最大估值。企业要善于运用资本市场的资金扶持（资本经营型公司），通过“制空优势”迅速进行展业并购整合。

●宏观方面——影响市值的因素

影响一个公司市值的因素主要有三个方面：

第一，上市板块与选择。

不同地域的资本市场，对公司的市盈率评估差别较大，上市成本也相差各异，对经营上的益处需要仔细分析。比如，一方面，企业在美国、新加坡、英国、台湾上市肯定要比在国内上市的市盈率低，这也是为何很多企业急着回归 A 股的原因；另外一方面，即便是在同一个国家，不同的板块之间市盈率差别也很大，诸如主板、创业板、新三板之间。建议正准备登陆资本市场的企业，优选国内市场，不得已再考虑海外资本市场；国内具体板块的选择要结合企业自身的所处阶段和特点而定。

第二，股市波动和周期。

遍观古今中外，资本市场总是呈周期性波动，表现出显著的主题演变和热点兴衰，如牛熊市、热点波动、某些年份的热点板块、政府报告、突发事件及节假日带动的特定行业。要学会利用经济周期、股市周期、产业周期、公司盈利周期的共振。资本市场总是在牛市、熊市这样的波动周期性中演进，一个公司的市值和所处的周期关系很大。关于市场波动与周期：我们不可以左右，但可以利用，应该利用，必须利用；波动幅度越大，利用价值越高，但利用难度越大。

第三，企业特征和个性。

这是影响企业市值的很重要的一个因素。具体包含九个因素：财务报表、行业、股权结构、商业模式、规模因素、创始人风格、主题或概念、4R 因素、股票价位区间。

总之，市值管理已经进入一个创新时代，新理念给公司经营管理带来了本质的变革。因此，上市公司管理者必须用新眼光、新思路、新的市值管理手段来开展企业经营管理活动。学会感知资本市场对公司战略方向的引导，以市值最大化作为战略选择依据；坚信市场永远是对的；满足投资人的需求，让其满意。

令人高兴的是，目前我国证券市场参与者已经普遍接受了“市值管理”的理念。在企业实践中，一些勇为天下先的上市公司根据自身实际情况，科学制定公司的整体发展战略，运用合法、合规的市场运作方法和各种金融工具，追求长期、持续的资本价值最大化，创造公司内在的投资价值，保持健康的可持续增长，使“市值”这个概念日渐成为衡量上市公司市场实力和影响力的一个标杆。

2. 价值管理是制胜资本市场的王道

市值管理的宏观意义，是资本市场国家战略的重要支撑，对企业来说，则是推动上市公司实体经营与资本运营良性互动的重要手段。企业对接资本市场，只有强化市值管理，实施价值管理。市值管理的核心是价值管理，是价值创造与股东价值实现；目标是追求可持续的上市公司市值最大化；其本质是一种长效的战略管理机制。基于此，市值管理有 4 个模块：价值塑造、价值描述、价值传播和价值实现。在包括新三板在内的中国资本市场中，企业必须正确理解这 4 个模块并将其落到实处，才是制胜资本市场的王道。

●价值管理之价值塑造

第一，明确企业未来 3 年至 5 年的发展战略，确立以市值为导向，产融互动的经营理念和经营目标。目标方面要做的是：一是业务目标。集中公司优势资源，成为 A 领域及 A 领域相关方向 IT 的绝对领导者，发育成公司的主要利润来源；围绕云计算、大数据技术与商业模式发育多个潜在业务增长点。二是管理目标。创建平台型公司，建立平台型制度、文化及服务功能。三是资本目标。确立产融互动的发展思路，建立上市公司资本平台，完成再融资与若干次产业并购。

第二，根据这个新的发展战略，实施业务结构优化。比如，剥离、退出经营不善业务；短期进行财务投资改善业绩；抓住创新机会；长期围绕云计算、大数据等做业务。

第三，管理模式与组织结构优化。基本思想如下：公司的人只要达到一定的业务指标，就可以自行申请成立业务团队、事业部、子公司等，而不同的组织形态有不同的激励政策；调整组织结构和激励机制，支持下属业务发展，比如，有投资能力则专门成立投资部，有培训能力则专门成立商学院，有统一营销能力则建立营销平台等。

第四，实施股权激励计划。根据未来战略和组织布局计划实施股权激励计划，以期实现公司与员工个人共同成长。

第五，加强核心人才管理能力培养。组织公司高管和核心骨干参加商学院，实现知识结构升级和思维结构升级。

第六，盈余管理，优化财务业绩。经过业务结构的系列调整与部署，公司业绩已明显体现“二次创业”的经营拐点。

●价值管理之价值描述

首先，要准确判断公司处于什么样的资本市场环境。研判如果错误的话会对公司市值产生非常严重的影响。比如以互联网为代表的新经济有一个非常有意思的现象，这种商业模式短期业绩体现不了，无法证伪，必须不断“砸”钱进去，砸着砸着业绩就出来了。亚马逊整个市值的增长过程也有这个特点，当时亚马逊2 美元上市，在2000 年阶段最高点的时候涨到100 美元，因为上市之后一直没有利润，在网络泡沫破灭之后瞬间又跌倒7 美元。但是到今天为止又重新创了新高，达到300 美元，市值超过1500亿美元，而且现在也有利润了。这个就是预期自我实现的道理，你相信我，一直给我高估值，一直给我钱，我就真能由虚变实。

其次，做新的价值定位。在定位上有两个动作很重要，一是分析竞争对手的定位；二是投资者预期调研。对市场上的核心投资者做调研，可以掌握市场上对这家公司行业是怎么看的，业绩是怎么看的，未来发展战略是怎么看的。实际上股价能不能上涨，有一个非常重要的原因是你能不能达到或超过投资者的预期，如果超过其预期，股价一定能增长。这个是价值描述的基本原则，即以达到和超越投资者预期为标准，在合法合规的范围内进行价值描述和盈余管理。

●价值管理之价值传播

卖企业和卖产品是一样的，也需要去向资本市场上进行营销。

上市公司有一些法定信息披露的渠道，包括定期报告（年报、中报、季报）、临时性公告等。这些法定信息披露渠道很多公司都不重视，但实际上是非常重要的价值传播渠道。如果公司自己讲不清楚，就一定会造成误解或者曲解。所以要把行业的情况、业务的情况在报告里面写透。投资者看这些报告就和看连续剧是一样的，它前后都有逻辑的。

传播渠道也很重要。在上市公司的信息发布中，有些是证监会、交易所规定必须要做的一些事情，比如什么时候发年报什么时候发季报。但是有些事情是上市公司自己可以去选择做的事情，比如路演、反向路演等，这些是没有规定的，是可以主动做很多工作的。如果一家公司进入主动管理状态，就是要有选择、有节奏地去推进这些工作。

●价值管理之价值实现

衡量一家上市公司市值管理有没有做成功，可以从以下的方面去看（假定以 A 公司为例）：

一看市值。A 公司从启动时 15 亿市值变成 95 亿，而且它远超大盘的涨幅、行业平均涨幅和竞争对手的涨幅。单位时间内其竞争对手上涨了 60%，大盘下跌了 3%，这就是效果。

二看市盈率。A 公司阶段市盈率的增幅超过了它的竞争对手，绝对值也超过了竞争对手，比如，静态市盈率是 52 倍而竞争对手是 50 倍，动态市盈率是 37 倍而竞争对手是 33 倍。

三看股权吞吐。A 公司进行股权激励溢价行权，行权价格 14.56 元，后来是在 20 元左右行权。激励对象都赚了钱，大家工作的积极性就更高了，这是正向循环。

四看公司主题。A 公司以前没有主题，无人关注，现在明显清晰，是其所在领域的创新第一股。

五看媒体热度。A 公司媒体以前从不报道，现在重点财经媒体发布了10 篇专题，总计 1000 多次文章转载。

六看流通股东机构数量。A 公司机构股东数量明显改善，以前没有机构投资者，现在最新一期股东名册显示有 25 家机构在其中。

七看股东结构变化。A 公司以前都是短期投机型机构在里面，持有的时间也不会很长，现在持股超过 5% 的机构有 5 家，而且持股时间明显变长。

八看市场风格和股性明显改善。A 公司以前的股价是忽涨忽跌而且毫无规律可言，现在 A 公司是这个领域的领涨股，股价稳步上涨，很稳健。

总结来看，通过实施价值管理，并最终达到价值实现的目的。如此才能不辱使命并发出正能量。

3. 市值管理的精髓是产融互动与循环

市值管理是通过实业端的利润、产品、主题概念等元素的实现，推动市值增长；再通过资本端进行融资提款、重组并购等，继续推动公司实业端实力增强，循环进行产融互动。

●市值管理产业端如何做

市值管理中的产业端到底如何来操作？我们先来看看新三板企业的行业分布状况。目前新三板上企业的主体还是以生产制造型传统企业为主，统计数据显示高达55%。在产业端，企业要着重产业布局、商业模式、核心竞争力、团队打造、财务报表策略等等。这几点大家之前听的比较多，这里不过多阐述。那么结合新三板企业分布的特点，下面提出在市值管理产业端着重打造各行业“隐形冠军”的8点建议，通过打造隐形冠军来持续提升企业的市值。如果一家企业通过修炼做到了“隐形冠军”，那么市值管理就变得自然而然了。

第一，远大的抱负和目标。

企业成功永远源自于雄心勃勃的远大目标。比如，“我们的目标是做全球的老大，而且要永远霸占这个位置”“我们要在这个领域成为全世界最优秀的一员，不仅要占据最高的市场份额，而且要在技术和服务方面是最出色的”“我们要做市场的领袖，第二我们都不做”“市场的游戏规则要由我们说了算，我们要成为这个市场的精神领袖”等等。

第二，全球化导向。

未来全球化将是经济增长的巨大驱动力，未来中国经济将会对全球经济的发展做出重要贡献，那么中国的中小企业的全球化营销将会迎来一个契机，所以建议很多企业要着眼未来布局。

第三，高度专注。

只有专注和聚焦才能够达到世界级的水准，高度专注于某一特定产品或领域，强调深度研究、深度服务。隐形冠军是依靠精确的市场定位和重点专注策略才能够成为市场领导者而持续占有市场领导地位。

第四，贴近客户。

隐形冠军一般是价值导向而非价格导向，所以隐形冠军的公司都非常贴近它的最重要客户。比如 Grohmann 公司是全球最大的生产微电子产品组装设备的公司，它牢牢锁定它全球最大的 30 家顶级客户，而这些顶级的客户往往也是隐形冠军公司提质创新的伙伴。如果你想成为全球市场的领导者，那么你的客户也必须是全球顶级的。如果让一些庸庸碌碌的只需要便宜低质商品的企业成为你的客户，那你永远成不了气候。

第五，竞争优势。

隐形冠军的企业战略是建立在给客户提供顶尖服务而非低廉价格的基础之上。此外，产品质量一直都是它们世代相传的竞争优势，也是让他们在市场称霸多年的“杀手锏”——核心竞争力。除此而外，在提供咨询、系统整合以及员工培训等“软实力”方面，隐形冠军的竞争优势比其他人棋高一招。由于这些“软实力”是源于企业内部竞争力，并没有整合到产品里，因此这些“软实力”就很难被模仿，并且对那些新入行的竞争对手而言，这无形中又提高了行业门槛。

第六，持续创新。

创新！创新！再创新！是创新而不是模仿成就了世界市场引领者。只有通过创新，通过不断的完善才能保持领先地位，创新者往往将客户的需求和科技更好地融为一体，创新不仅仅体现在技术和产品上，在营运的过程、系统化、市场营销和服务上也同样要体现出其高度的创新能力。

第七，产业深度。

深度可以理解为企业向前朝着客户方向，也可以向后朝着供应商方向发展。类似的表达有向前一体化和向后一体化的概念。许多隐形冠军为其客户提供深度服务并且实现了良好的价值链深度和生产加工深度。

第八，高绩效员工。

隐形冠军的企业常常是一个人干几个人的活，有着高绩效的企业文化。员工“流失率和发病率”非常低。他们的领导人常常大权掌控而又不拘小节，长期在位保证了企业战略的持续性。

●市值管理资本端如何做

市值管理中的资本端到底如何来操作？主要有四个方面的主要工作：

第一，完美的股东结构（巴菲特效应）。

即使是同一个产业做同样业务的两家公司，如果它的股东结构不一样的话，那它市盈率是完全有可能不一样的，最典型的就是“巴菲特效应”。

2009 年，一段由巴菲特录制的视频大出风头。他在视频中说：“我现在有 9 套创世的西装，我扔掉了以前所有的西装。我的合伙人和律师都穿创世西装，现在比尔·盖茨也穿创世的西装。”因为这段 3 分钟视频，彼时大杨创世的股票 10 个交易日内 6 次涨停，股价累计上涨超过 70%。其实后来得知巴菲特并不是大杨的股东，但这个案例已经把股东结构的重要性表达清楚了。

类似的事情，在新三板上也可以看到，比较活跃的维珍创意市盈率最高的时候能有 100 多倍。2012 年，柳传志、俞敏洪、雷军几位大佬联合成立的北京中关天使投资有限公司将维珍创意作为公司所投资的第六家企业，有这些大佬背书，维珍创意想不火都难。

第二，资本市场主题定位和主题管理。

A 股市场上有个常见的叫法是“主题投资”，每家上市公司都有若干主题，每个主题强弱是不一样的。上市公司在资本市场是一个怎样的定位，传递一个怎样的主题，这是需要管理的。就像国家提出的“一带一路”主题、“二孩”主题等。

一个传统的上市公司如果去融资，那么最近比较火的“大数据、智慧城市、精准医疗、工业革命4.0”等这些“主题概念”，如果靠得上的话，就比较容易有一个好的估值，股票就容易卖得出去。所以，企业一定要学会主题定位和主题管理。

第三，合理把握股市周期。

股市周期有牛市有熊市，在牛市里面还有结构性的熊市，在熊市里也有结构性的牛市。在整个股市发展过程当中，它有大周期和小周期存在，每个周期里面又有不同的主题。比如在牛市中，股价越来越高，市盈率远远高于在熊市中，比如2013年银行股估值就低得可怜。

另外，股市周期本身对于不同行业的周期也不同。比如，2013年下半年华谊兄弟这样的股市股价很高，而2014年上半年牛市就给了医疗等这些概念股，而不是华谊兄弟等文化传媒。

无论周期如何，上市公司可以在股市高点减持、增发、配股、跨行业并购；在股市低点大股东可以增持、资产注入、去并购上下游同行等，利用周期性去提升公司市值。

第四，4R关系管理。

4R是指“投资者、证券分析师、监管机构和媒体关系”，这是上市公司面对资本市场时最为重要的4个对象，市值管理某种程度就是要和他们做好维护和管理。

任何公司在选择投资者的时候也都是要去管理的，是否投资人能够看懂企业发展的未来，能否带来资源、品牌帮助，能否真正陪着企业长期发展，都是很重要的。再者就是媒体管理，比如当年盛景山河上市时媒体一通报道捅出来造假而影响上市；汇源果汁当年想卖给可口可乐时被媒体报道民族品牌落入外资之手的说法，结果当时商务部就没有批准，后来沦落在香港上市股价也萎靡不振，企业错过了在最高点被并购的时机。建议企业一定要绑定核心券商，绑定核心分析师，通过分析师的影响把企业对接给资本市场。

总之，市值管理，在某种意义上，就是管理一个公司的一切！建议各位企业家学会利用市值管理机制，一方面做好产业经营，打造隐形冠军；

一方面做好资本经营，进行股权吞吐，如套现、增持、融资、并购、整合、大股东资产注入置换、股权激励吸引和锁定人才，最终实现企业在资本市场的价值最大化。企业通过强化市值管理，不仅能够制胜资本市场，也是对资本市场国家战略的有力支持！

4. 资本市场大重构时代，要走出市值管理误区

自2014年5月9日“新国九条”提出鼓励上市公司建立市值管理制度以来，市值管理已成为中国资本市场上较为热门的话题与管理实践。全面和正确地认识当前中国资本市场出现的市值管理困惑，对于上市公司增强市值意识、加强和规范市值管理、提升股东回报和促进我国资本市场可持续发展都具有重大意义。

●市值管理的理论基础

困惑：“市值管理国外有吗?”这是关于市值管理的理论问题，也是市值管理是否必要的问题。其实这个问题的潜台词是，市值管理有理论依据吗?

第一，股东价值管理的理论与实践。

20世纪80年代中期，美国企业界在总结分析企业经营管理实践的基础上提出了股东价值管理的理念，并经麦肯锡顾问公司的提倡和推广开始得到了广泛的应用。麦肯锡顾问公司Tom Copeland和波士顿咨询公司James A. Knight等人，明确提出了股东价值管理的概念和应用模型，为股东价值管理的推广和应用做出了重要贡献，标志着股东价值管理理论的正式形成。

到目前为止，西方股东价值管理实践的发展大致经历了3个阶段，即数字阶段、战略阶段和整合阶段。20世纪80年代中期是最初的数字阶段。

在这一阶段，价值管理几乎只关注财务方面的因素，它始于那些企图低估公司价值的恶意收购者。这些恶意收购者以机构的报表评估为模式来评估公司的价值，他们认为股票价格是现金流和股本收益经风险调整以后的一个函数值。这样公司就变成了可以交易的商品，于是公司买卖大量出现，适应能力较弱的业务单位被剥离甚至清盘，有较好发展前景的盈利公司则被收购。在价值管理的战略阶段，公司关注的重点转向了运营，即从资产负债表的右半部分转向了左半部分。价值管理的原则扩展到了内部运营的管理和公司战略评估等一些领域。在价值管理的整合阶段，价值管理的内涵和外延都得到了进一步扩展，股东价值最大化就很好地代表了股东的意愿。对各种管理决策如战略规划、资本配置、公司重组、绩效评估和股权激励来说，价值管理都是一个更完善的方法。

第二，市值管理理念在中国的提出与发展。

中国上市公司市值管理研究中心主任施光耀和中心执行主任刘国芳在中国第一本市值管理理论专著《市值管理论》中提出，市值管理就是上市公司基于公司市值信号，综合运用多种科学、合规的经营价值经营方法和手段，达到公司价值创造最大化和价值实现最优化的一种战略管理行为。其中，价值创造是市值的基础，价值经营是杠杆，价值实现是目的。

对比中国市值管理理论与西方价值管理理论的异同，可以这样说，市值管理理论是建立在西方价值管理理论基础上的，是价值管理理论在中国的延伸和发展。因为在成熟市场，公司的内在价值一般都能在市场上得到充分体现，市值就等于价值，所以公司更多关注的是其价值创造能力，价值管理普遍流行。但在像中国这样的新兴市场，市值与其内在价值大幅背离的现象较为常见，在这种情况下，上市公司除了要最大化创造内在价值外，还需要通过揭示内在投资价值以及回购与增减持等价值经营手段，实现内在价值与公司市值之间的动态均衡。

●市值管理的主体

困惑："市值是股东持有的，在大股东没有要求的情况下上市公司一定要开展市值管理吗?”这是关于市值管理的主体问题，即市值管理由谁来管理的问题。

这个问题之所以重要，是因为在实践中存在着市值管理由谁来管理的两个极端：一是大股东没有要求，上市公司不作为，如大多数国有控股的上市公司；二是大股东直接作为，可能导致上市公司治理混乱、内幕交易、操纵股价、信息披露不规范等问题。

从规范的上市公司治理角度来讲，既然股东大会已委托董事会管理公司，既然市值管理是上市公司的一种日常管理，大股东就不应在股东大会之外，对上市公司董事会或经理层下达市值管理指令或施加影响。因此，市值管理的日常主体无疑应是上市公司自身（董事会与经理层），上市公司是市值管理行为的具体组织者和实施者。

●**市值管理的内涵**

困惑：“影响公司市值的因素太多了，尤其是股市大盘走势对公司市值影响太大，市值怎么管?”这是关于市值管理的内涵问题，即市值管理管什么的问题。

短期内影响上市公司市值的因素很多，既有内部的，如公司商业模式、发展前景、赢利能力、公司治理等；又有外在的，如宏观经济、行业景气、大盘走势、投资者偏好等。但从中长期来看，影响一家上市公司市值增长的关键因素还是取决于内在因素。

下面归纳影响公司市值增长的关键内在因素，总结为三个重要方面：

一是公司的价值创造能力，这是公司市值成长的基础。具体来说，提高公司价值创造能力可从以下 3 个方面着手：优化公司商业模式，提高公司赢利能力，打开公司赢利成长空间；优化产业价值链管理，让每一个环节都创造价值；优化公司治理，加强科学决策和运营，提升公司赢利能力和风险管理能力，保障公司经营业绩的可持续增长，实现上市公司做百年老店的愿望。

二是公司价值实现能力，这是公司良好内在价值表现为良好市值的桥梁。具体来说，提高公司价值实现能力，可以从提升公司投资者关系管理能力、分析师关系管理能力和媒介关系管理能力3个方面去开展。

三是公司价值经营能力，这是合理利用公司良好市值加快公司发展和维护公司市值稳定的重要手段。在高估的时候，实施股本扩张，如股权融资、换股并购、转增股本或送红股；低估时，采取回购、大股东或高管层增持、加强预期引导等手段，维护公司市值的稳定。

●市值管理的制度建设

困惑："市值管理制度建设指引还没出台，市值管理有那么迫切吗?"这是关于上市公司市值管理制度建设的问题，即市值管理如何系统开展的问题。

上市公司开展市值管理需要讲究系统性、科学性、规范性、常态性、可操作性和可考核性。为此，上市公司市值管理的制度应包含以下七个方面的内容：

一是上市公司市值管理的战略与路径。上市公司市值管理战略包含上市公司的定位和市值管理愿景，上市公司3至5年市值管理目标，包括3年至5年的市值增长目标、价值创造子目标、价值实现子目标、价值经营子目标等，以及实现这些目标的总体路径。

二是上市公司市值管理的年度计划与措施。上市公司3至5年市值管理目标和路径只有分解为每一年的计划与措施，上市公司的市值管理目标才有可能实现。

三是上市公司市值管理的规范与流程。上市公司市值管理的规范和流程包括市值管理应遵循的法律法规和操作程序等，保证市值管理的合规性。

四是上市公司市值管理的方法与策略。上市公司市值管理的方法与策略包括市值管理的总体方法与策略、价值创造方法与策略、价值实现方法与策略和价值经营方法与策略。

五是上市公司市值管理的机构与职责。上市公司市值管理的机构与职责包括市值管理的领导机构与职责、市值管理的执行机构与职责、市值管理的培训机构与职责、市值管理的考核机构与职责等。

六是上市公司市值管理的人才与培训。上市公司市值管理的人才与培训包括上市公司市值管理的人才资质、人才选拔、人才配置、人才培训等。

七是上市公司市值管理的考核与奖惩。上市公司市值管理的考核包括业绩与市值等的复合考核、业绩与市值的绝对与相对考核、市值管理过程与结果的考核等。上市公司市值管理的奖惩包括现金与股票的奖惩、短期与中长期的奖惩、现职与退职的奖惩等。

有了上述七个方面的系统措施，上市公司开展系统、科学和合规的市值管理才有了保障。

九、新三板退出机制

"十三五"规划纲要已经明确提出"建立健全转板机制和退出机制"，再加上创新层出现后，围绕创新层将出现不同于原有新三板的进入退出规则。如转板退出、二级市场退出、并购退出，以及PE投资的几种退出方式。在改革的新思路下，新三板退出机制亟待完善和常态化，使各个层次将形成可进可退、能上能下的流动机制，从而为企业的发展提供一个公平竞争、促进创新的市场环境，实现资本资源的优化配置。

1. 2015 年新三板公司转板退出操作套路

关于转板机制，我们在第三章第七节中曾经提到：中国证监会前主席肖钢在2015年“两会”期间的观点：“多层次市场间转板机制是个较复杂的问题，今年将进行调研和试点，不会全面推开。目前考虑先从新三板跟创业板之间的转板机制进行试点，制定该转板方案是今年改革的重要工作之一。”

事实上，2014年10月，证监会《关于支持深圳资本市场改革创新的若干意见》就明确表示，将推动在创业板设立专门的层次，允许符合一定条件尚未盈利的互联网和科技创新企业在新三板挂牌满一年后到创业板发行上市。

至2015年4月，相继有9家新三板挂牌公司成功转板至主板或创业板，包括世纪瑞尔、北陆药业、久其软件、博晖创新、华宇软件、佳讯飞鸿、东土科技、粤传媒，它们通过IPO合计募集资金超过40亿元人民币。2014年1月23日，登陆创业板的安控股份成为了新三板历史上第9家成功转板的公司，也是新三板实现全国扩容后的首家通过IPO上市的挂牌公司。新三板企业转板的成功，表明国务院文件提及的多层次市场有机联系正在有效推进。

当然，上述9家转板企业并非真正意义上的转板，均是采用旧时的转板操作套路，即证监会接受上市申请之后，先在股转系统暂停交易，待正式获得证监会新股发行核准之后，再从股转系统摘牌。目前，不通过公开发行，只要通过证监会公开转让股份的审核就可以进入 A 股，已经没有法律障碍，但是最终实施细则的发布还要看监管部门的政策安排，未来真正意义上的转板应是越过 IPO 的程序，不做公开发行这个环节，直接转到 A 股上市。

2. 二级市场退出方式：做市和协议转让

通过二级市场交易退出的方式包括做市和协议转让，由于做市商能为新三板提供流动性，故相比协议转让来说流动性更好。两者具体模式如下。

在做市制度下，券商要为企业做市，必须要获取其一部分股权，而正是券商获取做市筹码这个过程即为机构提供了新的退出方式。做市商实际上类似于批发商，从做市公司处获得库存股，然后当投资者需要买卖股票时，投资者间不直接成交，而是通过做市商作为对手方，只要是在报价区间就有成交义务。同时，做市商通常能够给企业带来公允的市场价格，在定增股份退出时也较为接近市场价格。

协议转让即买卖双方以协议约定的价格向系统申报，最终达成交易。全国股份转让系统在协议转让上接受意向申报、定价申报和成交确认申报，简单概述为以下几种方式：意向申报，不具备成交功能，通过股转系统网站的投资者专区完成，只向市场发布，不参与撮合；定价申报，通俗些说就是投资者通过主办券商向市场申报买单或卖单，在此报送中，无须填写约定号，系统接收后自动分配约定号；成交确认申报，可以通俗理解为在市场上寻找买单或卖单，并对有意向的买单或卖单进行确认，正式买入或者是卖出，在向系统申报时，必须填写有意向的买单或是卖单的约定号。

3. 政策支持下的并购退出方式

新三板市场覆盖的企业及业务类型越来越丰富，为并购方特别是相关上市公司提供了可选择的标的范围，同时经过新三板的要求，三板公司的管理规范及财务状况也要好于其他普通企业，这就大大减少了并购成本。证监会于2014年发布的《非上市公众公司收购管理办法》（以下简称《收购办法》）和《非上市公众公司重大资产重组管理办法》（以下简称《重组办法》）更为新三板企业参与并购重组创造了软环境。

如《收购办法》明确，投资者自愿选择以要约方式收购公众公司股份的，可以向被收购公司所有股东发出收购其所持有的全部股份的要约，也可以向被收购公司所有股东发出收购其所持有的部分股份的要约。同时，收购人可以采用现金、证券、现金与证券相结合等合法方式支付收购公众公司的价款。

在2014年，新三板市场因并购重组而终止挂牌的企业就达到了53家。而在2015年，仅在3月，新三板公司天翔昌运发布收购报告书，海文投资拟以现金认购公司发行的539万股股份。交易完成后，海文投资将持有公司25.04%股份，此次收购将导致天翔昌运控制权发生变化，海文投资将成为天翔昌运的控股股东。2015年2月初，中钰资本也宣布以每股1.01元的价格认购新三板公司华欣远达670万股股份，收购完成后其持股比例达到67.08%，成为华欣远达的控股股东。涉及到上市公司的，还有东江环保收购新三板企业新冠亿碳，通鼎光电收购新三板企业瑞翼信息51%控股权，东方国信收购新三板企业屹通信息100%股份等案例。

4. PE 投资退出的 4 种方式与其对比

具体而言，私募股权基金运作分为四个阶段，即募集资金、选择项目、投入资金、退出获利。作为私募股权基金的最后一环，私募股权基金退出是私募股权基金在其所投资的企业发展到一定阶段后，将股权转化为资本形式而获得利润或降低损失的过程。资本的退出是私募股权投资循环的核心环节，不仅直接关系到投资人及私募股权基金投资机构的收益，更体现了资本循环流动的活力特点。因此私募股权基金退出方式的选择及操作显得尤为重要。目前，私募股权投资基金的退出方式主要有以下四种：

一是 IPO（首次公开发行股票并上市）退出方式。IPO 一般在私募股权投资基金所投资的企业经营达到理想状态时进行。当被投资的企业公开上市后，私募基金再逐渐减持该公司股份，并将股权资本转化为现金形态。IPO 可以使投资者持有的不可流通的股份转变为可交易的上市公司股票，实现资本的盈利性和流动性。IPO 退出方式可以使私募股权投资基金获得最大幅度的收益。

IPO 退出方式主要的有利之处在于：其一能够让投资者获得较高的收益回报。对于 PE 的投资方来说，通过 IPO 退出能使其获得较其他方式更为可观的收益，一般可达投资金额的几倍甚至几十倍。尤其是在股票市场整体估值水平较高的情况下，目标企业公开上市的股票价格相应较高，基金公司通过在二级市场上转让所持股份，可以获得超过预期水平的高收益。其二，实现投资者、企业管理层、企业自身三方利益最大化的理想途径。在投资者获得丰厚回报的同时，企业家和企业管理者所持股份也会因股市较高的市盈率而获得大幅增值，若在二级市场套现可获得巨大的经济利益。被投资企业也由私人企业变为公众企业，除了提升企业的知名度以外，更增强了企业资金的流动性，IPO 所募集的资金有力地保障了企业规模经济和战略发展的需要，满足了企业进一步发展和扩张的需求。企业为成功上市经历的股改、完善治理结构、清理不良资产的过程，也为企业建立了良好的内部发展环境，从而对企业长期发展有着积极而长远的影响。其三，有利于提高 PE 的知名度。目标企业 IPO 的成功，实际是对私募股权基金资本运作能力和经营管理水平的肯定，不仅提高了目标企业的知名度，同时也提高了私募股权基金的知名度。方面，私募股权基金通过 IPO 退出所获得的丰厚收益将吸引更多有着强烈投资愿望和一定资金实力的投资者前来投资，以便更好地开展下一轮私募股权投资。另一方面，在市场优质项目源较为匮乏的时期，IPO 退出的成功也会扩大基金公司和基金管理人在市场中的影响力，为其获得优质企业项目资源创造了条件。

IPO 作为最理想的退出方式，具有实现 PE 和目标企业双赢的效果。但就现实情况来看，IPO 退出也存在着一定的局限，诸如上市门槛高、IPO 所需时间长、机会成本高、多风险等。

二是兼并收购退出方式。兼并收购上是私募股权投资基金在时机成熟时，将目标企业的股权转让给第三方，以确保所投资资金顺利地撤出。作为私募股权投资最终资本退出的一个重要方式，实际上就是私募股权基金和目标公司管理层认为企业的价值已达到目的预期，把企业作为一种产品推介，将其出售给其他 PE 或者另一家公司。

在我国，股票市场尚不成熟，投机性炒作行为大量存在，企业公开上市后的股票价格可能远远高于其所代表的资产净值。因此，并购只是在股票市场低迷或者 IPO 退出受阻时的次位选择，PE 更愿意选择公开上市的方式退出，以实现较高的资本增值。而在美国、英国等资本市场成熟的国家，股票二级交易市场的价格也较为公允，通过 IPO 方式退出并不一定能获得比并购退出更多的资本溢价。因此，在这些国家，并购已成为一种主要退出方式，能够有效缩短退出时间，减少时间成本和机会成本。

并购退出的优势有以下几点：其一，并购退出更高效、更灵活。相比较 IPO 漫长的排队上市苦等窗口期、严格的财务审查、业绩的持续增长压力，并购退出程序更为简单，不确定因素小。并购退出在企业的任何发展阶段都能实现，对企业自身的类型、市场规模、资产规模等都没有规定约束，双方在经过协商谈判达成一致意见以后即可执行并购，迅速实现资本循环，有利于提高基金公司的资本运作效率，减少投资风险。其二，并购退出只要在并购交易完成后，即可一次性全部退出，交易价格及退出回报较为明确。而IPO退出则要等待1年至3年不等的上市解禁期，即使到了解禁期也要考虑到被投公司上市后的股价波动，可能要分批次才能够实现全部退出，届时上市公司股价也不得而知，增加了退出回报的不确定性。其三，并购退出可缓解PE的流动性压力。对于PE机构来讲，相对于单个项目的超高回报，整只基金尽快退出清算要更具吸引力，因为基金的众多投资组合中，某一个项目的延期退出将影响整只基金的收益率，如若没有达成当时与投资者间的协议承诺，后续基金募集等将受到重大影响。

通过并购方式的退出也存在弊端，诸如潜在的实力买家数量有限、收益率较IPO低、企业管理层可能对并购持反对意见等。

三是股份回购。它是指企业或者公司管理人员按照约定的价格将公司的股份购回，从而使私募股权投资基金退出的方式。与并购相同，回购的本质也是一种股权转让，两者的区别在于股权转让的主体有所不同。若企业具有较好的发展潜力，则企业的管理层、员工等有信心通过回购股权对企业实现更好的管理和控制，于是从PE机构处回购股权，属于积极回购；若PE机构认为企业发展方向与其私募基金的投资增值意图不相符合，主动要求企业回购股权，则对企业而言，属于消极回购。通常情况下，股份回购是一种不理想的退出方式，私募股权投资协议中回购条款的设置其实是PE为自己变现股权留有的一个带有强制性的退出渠道，以保证当目标企业发展不达预期时，为确保PE已投入资本的安全性而设置的退出方式。

股份回购的是：其一，交易过程简单。管理层收购是发生在企业内部的产权转移，明晰的产权关系和已合作久的双方会使回购交易简便易行，所以会减少不必要的磨合期。其二，资本安全得到保障。在目标企业难有大作为的情况下，一味死守意味着对机会成本的浪费，回购可以保证资本安全并使其重获自由为投资者带来更大收益。

股份回购的弊端表现在两个方面：错失未来潜在的投资机遇存在较多

法律障碍。

四是清算退出方式。清算是私募股权投资失败后的退出选择。当企业出现重大问题没有继续发展空间，抑或持续经营会带来更大损失，其他投资者和企业管理层、原有股东等内部人员也不愿意接手时，只有果断对目标企业进行清算，才能及时收回资本，避免损失扩大。

在私募股权投资基金的几种退出方式中，清算退出是基金公司最不愿意采取的方式，只有在目标企业前景堪忧或者客观上已经资不抵债的情况下，基金公司才会不得已而为之。一旦启动清算程序，基金公司能够收回投资成本已经是较为理想的结果，获得保底收益基本是一种奢望，更多的时候，清算退出意味着基金公司将遭受部分甚至全部损失。通过破产清算方式退出，往往意味着投资的失败，可能会引起外界对该私募基金投资能力及市场判断力的质疑。

IPO、并购、股份回购、清算是目前市场上 4 种主要的 PE 退出方式。IPO 是我国 PE 最愿意选择的退出方式，其投资回报率最高。并购退出更为灵活、高效，已逐渐成为 PE 退出的主流方式。股份回购，在目标企业发展前景与预期变数较大的情况下，能够快速收回资本，确保了 PE 已投入资本的安全性。清算是 PE 项目投资失败是时的无奈之举，防止损失的扩大化。

5. 新三板退出机制亟待完善和常态化

进入2016年，新三板市场依然保持之前的扩容势头，目前新三板挂牌企业数已突破7000家，但大量无交易、无融资公司的存在也引起各方关注。业内人士表示，今年新三板在出台分层制度的同时也应完善退出机制，提升新三板的交易活跃度。

在准入门槛上“放宽放低”的同时，新三板还需在退出制度上“做精做细”，通过建立常态化退出机制实现“有进有出”，促进市场优胜劣汰，也有利于降低市场整体风险和提高挂牌公司质量。

新三板公司被终止挂牌早已有之。从现有规则来看，除了“中国证监会核准其公开发行股票并在证券交易所上市，或证券交易所同意其股票上市”之外，还有另外5种情形将导致公司股票终止挂牌，但其中真正谈得上是“硬杠杠”的，只有“未在规定期限内披露年度报告或者半年度报告”“主办券商与挂牌公司解除持续督导协议，并未能再与其他主办券商签署持续督导协议”等两种情形。相比沪深交易所市场日趋严格、规范的退市标准，目前新三板的退出规则显得有些“过粗”“过简”。

从新三板的实际情况来看，由于低门槛、高包容的特点，近年来挂牌公司数量快速上升，市场急剧扩容。截至7月4日，新三板已有7699家挂牌公司，较年初的5129家增长了近50%，在公司数量上远远超过沪深交易所市场。相比于新三板挂牌公司的大幅度增加，退市的十几家公司在数量上几乎可忽略不计。并且，挂牌公司资质参差不齐、鱼龙混杂，部分公司自挂牌以来连年亏损、二级市场从无交易，沦为“僵尸股”；有的甚至还通过关联交易虚增利润、大股东操纵股价牟利等。尽管监管层对挂牌公司违法违规行为进行了处罚，但迄今为止没有一家公司因此被强制摘牌。

可以看出，新三板加快形成机制化、常态化的退出制度很有必要，而且建立新三板常态化的退出机制也有利于降低市场整体风险和提高挂牌公司质量。由于新三板挂牌公司主要是创新创业型公司，这些公司具有良好的成长性，同时也蕴含较大的不确定性。将不符合持续挂牌条件的公司"筛除"，有利于降低市场风险。实行严格的退出机制，通过较高退出率的眼里传导效应，还能逐步建立起对挂牌公司有效约束机制，促其合规经营、提高竞争力，进而保证新三板市场形象和整体质量，增加对优质公司的吸引力。

新三板应借鉴成熟市场经验，不断细化和完善挂牌公司的退出标准，使得市场能吐故纳新、保持活力。全国中小企业股份转让系统有限公司副总经理隋强曾经表示，新三板将依法建立常态化、市场化的退出机制。挂牌公司根据自身发展战略和风险评判，可以主动申请终止股票挂牌。新三板将明确强制摘牌标准，完善终止挂牌的信息披露制度。

值得一提的是，分层制度的推出意味着新三板真正退市时期的到来。进入创新层的挂牌企业，其交易将愈发活跃，而未能入层的企业将接受市场的评价。如果评价不达预期，有的是不是应该退市。

十、中国新三板市场未来发展展望

新三板市场发展在政府密切关注和各项制度中不断完善，目前已经进入了一个全新的发展阶段。基于这样一个现实，本章讨论以下几个议题：中国资本市场未来五年发展目标及新三板市场发展定位；新三板政策红利下的新三板企业布局；纳斯达克“分层”对我国新三板发展的启示；新三板为实体企业开辟五大融资途径；新三板市场当前面临的挑战；2016 年新三板资本市场五大展望；通过分层管理办法洞悉新三板未来发展。

1. 中国资本市场未来五年发展目标及新三板市场发展定位

中国资本市场目前已经形成了多层市场体系，企业和个人已经享受到了资本带来的好处。那么，中国资本市场的未来将如何发展？同时，作为资本市场中重要的一员，新三板该如何定位自己的未来？这是许多人关心的问题。

●“十三五”提出资本市场未来五年发展目标

《中共中央关于制定国民经济和社会发展第十三个五年规划的建议》（下称“十三五”规划纲要）对资本市场未来五年改革发展工作的部署更加全面、细致。“十三五”规划纲要对资本市场发展提出了“积极培育公开透明、健康发展的资本市场”“提高直接融资比重”“推进资本市场双向开放”等目标，并涉及包括股票及债券发行交易制度改革、创业板和新三板市场改革、降低杠杆率、取消境内外投资额度限制、有序扩大证券市场准入等多项具体工作。

资深专家认为，“十三五”规划纲要对未来五年资本市场改革发展工作的部署仍然体现了以市场化、法治化为发展方向的根本思路，同时，在提高直接融资比重这一长期要求的基础上，明确了“公开透明、健康发展”的资本市场建设目标，“这表明未来五年的我国资本市场，不仅要完善基础功能、提升市场效率，还须实现协调发展和健康运行，建设一个内在稳定性更强的‘阳光市场’。”

第一，推进股票和债券发行交易制度改革。

统计数据显示，“十二五”时期资本市场的迅速发展对社会融资结构带来了持续改善。2016 年前 8 个月，我国直接融资占社会总融资比重达到 18.7%，比 5 年前上升 6.7 个百分点，但同发达市场国家相比仍存在显著差距。

在此基础上，“十三五”规划纲要提出“推进股票和债券发行交易制度改革，提高直接融资比重，降低杠杆率”。目前，《证券法》修订草案正在等待二读，注册制改革是其中的核心内容之一。《证券法》修订并实施后，实施股票发行注册制将具备法律基础。

实施注册制是股票、债券发行制度改革的重中之重，这对于拓展直接融资市场将起到至关重要的作用。“推进股票和债券发行交易制度改革”包括了发行制度改革和交易制度改革两部分。股、债发行制度改革的主要目的在于提升市场效率，让更多企业经过市场化选择上市融资，提高直接融资比重；而交易制度改革则须兼顾国际通行做法、市场稳定发展等方面，有分析指出，2016 年二季度市场出现异常波动，一部分原因就是高频交易等交易方式出了问题。

对于“降低杠杆率”这一提法，市场人士认为，这主要是针对今年股票市场资金杠杆无序放大进而引发股指异常波动而提出的措施，其目的在于防范市场大幅波动的风险。

实际上，降低杠杆率的提法有着决策部门对资本市场过度投机行为进行约束的考虑。纵观历史上每一次股市的急挫，包括海外在内，都与杠杆有关，加杠杆的时候就会有泡沫，拆杠杆的时候就会引发市场震荡，杠杆本身能放大市场波动性。降低杠杆率的题中之义既包括降低市场波动性，也包括抑制过度投机。

第二，深化创业板、改革新三板。

“十三五”规划纲要还提出，“发展天使、创业、产业投资，深化创业板、新三板改革”，专家分析，其目的在于拓展产业发展空间，支持传统产业优化升级、支持创业、创新。

新三板服务范围扩至全国后，市场规模呈几何式增长。目前有关部门正在制定关于进一步支持新三板市场发展的指导意见，该意见的出台将进一步推动新三板市场快速发展。可以预期，以快速发展的新三板市场、规范发展的区域性市场为重要组成部分的场外市场，仍然是未来我国资本市场发展的生力军。在市场化、法治化的发展轨道之上，我国资本市场双向开放的进程，也将随整个金融业双向开放进程的提速而不断加快。

“十三五”规划纲要提出，“有序扩大服务业对外开放，扩大银行、保险、证券、养老等市场准入”，“推进资本市场双向开放，改进并逐步取消境内外投资额度限制”。

“十二五”时期，我国推出 RQFII 制度，进一步完善了 QFII、QDII 制度，推出了沪港通试点。2011 年至 2015 年 6 月底，证监会累计新批准 185 家 QFII 和 165 家 RQFII，外汇局新批准 QFII 额度 558 亿美元、RQFII 额度 3909 亿元人民币。截至 2016 年上半年，内地投资者开通港股通交易权限的账户近 70 万户；沪港通和港股通交易金额分别达到 10052.99 亿元和 4139.86 亿元人民币。

第三，未来五年，境内外投资“定额”的局面有望打破。

除 QFII、QDII 制度，以及沪港通和未来可能推出的深港通试点以外，更本质的资本市场双向开放，应该是允许境内企业到境外融资的同时，也允许境外企业到境内发行股票，以实现中国资本市场“国际化”。

2016 年 6 月 24 日，国家金融与发展实验室（NIFD）召开“智库讲坛：分层制度下的新三板市场发展与监管”学术研讨会，并发布由金融法律与金融监管研究基地（FLR）撰写完成的《金融监管蓝皮书：中国金融监管报告（2016）》（以下简称“监管蓝皮书”）。

监管蓝皮书指出，伴随着我国商业银行同业业务的爆发式增长，同业业务逐渐引起社会各界和监管当局的关注。2015 年，我国商业银行同业业务整体增长放缓，但相较银行资产增长仍旧较快，同时，在资本市场波动加大、货币市场基金等金融业务不断增长的背景下，银行同业业务发展表现出新的特征和趋势，对监管机构也提出了新的要求。

监管蓝皮书认为，我国商业银行同业业务是建立在分业经营基础上的，本质上是为了绕过各类管制而产生的。目前，同业投资中主要是由信贷业务转化而来的类信贷业务，是典型的非交易型业务，资产非标准化程度高、流动性较差，业务透明度低，潜藏着较大的风险，且对宏观政策调控等存在一定的影响。因此，要从以下五个方面加强监管。

一是进一步细化同业业务分类审慎监管。对于同业融资业务，围绕流动性管理的业务本质，加强流动性、资产负债期限匹配等日常流动性管理；对于同业投资业务，加强特定目的载体投资的业务规模、投资期限、基础资产性质、行业分布、不良状况等相关信息披露；对实际承担信用风险的类信贷业务，参照贷款实施五级分类，充分计提拨备；加强特定目的载体投资项下业务品种的集中度管理，防止商业银行过度依赖单一业务；限制特定目的载体内嵌套特定目的载体，缩短特定目的载体投资业务链，降低业务复杂度。

二是继续稳步推进标准化产品等金融创新步伐。建议进一步完善标准化市场的基础设施建设，通过发展标准化的金融产品，丰富银行的融资渠道和投资产品，增加商业银行中间业务的收入来源。一方面，可以继续稳妥推进资产证券化等创新步伐；另一方面，可以进一步扩大同业存单试点名单，开发可转让同业存单品种。

三是加大对同业业务的非现场监管和现场检查力度。建议在明确同业业务会计科目的基础上，根据其业务和资产的实质对其进行进一步划分和界定，并对同业业务的信息披露进行统一要求；建议监管机构的现场检查部门加强对同业业务，特别是加强同业类信贷业务的现场检查，同时加大对违规同业业务的处罚和问责力度。

四是加强多监管机构间的协同监管。建议进一步加强监管部门间协同与监管，关注各类业务的功能特征，制定统一的市场监管规则，展开跨产品、跨机构、跨市场的全面监管，有效防范可能出现的新的监管套利，扫除监管盲区，及时把控、防范同业业务潜在风险。

五是对创新类同业业务开展前瞻性监管。对于互联网金融等金融创新与同业业务结合的创新型金融产品，应该给予足够的关注并对其进行审慎监管，防止同业业务借道其他渠道游离于金融监管之外，同时做好投资者教育和消费者权益保护等工作，确保不发生系统性风险和区域性风险的底线。

●新三板发展需要强化“四个定位”

作为中国多层资本市场的重要组成部分，从2006年新三板试点以来，其发展就有其特定的历史任务，其定位主要是服务于中小微企业特别是创新型企业的股份转让以及融资发展，其功能可以总结为四个方面：一是完善直接融资体系，更好地发挥金融对经济结构调整、经济转型升级的支持作用，提高金融服务实体经济的效率；二是进一步拓展资金融通，缓解中小微企业的融资难问题，通过新三板市场为中小微企业的直接融资开辟新的市场渠道，可以实行首发融资、定向增发、优先股以及债券融资等；三是构建中小微企业的股权投资和股份转让系统，以全国股份转让系统为支撑，来促进中小微企业的股份转让，进行股权融资、债权融资和资产重组；四是资本市场体系的建设和完善，通过备案制、做市商制度以及投资者适当性管理制度，将新三板市场建设成为一个以服务中小微企业为目标、以备案制为基础机制、以多种转让方式为渠道、以机构投资者为主体的证券交易体系。

根据新三板市场发展的四个功能目标和近期新三板市场出现的问题，其市场定位应该在以下四个方面进行强化：

一是组织定位，要建立一个全国性证券交易场所和相对独立、具有自身特色的市场制度体系，促进挂牌企业的股份在全国范围内进行转让交易，致力于发展多层次的资本市场，致力于促进金融交易所的竞争，致力于完善金融市场体系。

二是服务对象定位，主要为创新型、创业型、成长型中小微企业发展服务，促进大众创业万众创新。企业挂牌的条件相对较低，适应于企业发展初期的特征，同时致力于解决中小微企业在初步发展阶段的融资难题。

三是交易定位，坚持和完善分层制度、主办券商制度和多元化交易机制，主要是公司挂牌、股份转让，并进行股权融资、债券融资以及资产重组等，亦涉及到一级市场、二级市场以及一级半市场。

四是规范定位，主要是强化了信息披露制度，通过事中的动态信息披露和监管，以防止新三板备案制和事前监管较弱可能导致的重大投资风险。

2. 新三板政策红利下，布局新三板应考虑哪些因素

新三板的利好政策可谓是“忽如一夜春风来，千树万树梨花开”。政策红利虽好，但是新三板的门槛却一直都没有下降的消息，怎么样投资才能把握住新三板的政策红利呢？下面我们就一起来看看，投资新三板应该如何选择。

●政策红利东风正好

2016 年“两会”期间，证监会主席刘士余明确表示，“把多层次资本市场搞好”；“十三五”规划纲要再次明确，“创造条件实施股票发行注册制，发展多层次股权融资市场，深化创业板、新三板改革，规范发展区域性股权市场，建立健全转板机制和退出机制”；李克强总理在十二届全国人大四次会议闭幕记者会上强调，“不管市场发生怎样的波动，我们还是要坚定不移地发展多层次的资本市场”等。

与此同时，和推动多层次资本市场相对应的，A 股注册制未写入政府工作报告；人大代表和政协委员对“十三五”规划纲要提出的意见，删除“设立战略性新兴产业板”等等，虽然看上去只字未提新三板，却处处为新三板铺路。

2016 年 3 月 17 日新三板公司又公告，“转让意向平台”正式上线，同时新三板挂牌企业分层制度试点完成。目前已经正式实施。

如果说之前的政策都是暖冬的预兆，那么现在可谓是真正迎来了政策

的春风。

“十三五”期间，基于两大背景看好新三板市场发展前景：一是发展新三板市场，是国家创新战略实施以及推动经济结构转型升级，促进“大众创业万众创新”的客观需要；二是服务实体经济发展，需要通过资本市场重点培育和扶持民营企业尤其是中小微企业的发展。因此，新三板后续制度供给应该会有所动作。“十三五”规划纲要已明确提出“深化新三板改革”。这意味着新三板将成为“十三五”期间多层次资本市场较明确的增量改革。

另外，增加新三板制度供给，证监会层面也已早有具体部署。2015 年证监会发布的《关于进一步推进全国中小企业股份转让系统发展的若干意见》（以下简称“26 号文”）已细化每一项制度供给。

“26 号文”将制度供给放在首位，要求着眼中小微企业及其投资人的特点和需求，丰富产品和制度供给，发挥公开市场优势，坚持包容性制度特色，持续提高投融资对接效率。同时大力发展多元化的机构投资者队伍，强化主办券商组织交易的功能，稳步提升市场流动性。

与之呼应的更加具体的明确预期是，全国股转系统根据“26 号文”制定了重点工作，这包括制订非公开发行业务细则、研究制订“资产证券化业务指引”、分步开展挂牌股票质押式回购业务试点、完善优先股的规则体系，以及面向合格投资者，放开挂牌同时发行新增股东人数 35 人限制等具体工作部署。

●布局新三板应考虑这些方面

“休言冬后萧条景，温暖春风送惠来。”然而春风虽然为新三板送来了诸多利好的政策，新三板的限制却依然存在，最直接就是证监会再次严查新三板垫资开户事件，降低新三板的投资门槛目前几乎没有可能。

新三板 500 万元的门槛限制了新三板普惠投资人的可能，即使解决了资金门槛，一个不以财务作为衡量标准的二级市场，要选择什么的企业进行投资对普通投资人来说也是困难的。当然，这并不是说普通投资人就没有机会享受这一波政策红利，目前来说，最好的方式就是通过私募基金参与新三板公司股权投资，如赢基财富的新三板公司股权产品“未名金穗”等。

那么对于投资人来说应该如何选择投资新三板呢？赢基财富董事长王进表示，投资人可以从三个方面来考虑。其一是公司所在的行业，如新材料、环保、机器人、互联网等国家大力发展的行业，更具有长久发展的可能；其二是公司成长性，如赢基财富往期产品齐力机器人等具有国家专利的公司，在未来的发展是可以预见的；其三是公司依托的其他机构，如券商、私募等，公司想在新三板上市必须依托券商，优质的券商对新三板公司的删选是一个重要的指标，同时私募基金等专业机构的评估意见也是投资人应该考虑的。

3. 纳斯达克“分层”对我国新三板发展的启示

在我国没有新三板之前，与纳斯达克对应的一直是深圳证券交易所，它有中小板也有创业板，但我国的创业板始终没有成为美国纳斯达克式的创业板。从2013年年底，新三板打破区域试点的限制，开始在全国范围内扩容，满足条件的企业都可以到新三板挂牌，人们对创业创新的期望基本上就聚焦在新三板上了。

●资本市场“分层”的逻辑

扩容后的新三板迎来了迅猛发展阶段，从2014年年初的356家挂牌公司，一年半之后，到2015年6月底，挂牌公司已经增加到2645家，还有800多家在等待挂牌。随着挂牌数量的增加，新三板交易制度的创新也在推进，2014年8月，新三板推出做市商制度，采用做市交易的公司可以由2家券商来做市。

挂牌公司数量迅猛增加和做市商制度的推出，分层制度的推出迫在眉睫。参考美国纳斯达克市场的发展，或许对我国新三板市场未来发展趋势有所预见。

理解“分层”应该从两个层面来看：一个分层是“协议转让”和“做市交易”的分层；另一个分层则是“做市交易”和“公开竞价”的分层。从逻辑上讲，无论是纳斯达克和新三板的分层，都要遵从从低级向高级的分层，纳斯达克的历史证明这种逻辑是符合现实的。

●纳斯达克的3次“分层”

纳斯达克发展至今，一共经历了3次分层，但真正有历史性意义的是后两次。

纳斯达克从1971年开始运行，开始服务于科技型企业，到1975年发生了第一层分层，纳斯达克开始设立一个上市标准，来区分自己与场外市场，但这并不能理解为真正意义上的分层，纳斯达克仍然是我们理解中的“场外市场”。

纳斯达克的第二次分层发生在1982年，纳斯达克挑选一些比较优质的公司，建立了第二层市场叫“纳斯达克全国市场”，后来把“全国”改成了“全球”，这一层主要采用的是做市商交易制度。最早的做市商制度就来自于此，很多优秀公司的做市商多达几十家，纳斯达克分成了两层，这一制度延续了20多年。

第三次分层发生在2006年。但从2004年开始就已经有了分层的苗头。随着美国20世纪90年代进入科技时代，微软、谷歌等类大量出现，使得纳斯达克市场在2000年“互联网泡沫”的年代曾一度超过纽交所成为世界最大的证券市场。在纳斯达克上市的公司市值的增加，使得纳斯达克开始具备与纽交所抗衡的实力。2004年纳斯达克开始向美国证监会申请成为全国性证券交易所，2006年获批。同年，纳斯达克开启了第三次分层，建立了“纳斯达克全球精选市场”，大盘股归入此类，苹果、微软、谷歌均在此列。全球精选市场开始采用公开竞价交易制度。

●对新三板“分层”的启示

我们从纳斯达克在44年的历程中，可以归纳其分层的经验，以及对我国新三板的启示。

纳斯达克1982年的分层，开启了做市商交易的新的阶段，从1982年至2006年，大约经历了24年的历史；从2006年注册为全国性的证券交易所，不再为场外市场，2006年至今约10年的历史，采用的竞价与做市商共同主导的方式。

我国新三板从 2014 年初至今，只走过了两年半的历史，分层制度已经实施。这也许不会是最后一次。我们可以确信的有两点：第一，我国正处于经济转型的关键时期，许多发展潜力大的科技创新型企业有着巨大的融资需求，但前期大量的研发或营销投入导致短期内很难盈利，而我国目前的发行上市标准中的指标均是历史盈利指标，已经难以适应这些企业融资需求；第二，中国的创业板与沪深 A 股无法满足这部分需求，新三板正在尝试服务这部分有融资需求的高科技公司，并且规模效应已经显现。

分层落地后，市场关注的目光将更多聚焦在创新层上。无疑，进入创新层好处显而易见：企业知名度提升，将成为优选的投资对象；还可能在融资、交易等方面优先享受政策红利，企业的流动性会有显著的提升，估值也自然水涨船高。

未来不敢断言，未来是我们一起创造出来的！

4. 新三板为实体企业开辟五大融资途径

从2006年试点至今，特别是2013年以来，随着新三板市场扩容至全国，新三板市场已经成为挂牌企业家数最多的全国统一性场内证券交易市场，其功能不断完善，缓解了中小企业融资难、融资贵等问题，并逐步成为我国多层次资本市场的一个重要组成部分，提高了金融服务实体经济的效率。下面梳理了新三板挂牌企业的五大融资途径。

●定向发行股票融资途径

定向发行股票融资是新三板挂牌企业的主要融资方式。根据《非上市公众公司监督管理办法》和《全国中小企业股份转让系统有限责任公司管理暂行办法》等规定，新三板简化了挂牌公司定向发行股票核准程序。新三板允许公司在申请挂牌的同时定向发行股票融资或挂牌后再提出定向发行股票。

新三板为挂牌企业提供了一个寻找特定对象的全国性平台，挂牌公司的股票可以在全国股份转让系统公开转让。

目前来看定向增发股票已经成为新三板挂牌公司最重要的融资方式，并呈现爆发性增长态势。

●发行中小企业私募债融资途径

私募债是一种便捷高效的融资方式，其发行审核采取备案制，审批周期更快，私募债的综合融资成本比信托资金和民间借贷低。

企业发行中小企业私募债的方式进行融资有很多好处：一是开辟直接融资渠道，降低企业综合融资成本；二是发行审核采用“备案”制，审核周期短、速度快；三是发行规模没有限制，筹资规模由企业与承销商自主协商决定；四是企业可灵活设计发行期限、含权条款等债券要素；五是对募集资金的使用做出限制，企业可根据自身业务需要合理安排资金用途。

此前中小企业私募债产品已经在上交所与深交所进行试点，2014 年 9 月 3 日股转系统已经将私募债发行细则报证监会审批，新三板挂牌企业发行私募债产品将更加便捷。

●股权质押贷款借款融资途径

企业挂牌新三板后股票价格与流动性都会显著增强。挂牌公司股东可以将所持的股票抵押给银行向银行借款取得资金，目前部分银行已接受股票质押贷款。股东以其持有挂牌公司股票为挂牌公司借款提供质押也是可行的。股权质押贷款、借款也是挂牌新三板企业的重要融资途径。

●增加银行授信融资途径

挂牌公司纳入证监会统一监管，履行了充分、及时、完整的信息披露义务，信用增进效应较为明显。企业挂牌新三板后企业声誉得到了提升，管理得到规范，财务信息公开透明，信息披露准确及时，这为银行增加企业贷款授信额度具有积极促进作用。这使得企业授信额度提高，自然从银行等渠道筹资金的能力增强，从银行贷款的资金可以增多。

2013 年 12 月 20 日，全国股转系统公司与工商银行、农业银行、中国银行、建设银行、交通银行、光大银行、兴业银行七家商业银行签署战略合作协议，这七家商业银行为挂牌公司和拟挂牌公司提供定向授信额度等服务。

●提升业绩拓展企业内部融资渠道

新三板挂牌后，企业声誉提升、经营管理水平改善，企业的业绩能够得到提升，这将加速企业的资金回笼，企业收回大量的现金可以转化为再生产的资本金。与前四种融资途径不同的是提升业绩转换为资本金的做法属于企业内部融资渠道，该融资方式对企业的资本形成具有原始性、自主性、低成本和抗风险的特点，是企业生存与发展不可或缺的重要组成部分。

综上，不考虑传统融资渠道，挂牌新三板企业的融资方式有定向发行股票、中小企业私募债、股权质押贷款、增加银行授信和提升业绩拓展内部融资渠道等 5 种方式。

5. 新三板市场当前面临的挑战

经历了市场疯狂扩容、交易热度起伏波折、市场流动性拷问等一系列挑战，新三板仍然站在了多层次资本市场建设、市场化金融改革的前沿。不同的是，体量和规模已难再激发市场情绪，挂牌也不再是企业发展的目标。当投资回归理性、发展趋于稳定、多方博弈加剧之时，新三板投资也将全面迎来 2.0 阶段。

●中国版“纳斯达克”遇挑战

仅从新三板扩容的势头来看，现在挂牌企业的增速已超市场预期。2014 年年底，新三板市场挂牌企业数量为 1572 家，至 2015 年年底时，挂牌公司家数增长至 5129 家。截至目前，新三板的挂牌公司数量已突破 8000 家，总股本逾 5000 亿股。

“与主板相比，新三板的层次低但基础更稳固，可以认为它是孵化器、是蓄水池。”全国政协常委、上海市政协副主席周汉民在一次会上称，年内新三板挂牌企业数量有望突破 1.2 万家，更多原本打算境外上市的公司会首选在该市场挂牌，新三板年内还将迎来传统资本运作高手的大规模进驻，全民股权投资时代也将真正到来。

然而，想要真正担当起如纳斯达克般的市场角色，新三板还需要面对更多的挑战。

周汉民表示，新三板市场年内将要面临估值中枢的进一步下移，有造假行为的公司将开始出现“后遗症”，此外不同市场间直接转板的实现尚有难度，且流动性矛盾也较之前更为突显。比挑战更为严峻的，伪新兴行业为代表的“行业陷阱”，也是新三板面临的主要问题。他还举例称，并非所有政府支持的行业都算新兴行业，太阳能、风能等产业都曾因此问题，面临过发展瓶颈。此外，技术陷阱、估值陷阱、财务陷阱、对赌陷阱、概念陷阱等都将成为新三板市场需要跨越的挑战。

三板市场是价值突出的，同时风险也是存在的。这个市场需要成熟的机构投资者在里面游泳，没有好的本领真的容易呛水。

●新三板陷“流动性之辩”

在新三板发展所面临的众多挑战中，尤以流动性问题最受关注，其中，新三板内大量无交易、无融资、无重组并购的“僵尸公司”，已经引发市场强烈关注和激烈争辩。

其实，当前流动性问题是市场发展的必经阶段，迅猛发展的新三板必然迎来大浪淘沙的内部分化，但并不妨碍市场发展势头。也有较消极的市场观点对发展趋势表示担忧，而担忧的重点则直指新三板流动性、融资功能及监管现状。

造成大量挂牌企业没有交易，首要原因是定价机制混乱、制度设计欠缺。当前新三板市场发展趋于稳定，企业及券商和机构投资者之间会出现多层博弈。但如果市场流动性差，退出和变现的难度会加大，企业发行意愿也会有所降低，进而加剧流动性危机，形成一个负面循环的过程。

对此，全国股转系统于 2016 年 1 月 20 日曾在官网发布文章回应称，市场关注的新三板公司挂牌后无成交，主要由公司股份改制未满一年、没有可流通股份造成；同时，许多挂牌公司股东人数少、公众化程度低，原股东为稳定股权结构不愿交易。股转公司强调，新三板市场交易质量和做市业务目前稳步提升。

要解决新三板流动性问题，其核心并非是竞价交易的推出、投资者门槛的降低，最主要的途径是让做市商效率发挥到最大限度，做市不能简单类比低成本进、高价格卖的自营业务操作，而是要发挥出定价和激活流动性的作用。

做市商是流动性的提供者，但目前市场上的做市商和挂牌公司，数量上并不相称，围绕着做市商制度进行创新和突破，将有利于进一步解决流动性的挑战，并助力新三板市场流动性超越沪深交易所。

6. 2016 年新三板资本市场五大展望

2016 年不仅对于挂牌企业来说是十分关键的一年，对新三板市场的发展来说，也是十分关键的一年。这一年里，新三板的转板制度是否能够如期实现，将是各方关注的焦点。

2016 年，新三板注定是不平凡的一年。市场对 2016 年的新三板主要有五大展望。

●分层制度有望引爆行情

根据新三板分层标准，企业满足三个标准之一，就能进入创新层。同时，在达到上述这一标准的基础上，还必须满足最近 3 个月内实际成交天数占可成交天数的比例不低于 50%。最后一个补充条件，显然是要求成交量。

根据分层标准，企业要进入创新层，必须从 2016 年初就要做准备了。而这三套标准中，最容易满足的显然是标准三了，新三板众多企业走的就是标准三。标准三，要求引入做市商和推高股价，这样显然将进一步提高新三板的流动性。

流动性是资本市场发展的关键，也是目前制约新三板发展的重要因素。未来随着分层制度推出，在流动性方面，预计会得到很大改善，特别是进入创新层的企业，未来整体流动性也会越来越集中，进入到“强者恒强”时代。

2016 年 2 月开始，新三板将迎来分层前的火爆行情。

●公募基金将提供流动性

2015 年 11 月 20 日，证监会发布《关于进一步推进全国中小企业股份转让系统的若干意见》，意见要求新三板将扩大机构投资者队伍，引入公募基金投资挂牌证券，并优化完善现有制度安排，大力发展做市转让方式。

2015 年 2 月 16 日，服务于公募基金和券商资管产品的结算技术系统就已经上线。3 月 18 日新三板指数发布后，公募基金投资新三板的政策将正式落地。很多基金公司已经成立了专门的团队，积极研发新三板相关产品，只待监管层的批准。

这一敞口或将在 2016 年放开。民生证券新三板研究中心研究员乔志东表示，新三板市场作为多层次资本市场的重要组成部分，是资本市场改革的试验田，而大力发展机构投资者，建立理性、科学、长期的价值投资理念，是资本市场发展的重要环节。放开公募基金投资新三板挂牌证券，有助于新三板形成理性、长期的投资观。

公募基金引入到新三板，显然将成为解决新三板流动性的重要手段。

●转板制度推出概率增大

新三板处于多层次资本市场体系的中间位置，起到承上启下的作用，是联接一板、二板与四板的纽带。许多优质企业挂牌新三板，就是希望能借助这个平台，实现转板，成功跳跃到主板。而这或许也将在 2016 年成为现实。

2015 年 11 月 20 日，证监会召开例行发布会，宣布为加快推进全国股转系统发展，《关于进一步推进全国中小企业股份转让系统发展的若干意见》发布，将研究推出股转系统挂牌公司转板创业板的试点。

2015 年 12 月 23 日《关于进一步显著提高直接融资比重优化金融结构的实施意见》通过国务院常务会议审议，《实施意见》指出，加快完善新三板，大幅增加挂牌公司数量，支持中小微金融机构以及高科技企业在新三板挂牌。鼓励符合条件的机构开展全国股转系统推荐业务，实施市场内部分层，研究向创业板转板试点。

从管理层的频频表态来看，随着创新层推出，2016 年或许转板制度有望迈出坚实的一步。

●引入退市机制增强活力

新三板分层制度将在 5000 多家企业中，选出优质企业来。那么，那些鱼目混珠的企业又将怎么处理呢？

2015 年 11 月，监管部门明确新三板挂牌企业的退出机制。因此，2016 年可能有一大批企业退市。

全国股转系统公司副总经理隋强在 2015 年 11 月表示，将依法建立常态化、市场化的退出机制，制定并发布股票终止挂牌的实施细则，这项工作已经在走程序，很快将实施。在隋强看来，终止挂牌是为了实现市场的优胜劣汰，主要考量为企业主动申请终止挂牌；明确强制挂牌标准，终止挂牌的信息披露制度；探索建立异议股东的股份回购机制，终止挂牌后符合条件的可以再挂牌。

退市制度的推出市场十分认可，如果大量差的企业没有退市，会令新三板变得很拥挤，缺少活力。

●挂牌数量将突破 1 万家

面对新三板突飞猛进地发展，有预计称，新三板是否继续保持现有的挂牌速度及挂牌量，还需政策推进。但若按现有方式不变，2016 年年底新三板挂牌企业有望突破 1 万家。

这并不是空穴来风。未来新三板将可能向互联网金融类企业和外资企业放开。目前，新三板挂牌企业尚未有互联网金融类企业，主要是该行业监管所致。2015 年第二届世界互联网大会表明中国“十三五”规划期间将进一步促进“互联网 +”产业发展，互联网金融类企业挂牌新三板有望落实。

A 股市场尚未有外企上市，而新三板将有望成为外企登陆中国资本市场的一个希望。外企登陆中国资本市场在新三板已经展开，2015 年 12 月 1 日，一家日资企业软脑科技（股票代码：834129）挂牌新三板。是否有更多的外资企业挂牌新三板市场将拭目以待，而监管部门的政策是明晰的符合条件即可。

未来新三板还有一大亮点，就是董秘。2015 年 11 月，全国股份转让系统发布意见，要求挂牌公司设立专职董秘。该项政策将在 2016 年全面展开，5000 余位董秘齐上阵在国内外都是一大亮点。

7. 通过分层管理办法洞悉新三板未来发展

新三板分层制度到底是什么？分层后企业应该做哪些准备？分层政策出现后，企业的资本市场，其未来的发展应该怎么做？这是当前许多人都格外关注的问题。

●新三板分层制度简要说明

新三板大体将分为 3 层：创新层、培育层和基础层。下面对新三板分层制度的管理模式、创新层准入标准、分层管理目的及实施分层管理的影响进行简要说明。

新三板分层管理模式，如图 10—1 所示。

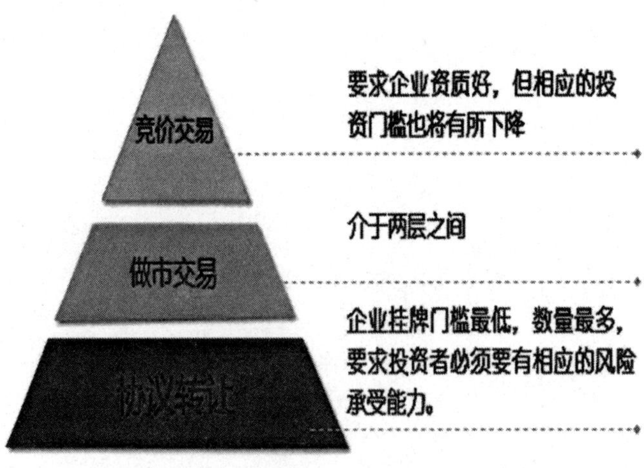

图 10—1　新三板分层管理模式示意图

新三板创新层准入标准有三套：第一，要求最近 2 年平均净利润不少于 2500 万元，净资产收益率不低于 10%，最近 6 个月平均股东人数不少于 200 人；第二，营业收入近二年复合增长率不低于 40%，收入平均不低于 5000 万元，总股本不少于 3000 万元；第三，最近 6 个月市值不低于 6 亿元，最近一期股东权益不少于 5000 万元，做市商不少于 6 家。总体而言，标准高过创业板上市标准。目前大约有 500 家符合条件，创新层企业可突破单次发行 35 人的限制。

新三板分层管理的两个目的：第一，引导投融资对接。由于新三板准入端的包容度高，在静态上，企业间的差异大，包括规模、盈利能力、股本等，在动态上，企业发展的速度和进度也有很大异同。采用分层模式，就有利于投融资的对接。从企业自身来讲，很容易就能找到自己需要的对家；从投资者角度来讲，可以大大降低搜集成本，同时缩小投资搜寻的时间和范围，因而对引导投融资更为精准、更有效率。第二，差异化的制度安排，既是监管的要求，也是服务的要求。企业的成长阶段不同，特色不同，通过分层以后，就可以在交易制度、发行制度、信息披露的要求等制度供给方面，进行差异化的安排。

新三板实施分层管理有三个方面的影响：第一，新三板覆盖面广，包括盈利能力较强的成熟企业、处于成长期的微利企业和初创期的亏损企业。分层管理更有助于对应挂牌公司多元化的融资选择，未来在推出公司债、可转债、优先股等一系列新型融资工具时，可在不同层次的内部市场分别予以考虑。第二，新三板扩容迅速，挂牌公司的小规模、高科技、初创期、细分行业等特征，令其投资难度较高，而分层归类有助于降低信息的不对称性，能让不同的投资者甄选合适的投资标的，提升市场流动性，规避投资风险。第三，对整个新三板市场而言，内部分层作为多层次资本市场体系的进一步细化，内部各层次的互通流转为未来实施转板提供有益探索。目前转板机制虽得以明确，但现实的情况是，这种“绿色通道”相当于“过独木桥”，转板成功者寥寥数家。承载着企业孵化器使命的新三板，如果能为企业在不同阶段提供针对性的服务，则能够把好的企业留下来。

●分层制度执行后，企业应该做的准备

企业只有拥抱资本市场，才能在未来获得更快的发展。那么，在分层管理制度下，企业应该做哪些准备？

第一，做好主业，保证主业根基不乱，不用过于担心政策的变化，目前的政策是监管趋严，正因为这两年的新三板发展特别快，还有一些不负责的企业出现有损于市场的事件发生，所以监管部门才会加紧监管的力度，希望市场更能够平稳，并且合规地发展。所以企业尽量降低对市场负面的影响。

第二，坚持关注资本市场动态，降低政策预期。很多企业现在分到创新层，觉得创新层有很多好东西。也就是说我们说所谓政策红利。我相信从未来的角度，政策红利一定会有，但不一定会这么快。因为分层办法才刚刚开始执行，一开始把很多政策集中爆发出来，会有一些不可预料的情况出现。所以建议挂牌企业还是多关注资本市场的动态，从更长远的角度来看待市场政策的未来发展。

第三，建议企业应该持续协调和维护新老股东和市场参与者的关系。新三板挂牌的企业是非上市公众公司，即实际上已经是公众公司，只是没有上市而已，所以这种情况下需要对新老股东的投资心态比较了解，同时要多沟通，因为这个市场是非上市状态，所以流动性比较差，对公司的信息披露在逐渐加强，建议企业多走进去，跟市场参与者多交流。

第四，建议企业一定要重视资本市场，因为这是一个长期市场，并不是短跑，而是长跑。在这个过程中避免出错，特别是信息披露上的失误。有一些挂牌公司在年报中不太负责任，有的企业董秘把董事长的名字在年报中都写错了。

●分层后企业的资本市场运作

分层后企业的资本市场运作，这里提出以下几条建议，供企业参考：

第一，如果在整个分层指标上面对标准一、二、三进行排序，企业这样发展才是顺其自然、水到渠成的过程。先是提高收入的增长率，增长率提高后，净利润自然增加，随之而来净资产收益率提高，股东权益提高，股本增大，股东人数也随之增加，这个时候，做市商的家数也应该增长，最终实现市值管理。

第二，企业内部管理上，信息披露是底线，应该加强披露，同时要经营合法合规。

第三，业绩上保持营收的增长，净利润（扣非后）要保持高增长。

第四，融资是定量定额，提前半年准备，钱花到实处，除非特殊情况下，否则不是很建议企业拿募集来的钱买银行的理财产品。融资方面，我看到往往企业希望一个月内就拿到资金，投入生产或经营。但这在资本市场是不太现实的，建议企业是尽早准备和规划。

第五，关于股权方面是要争取股东的常态化，通过定增和协转一定的额度，现在外面有很多的原始股进行转让的情况，对于董秘未来的股东管理工作是非常不利的。为什么新三板流动差？因为公司的股东人数比较少，股东人数多的话，流动性一定好。

第六，关于投资者关系管理，之所以会发生买卖，一定是买者和卖者方向相反，发生偏差的时候，才会有交易，大家一定要知道交易的规则。

第七，舆情，与各市场参与方保持紧密联系，特别是像很多现在有新三板的自媒体，希望企业还是保持密切的联系。避免“好事不出门，坏事传千里”，希望企业重视对传媒的影响和重视。

十一、玩转市值：看大咖如何实现资本倍增

市值管理对于新三板资本市场的绝大部分企业来说，是一个新的课题，甚至不乏有些企业的市值管理还属于荒芜地带，而有些则已经驾轻就熟，获益匪浅。成功者揭掉“阿拉伯选美”那层神秘面纱的过程可称之为“市值管理”，比如阿里打造传媒帝国、鼎讯互动的股权收购新三板借壳方式，以及新三板公司市值管理之“最”——九鼎集团、天地壹号和九生堂等。

1. 阿里传媒帝国背后的基本逻辑

阿里自2013年开始，在传媒领域的投资动作就从未间断，投资触角不断延伸，不断通过并购、合作、投资等方式向传媒行业渗透，已经吸引了数以亿计的庞大用户群，打造了一个正反馈的正强化生态系统。对阿里的生态圈来说，传媒板块是继电商、视频、影业、音乐等之后的又一个重要环节。同时，阿里近些年的布局，就是想掌握用户的信息获取渠道，抓住话语权。此外，投资传媒领域对阿里而言还有另一好处，就是可以更好地满足其公关需求。

阿里打造的传媒版图，其背后的基本逻辑大概可以总结为如下几条：

首先，选择优势的、特色的媒体为对象展开合作，这种合作讲求门当户对，包括省级的大媒体集团（浙报、上报）以及垂直行业媒体类的大哥大。

其次，切入与阿里战略意图直接吻合的业务点展开合作，包括电商、社区O2O、商业信息、企业社群文化娱乐等战略突破点，并进行引导性的布局落子，选择一个新的业务增长点进行具体合作，而非进行媒体自身业务的改造升级。

最后，合作属性定位是战略需求大于公关需求，只负责围绕阿里核心战略进行的生态业务打造，对于媒体内容走向和具体媒体业务不做任何约束和参与，保持媒体独立属性不变。换句话说，对所谓的媒体内容，媒体传播没有啥需求。

2. 鼎讯互动的股权收购新三板借壳方式

借壳上市的基本思路是：非上市公司选择、收购一家上市公司，然后利用这家上市公司的上市条件，将公司的其他资产通过配股、收购、置换等方式注入上市公司。整个运作途径可以概括为“先买壳，再借壳”。

新三板借壳的一种方式是股权收购，即通过收购新三板企业股权的方式取得控制权，再用“资产+增发股权”买入新资产，反向并购借壳，原有资产在此方案中被置出。鼎讯互动（北京）科技股份有限公司（以下简称“鼎讯互动”）采取的就是这种方式。

依据鼎讯互动2014年半年报，截至2014年6月30日，曾飞、徐建、茅萧、胡剑峰、刘淑艳、董强、王嘉力、刘凯持股比例为61%、12%、10%、8%、6%、1%、1%和1%，收购人吴晓翔并未持有鼎讯互动任何股权。

2014年10月，CEO曾飞将所持鼎讯互动15%的股权协议转让给李良琼。此后徐建、胡剑峰于2014年11月分别通过股转系统协议转让鼎讯互动股权。2014年11月21日，李良琼、王丽分别通过协议将鼎讯互动34.9%股权转让给吴晓翔。2015年2月12日，收购人吴晓翔与股份转让方曾飞、茅萧、刘淑艳签订《关于鼎讯互动（北京）股份有限公司之股份转让协议》。

鼎讯互动股东吴晓翔从另外3名股东手中收购（受让）鼎讯互动可转让股数155万股，转让价格为每股1元。其中，收购曾飞持有的115万股流通股，收购茅萧持有的25万流通股，收购刘淑艳持有的15万流通股。吴晓翔本次收购前持有鼎讯互动3490000股，持股比例34.90%；本次收购后，吴晓翔持有5040000股，持股比例50.40%，成为公司第一大股东，担任公司董事长职位，成为公司实际控制人；原实际控制人曾飞持有公司股份3450000股，持股比例下降34.50%，且其将辞任公司董事长职务，进一步淡出公司经营决策和管理。且收购报告书中披露：未来12个月内，收购人吴晓翔拟择机将其控制的部分企业置入鼎讯互动，改善鼎讯互动经营情况、提高鼎讯互动盈利能力。

2015年2月13日，鼎讯互动公告相关收购事项。

2015年4月28日，鼎讯互动发行股份合计200000000股购买振业集团、李蓬龙及肖娜霞分别持有的广东欧美的60.00%、30.00%、10.00%的股权，即广东欧美合计100%的股权。新增股本占发行后总股本的比例为95.24%，实际控制人仍是吴晓翔，原公司实际控制人曾飞持股比例稀释至不到2%。其中广东欧美2014年约亏损230万元，净资产为1.98亿元，主营业务为汽车整车销售、汽车行业配套服务、汽车商贸城服务等。

依据2015年2月吴晓翔收购曾飞所持公司股权时每股1元，总股本为1000万元，估计鼎讯互动空壳作价1000万元。但收购方并未完全通过现金支付这笔代价，而是以现金支付一部分，在公司收购广东欧美后，曾飞仍持有的少量股份作为代价支付一部分。

3. 新三板公司市值管理之“最庞然大物”九鼎集团

2014 年 4 月，九鼎集团（原九鼎投资）登陆新三板，成为第一家登陆新三板的 PE，并成为新三板市值第一股。该公司总市值达 1024.65 亿元，数据可得的挂牌企业平均市值为 6.71 亿元。同时公司还是注册资本最多的企业。该企业截至日前注册资本高达 55.00 亿元，足以秒杀绝大部分挂牌企业的市值！要知道目前挂牌企业市值在 55 亿元以上的也就 26 家，秒杀 99.41% 的挂牌企业！

新三板和主板市场格局的变化也由九鼎这个庞然大物首度打破，2015 年 5 月，在江西产权交易所的主持下，新三板挂牌公司九鼎投资经过与其他 7 位买家的 82 轮竞价，最终以 41.5 亿元拍得江西中江集团 100% 的股权。交易完成后，九鼎投资将通过中江集团间接持有上市公司中江地产 2.37% 的股权。这意味着，九鼎投资将成为首家控股 A 股上市公司的新三板公司。

九鼎的战略布局还不止于此。在资本市场的众多公司哀叹融资艰难之时，2015 年 11 月 2 日九鼎投资宣布完成了一笔 100 亿元的现金定增融资，这也是目前新三板市场上最大的一笔融资。值得注意的是，此次九鼎的三家关联方九州证券、九泰基金和西藏昆吾发行的 6 只产品共认购 24.9 亿元，也就是说此次 24.9% 的融资额是由九鼎关联方完成的。

截至目前九鼎系已手握 A 股企业中江控股，以及两家新三板企业九鼎投资和优博创（后续拟更名为九信金融）三个资本平台。可以预见的是，下一步3个资本运作平台将分工运作。从目前的动作分析，中江控股将成为九鼎系发家主业PE资产的运作平台；而互联网金融和不良资产类将置入未来的九信金融；九鼎投资则有可能逐步定位为控股平台，成为拥有九州证券和九泰基金等金融牌照的大资管平台。

4. 新三板公司市值管理“最接地气”的天地壹号

天地壹号自从2015年8月20日在新三板正式挂牌至2015年10月底，市值120多亿元，其中陈生持股82.18%，身价约100亿元。

天地壹号看起来是十分偏门的饮料，天地壹号自有一套商业逻辑：先小而美，再大而强。其董事长曾公开表示：“小而美是我们现阶段发展的最佳选择，之后我们再逐渐往大而强方向发展，不能超越能力范围。我们也不盲目扩张，精耕细作，专注于饮料和猪肉两大核心产品上。”

在壹号食品业务板块，以壹号土猪为主导品牌。壹号土猪采取了“公司+基地+专业户+连锁店”全产业链管理模式，已经成为中国领先的土猪鲜肉食品连锁企业。此外，2013年企业还推出了“壹号土鸡”肉品，2015年又推出了“蓝天壹号牦牛”肉品。

面对互联网浪潮对各业态的巨大冲击，陈生表示：“我们不惧怕互联网公司跨界‘打劫’，因为像选种、育种、养殖、出栏等产业链上的每个环节，起码需要8年至10年积累才能进入。互联网公司没有这种耐心，尽管未来趋势是通过互联网方式来接触用户。”

5. 新三板公司市值管理之“最牛27连阳”九生堂

自2015年11月2日至12月10日一直上涨无下跌，走势陡坡保持上行，九生堂堪称新三板“最牛股”，收出惊人的27“连阳”，平均周涨幅达到95%，近1倍。在资本的帮助下，实现了九生堂全产业链的布局和完善，这也将加速九生堂在多肽领域的发展，九生堂的潜力正在快速释放。2015年12月10日，九生堂每股价格一度高达54.42元，总市值超过5亿元人民币，这比两年前500万元的原始股本已经增长了100多倍。

自挂牌以来，九生堂完成了两轮定增，合计募资3213万元。借助资本的力量，九生堂实现了裂变式发展：挂牌上市第一年就实现900多万元的总营收，是上一年度的近3倍。2015年上半年就实现了近1000万元的营业收入，这已经达到了2014年全年的水平。

与九鼎集团的投资市值管理和天地壹号的无限接地气做产品相比，九生堂靠的是人才。作为国内拥有完整研发能力的生物科技企业，九生堂凭借“酶法多肽”之父邹远东的专利技术，实现了产学研的高速转化，让科技创新与资本市场完美对接。

6. 股权众筹、会籍众筹、产品众筹及案例分析

目前盛行的主流众筹主要分为三类：股权式众筹、会籍式众筹和产品式众筹。我们下面就这两年国内出现的三个众筹案例进行分析。

第一类是股权式众筹，这是目前最受关注的一类众筹，因为这种模式有可能是风险最小也是收益最大的，这是对目前现有风险投资的一种升级与优化。

聚美优品是著名天使投资人徐小平老师的经典案例，徐小平老师前后总计投给聚美 38 万美元，IPO 前，徐小平持有聚美 8.8% 的股份。以聚美优品开盘价 27.25 美元、市值 38.7 亿美元推算，徐小平将把 3.4 亿美元收入囊中。4 年间，38 万美元的投入，获得了超过 800 倍回报，换算成人民币即投资了 200 多万元人民币收益将达到 20 亿元人民币，这就是风险投资的魅力。虽然有可能大多数投资都失败了，但一个成功的项目就把所有的投入都赚回来了。

如果这笔天使投资以众筹的形式进行，200 万元人民币分由 50 个人投资，每人投 4 万元即可，但日后每人可能得到 4000 万元人民币的回报。股权式众筹的出现，令中国的天使投资不仅仅局限在那些少数身价丰厚的天使投资人，而是有了全民投资的可能。当然，一切众筹活动都要在现行国家法律范围内进行，每个股权众筹的项目股东不能超过国家法定规定的 200 人，而有限公司的股东不能超过 50 人。目前证监会也在为建立完善中国的众筹法案做研究，一切都在向积极的方向发展。

第二类是会籍式众筹，就是由不超过 200 人的股东每人出一份子钱，凑在一起开一个咖啡厅或者会所。

会籍式众筹在 4 年前已经出现，它就是 3W 咖啡，而到了 2014 年众筹项目才由咖啡馆蔓延到各个行业、各个领域，众筹咖啡馆、众筹会所、众筹茶馆、众筹农庄等一个又一个众筹项目不断踊跃出现。目前比较出名的就是北大杨勇牵头的北京大学 1898 咖啡厅，由许单单牵头的 3W 创业咖啡，还有车库咖啡、贝塔咖啡等。

虽然会籍式众筹风生水起，但存在的问题也非常多，最大的问题则是权责利的明确，大家众筹一个咖啡厅的目的是什么，想获得什么，要付出什么，这些都得要想清楚、弄明白。

第三类是产品式众筹，首先为一个产品预付一定的费用，当这个产品开发出来或者正式上市后获得这个产品，属于产品购买的预付费模式，在一定基础上众筹的人可以参与到产品的定制与开发里，提供一定的建议，在某种程度上这属于产品的 C2B 预售定制模式。

目前主流的众筹平台的项目一般都是以这种产品式众筹为主。每一个众筹平台都有自己优势或者擅长的地方，一个有梦想的人把自己的思路通过众筹平台展示出来，而一些众筹平台上的会员支持这些人的梦想，提前付费，并且参与到这些项目的定制中来。另外一个典型的产品式众筹不是存在于众筹网站里，而是存在于电商平台中，最典型的案例就是属于农产品的 C2B 预售式购买，当水果还没有成熟或者还在果园里式，就让会员先付费购买，当水果成熟时，将水果按照地址快递给预售的会员。这对双方都有极大的好处或者价值，一方面农户可以一开始就锁定销量，可以针对这部分销量进行高质量的采摘和服务，另外对于购买者来说可以在第一时间吃到品质有保证的物美价廉的农场直销的水果，亲自体验了原生态水果出炉的全过程，这是另外一种全新的体验。

产品众筹的商业逻辑有效地建立起了以顾客为中心的服务性思维，并将传统的价值链颠倒了过来，客户成为第一个环节，后面的各个环节均以客户需要来驱动。该商业逻辑的起点是顾客，然后转向完全针对顾客的需求来设计产品，关注客户的需求和关心的问题，去发现可能的产品设计方案，力争用这些方案来最大限度地满足目标客户的需求并有效地解决客户所关心的问题。

总的来看，众筹对风投很有吸引力，因为它要求企业家展现自己公司的实力，以及它们对市场的价值。这意味着，只有强大的团队和创新的理念才能接受市场检验，获得风投公司及其他投资者的青睐。

后 记

创作一本新三板市值管理方面的图书，其实就是一个众智的过程。笔者的很多观点读都是在运营实践中，和客户以及其他的金融专家、法律专家和财税专家一起碰撞的结果。将这些实践写到书中，变成可以分享给更多读者的文字，这是一个研究性学习的过程。实际上，创作一本书的过程中，能够将所有的知识都结构化了。这是一种很难得的收获。

我要感谢黄天亮、彭红梅、朱荣振、张荣生、徐鲁达、高中元等参与者和编委会成员，以及笔者服务过的一些公司，正是这些很优秀的企业家和管理者提供了一个“理论—实践”的闭合式的循环系统。好的知识体系是灵动的，能够跟市场的实践紧密的契合在一起，并且能够不断地适应变化的新环境。

市值管理是整个西方经济学中很少讨论的一个体系，这是具有中国本土特征的金融管理环节。市值管理基于企业战略运营的本质，着力去影响企业内部的领导者去理解经济趋势，去布局更多面向未来的商业价值爆发点，并且将这样的战略组成完整的实践模式和流程。让创新价值成为企业成为资本市场值得信赖的投资对象。

市值管理是个长期的过程，好的市值必须经过时间的检验，企业在不同的阶段必须帮助投资者维护价值，所以企业必须有长期的战略规划，并准备好在不同阶段的管理工具，比如股市高涨期定增，股市低迷期回购等。

市值管理还是个动态的过程，市值是不断变化的，今天成功的市值可能会面对瞬间的崩盘，一周市值跌掉80%的案例经常出现，这提醒企业必须时刻关注市场的动态，随时跟进维护好与市场的关系，确促企业市值持续稳定的提高。

市值管理是个专业度极高的运营过程，市值管理是个综合性的工作，需要具备产融两个市场的运营能力，要求操盘者能够深入理解企业的行业发展与机遇，掌控企业运营的利润产出规模与节奏，深刻理解金融市场的规律，掌握金融市场操作的工具和策略，帮助企业全面提高和维护好市值。

归根到底，市值管理不是简单地做高股价、拼大盘子、拉拢人头，而是要综合运用多种科学、合规的价值经营方式和手段，以达到公司价值最大化、最优化。挂牌公司只有踏实做好主业，保持业绩和利润的健康可持续增长，同时借助资本的力量进行外延式并购重组，推进企业的跨越式发展，这样的市值管理才是必须且有意义的。